경영심리학자의
효과성 코칭

경영심리학자의 효과성 코칭

초판 1쇄 발행 • 2014년 10월 11일
2쇄 발행 • 2016년 2월 14일

지은이 • 이석재
펴낸이 • 김건수

펴낸곳 • 김앤김북스
출판등록 • 2001년 2월 9일(제12-302호)
서울시 마포구 월드컵로42길 40, 326호
전화 (02) 773-5133 | 팩스 (02) 773-5134
E-mail : apprro@naver.com

ISBN 978-89-89566-63-2   03320

경영심리학자의 효과성 코칭

개인과 조직의 효과성을 극대화하는 강점 기반 코칭 전략

| 이석재 지음 |

김앤김북스

CONTENTS ···

2부 기업에서 효과성 코칭을 활용하는 방법

03 개인 효과성 향상 코칭

국내 한 대기업의 그룹장을 대상으로 리더십을 진단한 후 그 결과를 디브리핑하고 리더십 개발계획을 수립하는 워크숍을 가졌다. 벌써 13년 전의 일이다. 당시 워크숍 참가자들로부터 리더십 개발계획을 지속적으로 실천하는 데 필요한 도움을 달라는 요청을 받았다. 나는 코칭이 최적이라고 판단하고, 코칭 설계를 한 후 3회의 코칭 세션을 가졌다. 코치로서의 활동은 이렇게 시작되었다.

성과 향상을 위한 코칭 방법론을 개발하다

코칭에 대한 나의 관점과 방법을 체계적으로 발전시킬 기회가 찾아왔다. 국내 한 대기업이 자사의 핵심인재를 육성하기 위해 코칭을 처음 도입하였고, 나는 7년 이상 외부 전문 코치로 참여하였다. 팀장 코칭, 임원 코칭 및 경영자 코칭에 참여하면서 리더 개인의 변화가 팀과 조직의 변화에 영향을 미치는 과정을 경험하였다. 이러한 변화의 과정에 동참하면서 변화와 경영성과를 연계시키는 코칭 방법론을 탐구하기 시작했다.

나의 초기 코칭 경험은 리더를 대상으로 개인 코칭이나 그룹 코칭, 코칭 워크숍을 진행하는 것이었다. 전형적인 코칭 목표는 리더의 리더십 역량과 성과의 향상이다. 최근 국내 주요 기업들이 경영철학과 신념을 담은 웨이(way)를 선포하였다. 나는 코칭을 통해 이를 전파하고 조직 구성원에게 내재화하는 코칭 프로젝트에 참여하면서 조직변화와 조직개발에도 관심을 가졌다.

이 책을 쓰게 된 주된 이유는 내가 전문 코치로 활동하면서 개발한 '개인과 조직의 변화를 통해 원하는 결과를 만드는 코칭 방법론'을 알리기 위해서다. 나는 2010년 3월 '대화로 풀어보는 코칭 리더십'이라는 제목으로 초고를 완성하였다. 그 이후 여러 코칭 사례를 경험하면서 코칭 절차와 방법, 도구를 정교화하고 구조화하였다. 이 과정에서 경영심리학자로서의 지식, 기업컨설팅과 코칭 경험, 진단 도구 개발의 전문성을 유기적으로 결집시켰다. 내가 알고 경험한 것의 요체를 모두 정리하여 '효과성 코칭'이라고 이름 붙였다.

이 책에 두 가지 코칭 모델을 소개한다. 하나는 '3S-FORM 코칭 모델'이다. 나는 심리학에 뿌리를 둔 여러 코칭 이론과 행동변화 이론의 분석, 기업코칭 사례에 대한 문헌 연구, 국제코치연맹(ICF) 기준으로 2,500시간 이상의 기업 코칭 경험을 바탕으로 변화를 끌어내는 4단계 코칭 모델을 개발하였다. 이 모델은 진단 기반의 코칭 과정으로, 피드백 — 기회 발견 — 재구성 — 전진의 4단계와 심리적 변화 원리로 자기인식 — 자기대화 — 자기성찰의 3가지 순환과정을 갖는 것이 특징이다.

다른 하나는 효과성 코칭의 기본 틀인 '강점 기반의 효과성 모델'이다. 코칭의 목적은 개인변화와 조직변화를 통해 효과성을 높이는 것이다. 효과성은 원하는 결과를 얻는 정도이다. 원하는 결과를 얻기 위해서는 효과성에 긍정적인 영향을 미치는 요인들을 균형 있게 관리해야 한다. 대표적인 영향요인은 원하는 결과를 만들어내기 위한 생산성 요인과 그 결과를 만드는 데 적합한 문화와 환경을 구성하는 긍정성 요인이다. 모두 강점요인들이다. 강점 기반의 효과성 모델은 '영향요인 — 원하는 결과를 얻는 결정적 행동 — 원하는 결과'의 논리적 관계로 구성된다.

두 가지 코칭 모델이 기업 현장에서 활용되기 위해서는 이를 지원하는 도구들이 필요하다. 나는 개인, 팀, 조직의 효과성에 영향을 미치는 요인들을 객관적으로 측정하여 원하는 결과를 얻는 논리적 관계를 분석할 수 있도록 각각의 효과성을 진단하는 3가지 도구를 개발하였다. 코칭 대상자의 리더십을 진단하는 효과적 리더십 진단(Effective Leadership Assessment), 팀 효과성 진단(Team Effectiveness Assessment), 조직 효과성 진단(Organizational Effectiveness Assessment)이다. 모두 다면 진단이며 온라인으로 운영된다. 이 진단을 통해 원하는 결과를 얻기 위한 결정적 행동이 도출된다.

개인, 팀, 조직의 통합적 코칭이 새로운 길이다

기업이 탁월한 성과를 만들어내고 지속적으로 성장하기 위해서는 개인 효과성과 팀 효과성, 조직 효과성이 향상되고 서로 연계되어야 한다. 시장 환경이 급변할 때의 안정적인 대응전략은 조직 단위별 효과성을 향상시키면서 상호연계시키는 것이다. 기업 코칭에서 만난 많은 리더들은 효과성 코칭의 중요성을 깨닫기 시작했고, 나는 효과성 코칭을 통해 개인과 조직이 원하는 결과를 만드는 과정을 도울 수 있다는 자신감을 얻었다.

코칭이 국내에 소개된 지 13년이 지난 지금, 많은 기업들이 코칭을 리더에게 필요한 핵심적인 역량으로 받아들이고 있다. 또한 임원 교육, 승진자 교육, 신입직원 교육의 필수 내용으로 포함되고 있다. 코칭 방식도 집합 교육 중심에서 개인 맞춤형 과정이나 그룹 코칭으로 다양화되고 있다.

그러나 많은 기업 현장에서는 코칭이 아직도 개인의 리더십을 향상시키는 기법 정도로만 인식되고 있다. 코칭 방법으로 개인 코칭, 팀 코칭, 그룹 코칭이 활용되고 있지만, 인재육성 방법의 차이로만 이해하는 경우가 많다. 팀이나 사업부 차원의 조직변화와 조직개발에 코칭을 체계적으로 접목시키는 노력은 여전히 미흡하다.

이제 개인 육성의 차원에서 팀과 조직의 변화와 개발을 이끄는 해법으로 코칭의 활용 범위를 확장할 때다. 이를 위해 코칭에 대한 기존의 인식과 방법에 근본적인 변화가 필요하다. 이 책은 코칭에 대한 이론서나 코칭 사례 모음집이 아니다. 우리에게 필요한 근본적인 변화를 지원함으로써 개인과 팀, 조직이 원하는 결과를 만드는 새로운 코칭 방법론을 소개한 책이다.

코칭 설계가 코칭의 성공 여부를 결정한다

리더의 생각과 행동을 변화시키는 것은 단지 그 개인의 관심이나 당면 문제에 대한 답을 찾는 것이 아니다. 그들의 작은 변화는 이해관계가 있는 사람들에게 영향을 미치고, 팀과 회사의 경영성과에도 영향을 미친다. 따라서 리더의 생각과 행동의 변화를 끌어내기 위한 코칭 설계는 개인 차원의 요구를 넘어 조직 차원의 시스템적인 관점에서 이루어져야 한다.

코칭 설계는 생각과 행동의 변화를 끌어내기에 적합한 연속적이며 구조화된 코칭 대화의 과정으로 구성된다. 코칭 설계의 첫 단계에서는 코칭 목표를 설정한다. 코칭 목표가 명확할수록 상세한 코칭 설계가 이루어진다. 다음 단계에서는 설정된 코칭 목표를 달성할 구체적인 절차와 방법을 수립하고 목표 달성에 필요한 생각과 행동의 변화를 구체화한다. 변화의 내용이 구체적일수록 변화의 성공 가능성과 코칭 목표 달성 가능성은 높아진다. 코칭 절차와 방법은 코칭 기간과 예산에 따라서 조정된다. 마지막 단계에서는 코칭의 효과를 평가한다.

나는 기업 현장에서 리더를 대상으로 코칭을 진행하면서 코칭 설계의 중요성을 체감하였다. 코칭 설계는 마치 집을 짓기 위해 설계를 하는 것과 같다. 코칭 설계를 잘하기 위해서는 다양한 코칭 사례를 다룬 경험이 중요하며, 실험 설계와 사회과학 연구방법론에 대한 이해를 필요로 한다. 기업 코칭을 실험실과 같은 통제된 상황에서 진행할 수는 없지만, 준실험 설계를 적용할 수 있다. 내가 심리학자로 성장하는 과정에서 학습한 실험 설계, 준실험 설계 및 사회과학 연구방법론이 코칭 설계를 구상하는 데 큰 도움이 되었다.

독자는 이 책을 읽으면서 여러 가지 코칭 설계를 만난다. 코칭 대상과 주제에 따라 다르기 때문이다. 코칭 대상이 개인에서 팀 및 조직으로 확대됨에 따라 집단의 역동성과 문화가 더 크게 고려된다. 또한 코칭 목표가 개인의 리더십 개발과 같이 역량과 스킬을 향상시키는 데 있는지, 아니면 성과 향상에 있는지에 따라 코칭 프로세스는 달라진다. 이 책에서는 개인과 팀 및 조직의 효과성 향상을 위한 표준적인 코칭 설계만 제시했다.

효과성 코칭의 현장 적용과 확산을 기대한다

이 책은 총 3부로 구성되어 있다. 1부에서는 강점 기반의 효과성 코칭을 소개하였다. 조직이 탁월한 성과를 창출하기 위한 기본적인 조건을 제시하고, 강점 기반의 효과성 모델이 갖는 주요 요소와 다른 코칭 기법들과 차별화되는 효과성 코칭의 주요 특징을 소개하였다. 이어서 3S-FORM 코칭 모델과 코칭 단계별 코칭 사례를 소개하였다. 코칭 사례에 소개된 내용은 실제이며 프라이버시와 개인정보 보호를 위해 주인공의 이름을 가명으로 하였고 담당 직무도 일부 수정하였다. 독자는 강점 기반의 효과성 모델과 변화를 끌어내는 4단계 코칭 모델을 통해 효과성 코칭의 방법론을 이해하고 현장에 적용할 수 있는 지식과 스킬을 학습할 수 있다.

2부에서는 기업에서 개인 효과성, 팀 효과성, 조직 효과성을 높이기 위한 코칭 방법을 제시하였다. 각 장에서 독자가 효과성 코칭을 쉽게 이해하도록 코칭 모델, 코칭 설계, 코칭 스킬을 공통으로 다루었다. 나는 진단 기반의 코칭을 강조한다. 자신을 객관적으로 들여다보면서 코칭 대화를 시작할 때 몰입 효과가 크고 자기 변화의 필요성을 쉽게 자각할 수 있다. 따라서 개인, 팀, 조직 차원의 효과성을 진단하는 도구와 그것을 코칭에 활용하는 방법을 소개하였다. 3장 '개인 효과성 향상 코칭'에서는 리더십에 초점을 맞추고, 리더십을 구성하는 핵심역량군인 인지 역량, 대인관계 역량 및 전략적 관리 역량을 균형 있게 발휘하게 하는 코칭 스킬을 다루었다. 4장 '팀 효과성 향상 코칭'에서는 팀 구성원들이 개인 기여자에서 팀 기여자가 되는 데 필요한 변화 포인트를 코칭하는 방법과 전략을 중점적으로 제시하였다. 5장 '조직 효과성 향상 코칭'에서는 직원몰입을 통한 전략 실행을 다루었다.

3부에서는 효과성 코칭에서 사용되는 코칭 도구를 소개하였다. 행동변화에 초점을 두고 코칭할 때, 변화 포인트를 찾는 법, 변화가 성공적으로 이루어지도록 자기한계를 극복하는 법, 행동변화를 이끄는 코칭 기법과 도구에 대해 상세히 설명하였다.

효과성 코칭의 방법론이 현장에서 활동하는 전문 코치, 사내 코치, 직원을 코칭하는 리더, 인재개발 담당자, 그리고 코치가 되고자 준비하는 예비 코치 모두에게 도움이 되길 기대한다. 또한 자기관리와 자기개발에 관심이 있는 일반 독자에게도 개인변화를 끌어내는 코칭적 접근은 목표를 설정하고 실행력을 높이는 데 유익할 것이다.

코칭 스킬이나 접근방법은 심리학 이론에 근거하여 재해석할 수 있다. 나는 국내에서 처음으로 대학원에 코칭심리학 과목을 개설하고 강의하면서, 코칭이 학문으로 발전하기 위한 토대로 심리학

이론을 탐구하였다. 또한 기업현장에서 전문 코치로 활동하면서 코칭 이론과 실제를 통합적으로 연구하고 있다. 이 책은 그 여정에서 만들어진 두 번째 결과물이다. 앞으로 효과성 코칭을 구성하는 개념과 논리에 대한 실증적인 현장연구를 지속하려고 한다. 아무쪼록 이 책이 독자 여러분에게 코칭에 대한 시각을 넓히고 현장에서 코칭을 확산하는 데 도움이 되길 바란다.

Effectiveness Coaching

1부

강점 기반의
효과성 코칭

1부 개요

―

코칭은 조직 구성원의 잠재성을 끌어내어 원하는 성과를 만드는 현실적인 해법이다. 코칭을 통해 개인과 팀, 조직의 효과성을 향상시키고 이들을 체계적으로 연계시키는 것은 개인과 조직의 성공을 돕는 강력한 방법이다. 1부에서는 효과성 코칭의 논리적 틀인 강점 기반의 효과성 모델과 3S-FORM 코칭 모델을 소개하고, 각 단계별 코칭 사례를 통해 효과성 코칭을 현장에 적용할 수 있도록 돕는다.

―

효과성 코칭이란 무엇인가?

"모든 일에 질문을 던지는 성격 덕분에 지금의 성공을 이룰 수 있었다.
나의 통념에도 의문을 품고 전문가의 말에도 질문을 던졌다."
래리 엘리슨Larry Ellison, 오라클 창업회장

경쟁사회에서 한 조직이 살아남기 위해 어떤 전략을 사용할 것인가? 1980년대 이후 탁월성, 리엔지니어링, 영민함과 학습능력, 인재관리, 핵심역량 집중 등이 생존전략으로 제시되었다. 정보기술이 산업의 근간을 근본적으로 변화시키고 이에 따른 개인생활의 양식도 날로 새로워지고 있다. 이러한 변화에 대응하여 어떤 전략이 필요한가를 묻고 실행전략을 마련하는 동안 세상은 또다시 변화한다. 새로운 비즈니스 전략의 생존 기간이 짧아지면서 지속 가능한 성장을 위한 경영전략이 과연 성공할지 확신하기 어렵다.

급속한 환경 변화에 상시적으로 대응하기 위한 방안은 조직의 효과성을 극대화하는 시스템을 구축하는 것이다. 여기서 효과성이란 개인이나 팀, 조직이 원하는 결과를 얻어내는 정도를 의미한다. 그 정도가 높을수록 효과적인 개인, 팀, 조직이 되는 것이다.

어떻게 조직 효과성을 극대화할 것인가? 개인, 팀, 조직 수준에서 효과성을 극대화하고, 이들을 상호연계시키는 것이 핵심이다. 효과성 코칭(effectiveness coaching)은 개인, 팀, 조직에 대한 과학적인 진단에 기초해 구체적인 해결방안을 도출하고, 그 실행을 지원함으로써 개인과 조직이 효과성을 극대화할 수 있도록 돕는 코칭이다. 이 장에서는 효과성 코칭의 주요 특징과 그 이론적 틀로서 강점 기반 효과성 모델을 소개한다.

최근 국내외 코칭 현황 조사와 학술 연구를 분석해보면, 기존의 코칭 접근 또는 방법론이 갖는 몇 가지 제한점들이 발견된다.

- 인성검사를 활용해 코칭 대상자에 대한 이해와 코칭 요구를 파악하는 비중이 높고, 코칭 대상자의 역할과 역량에 대한 진단 정보 제공과 활용이 제한적이다.
- 이론과 진단 기반의 행동 분석 접근과 시스템적 접근이 미흡하다.
- 라이프 코칭이나 임원의 리더십 개발에 초점을 맞춘 코칭이 대부분이다.
- 팀이나 조직개발의 경우, 개인과 팀 및 조직 간의 연계성에 대한 접근이 부족하다.

이제 코칭은 무한경쟁에서 승리하도록 리더의 경영활동을 지원하는 역할을 담당해야 한다. 이를 위해 나는 기존의 코칭이 갖는 제한점들을 해결하고, 코칭의 적용을 개인 개발에서 조직 개발로 확대시킬 수 있는 방법론을 탐구하였다. 이러한 현장 연구의 결과로 개발된 효과성 코칭의 주요 특징은 다음과 같다.

- 강점 기반의 효과성 모델에 기초한 코칭이다.
- 성과 향상을 지향하는 코칭이다.
- 진단과 피드백 기반의 코칭이다.
- 개인, 팀, 조직의 통합적 코칭이다.

강점 기반의
효과성 모델에 기초한 코칭

강점 기반의 효과성 모델은 효과성 코칭의 기본 틀이다. 원하는 결과, 그 결과를 얻는 데 영향을 미치는 강점 요인, 그리고 강점 요인과 원하는 결과를 연결하는 결정적 행동으로 구성된다. 이들 3가지 구성요소는 개인 효과성, 팀 효과성, 조직 효과성을 설명하는 데 공통으로 적용된다. 원하는 결과를 얻기 위해서는 그 결과를 성취할 가능성이 높은 결정적 행동에 집중해야 한다. 어떤 행동에 집중하는 것이 적절한지를 판단하기 위해 진단 도구를 활용하여 효과성에 영향을 미치는 영향 요인들의 현재 모습을 객관적으로 측정한다. 결정적 행동은 개인 코칭이나 그룹 코칭 또는 팀 코칭 워크숍을 통해 도출한다. 결정적 행동을 실천할 참여자들의 합의가 실행력을 높이기 때문이다.

여기서는 강점 기반의 효과성 모델을 구성하는 3가지 구성요소

| 그림 1 | 강점 기반 효과성 모델

에 대해 포괄적으로 살펴본다. 각 구성요소에 대한 이해는 효과성 코칭의 논리와 활용법을 아는 데 있어 기본이다. 개인, 팀 및 조직의 효과성 모델에 근거한 코칭을 기업에서 활용하는 방법은 2부에서 상세히 다룬다.

효과성에 영향을 미치는 강점 요인

효과성에 영향을 미치는 요인들 중에서 영향력이 상대적으로 큰 요인들이 강점 요인이다. 강점 요인이 팀과 조직에서 발휘될 때 구성원들은 원하는 결과를 얻는 데 적합한 직무행동을 하게 되고, 결과적으로 원하는 결과를 얻을 가능성이 높아진다. 버킹엄과 클리프턴은 그들의 저서 『강점혁명』에서 '강점이란 한 가지 일을 완벽에 가까울 만큼 일관되게 처리하는 능력'이라고 정의하였다. 뛰어난 리더는 구성원의 강점을 파악하고 살려줌으로써 최고의 성과를 만들어낸다. 효과성 코칭에서 효과성에 영향을 미치는 요인들은 버킹엄과 클리프턴이 제안한 강점의 속성을 갖는다.

조직에서 리더는 세 가지 효과성을 관리한다. 조직의 구성원이자 리더로서의 개인 효과성, 팀원들과 만드는 팀 효과성, 상위 집단의 조직 효과성이 그것이다.

개인 효과성 요인

리더의 경우 인지 역량, 대인관계 역량, 전략적 성과관리 역량에 속하는 '18가지 리더십 핵심역량'을 갖추고 발휘할 때, 리더로서 개인 효과성을 극대화할 수 있다. 리더십을 구성하는 핵심역량이 곧 효과성에 영향을 미치는 요인이다. 나는 효과성 코칭에서 이들 역량을 진단할 수 있는 온라인 도구인 효과적 리더십 진단(Effective Leadership Assessment: ELA)을 활용한다. 이 도구는 다면 진단 도구로서 리더의 리더십 역량 수준을 객관적으로 측정한다. 코치는 리더와 구성원 간의 관점 차이를 최소화하고, 리더가 리더십 핵심역량을 균형 있게 발휘하도록 돕는다.

팀 효과성 / 조직 효과성 요인

리더가 팀 효과성과 조직 효과성을 높일 수 있도록 코칭하려면, 코치는 효과성에 영향을 미치는 요인을 명확하게 파악해야 한다. 팀과 조직의 효과성에 영향을 미치는 요인들이 갖는 공통 특성은 생산성과 긍정성이다.

생산성은 행위자의 능력과 과정이 원하는 결과를 만들어내는 정도를 나타낸다. 긍정성은 얼마나 낙관적이며 미래지향적인 시각에서 당면한 상황을 인식하고 가능성을 발견하며 더 나은 상황과 결과를 만들도록 이끄는가를 나타낸다.

나는 문헌 연구와 컨설팅 자료를 토대로 팀 효과성에 영향을 미치는 생산성 요인과 긍정성 요인을 각각 6개씩, 총 12개를 도출하였다. 같은 방법으로 조직 효과성에 대해서도 총 12개의 영향 요인을 확정했다. 리더가 각 요인들의 현황을 측정하여 관리할 수 있을 때, 팀과 조직의 효과성을 향상시키기 위한 구체적인 방안을 수립할 수 있다. '측정하고 진단할 수 없으면 관리할 수 없다'는 말이다. 이러한 관점에서 온라인 진단 도구인 팀 효과성 진단 (Team Effectiveness Assessment: TEA)과 조직 효과성 진단 (Organizational Effectiveness Assessment: OEA)이 유용하다.

강점 요인이 작동하는 3가지 차원

조직 구성원들의 개인 효과성이 팀 효과성과 연계되고 조직 효과성으로 나타나도록 코칭하는 것이 중요하다. 이러한 연계성을 코칭에서 다루기 위해 나는 차원의 개념을 적용하였다. 지금부터 차원이 어떤 의미인지 예를 들어 살펴본다.

조직에서 개인 효과성에 영향을 미치는 요인은 정서관리, 갈등관리, 고객지향 등과 같은 리더십 역량이다. 이들 역량은 어느 차원에서 주로 작동하는지에 따라 3가지 차원 — 내적 차원, 상호작용 차원, 성장촉진 차원 — 중 어느 하나에 속한다. 예를 들면, 정서관리는 자기관리에 속하는 것으로 내적 차원, 갈등관리는 타인과의 관계에서 작동하므로 상호작용 차원, 고객지향은 타인과의 관계 영역을 넘어 외부 환경에 대응하는 과정에서 발휘되기 때문에 성장촉진 차원에 속한다. 이와 같은 논리로, 개인 효과성, 팀 효과성, 조직 효과성에 영향을 미치는 모든 요인들은 3가지 차원 중 어느 하나에 속하게 된다. 각 차원의 개념은 다음과 같다.

1. 내적 차원: 개인의 내면에서 주로 작동하며 자기관리가 필요한 요인들의 공통 차원이다.
2. 상호작용 차원: 타인과의 관계에서 주로 작동하며, 관계의 질에 영향을 미치는 요인들의 공통 차원이다.
3. 성장촉진 차원: 외부 환경에 대응하는 과정에서 주로 작동하며, 방향성을 주는 요인들의 공통 차원이다.

코치는 내적 차원에 속하는 개인 효과성 요인, 팀 효과성 요인, 조직 효과성 요인들의 상호연계성을 살피고 그 연계성을 높이는 방안을 탐구한다. 같은 방법으로 상호작용 차원에서 3가지 효과성을 구성하는 요인들의 연계성을 보고, 이어서 성장촉진 차원에 대해서도 비교 분석한다.

각 차원별로 연계성을 보면서 조직의 현재 위치와 앞으로 개선할 점을 찾아본다. 모든 구성원들이 내적 차원, 상호작용 차원, 성장촉진 차원에서 최대한 연계성을 가지며 강점 요인을 발휘할 때 원하는 결과를 만들어낼 수 있다.

원하는 결과를 얻기 위한 결정적 행동

원하는 결과를 만들지 못하는 주된 원인은 불필요한 행동을 반복하거나 목표 달성도를 높이는 행동에 우선순위를 두지 않기 때문이다. 리더가 원하는 결과를 얻기 위해 모든 방법을 사용해볼 수 있다면, 최상의 결과를 얻는 데 가장 적절한 방안이 무엇인지 알 수 있다. 그러나 현실적으로 이러한 접근방법을 취하기란 거의 불가능하다. 결정적 행동이란 원하는 결과를 얻을 가능성이 높은 행동이며, 효과성 코칭은 그러한 결정적 행동에 집중한다.

리더는 여러 행동 중에서 어떤 행동이 원하는 결과를 가져올지 탐구해야 한다. 개별적인 행동은 조직의 역동성이 만들어낸 산물이다. 리더는 거시적이며 시스템적인 관점과 행동분석적인 관점을 균형 있게 유지하면서 결정적 행동을 찾아내야 한다.

강점 기반의 효과성 모델에서 결정적 행동은 맥락성과 예측성, 가치성이 높은 행동이다. 이들 3가지 요소의 정의는 다음과 같다.

1. 맥락성: 상황적으로 특정 행동의 변화가 원하는 결과를 얻는 데 필요하다.
2. 예측성: 특정 행동의 변화가 원하는 결과를 얻을 가능성을 높인다.
3. 가치성: 특정 행동의 변화가 원하는 결과의 가치를 높인다.

원하는 결과는 개인이나 팀, 조직이 달성하려는 목표로서 경영 기여도가 높은 결과이다. 경영 기여도가 높은 결과일수록 결정적 행동이 갖는 의미와 가치가 커진다. 따라서 결정적 행동을 명확하게 도출해야 하며, 다음의 단계를 따르면 원하는 결과를 얻기 위한 결정적 행동을 선별할 수 있다.

단계 1. 원하는 결과를 명확히 한다

코치는 먼저 "진정으로 원하는 결과는 무엇입니까?"라고 묻는다. 이 질문에 대해 코칭 대상자는 자신이 이루고 싶은 목표를 말한다. 예를 들면, 그것은 이미 수립되어 있는 목표일 수도 있고, BHAGS(Big Hairy Audacious Goals)라 불리는 노전석이며 불가능해 보이는, 확장된 목표일 수도 있다. 또는 반드시 달성해야 할 중간 단계의 목표일 수도 있다.

단계 2. 현재의 모습을 객관적으로 확인한다

이 시점에서 코치는 리더십 진단 또는 효과성 진단의 결과를 제시한다. 코치는 원하는 결과를 얻기 위해 지금까지 어떤 노력을 하였는지 묻고, 그 노력의 결과를 확인한다. 현재의 모습을 객관적으로 평가하기 위해 진단 결과와 그간의 노력을 비교하고, 근본적인 변화가 필요하다는 점을 느끼게 한다.

단계 3. 원하는 결과를 얻기 위한 결정적 행동을 찾는다

결정적 행동을 찾기 위해 다음과 같은 질문을 한다. "원하는 것을 얻기 위해 지금 반드시 보여야 하는 행동은 무엇입니까? 지금까지 노력한 것과 달리, 정말 그렇게 행동했어야 하는데 하지 못한 것이 있다면 무엇입니까? 원하는 결과를 얻을 가능성이 가장 높은 행동은 무엇입니까?"

지금까지 해왔던 행동을 조금 새롭게 하는 것이 아니라, 원하는 결과를 얻을 수 있도록 하는 근본적인 변화를 요청한다.

단계 4. 결정적인 행동을 최종 선정한다

앞의 3단계에서 도출한 행동을 정리한다. 이어서 "앞으로 어떻게 행동할 때, 원하는 결과를 얻을 수 있다고 생각하십니까?"라고 묻는다. 결정적 행동의 세 가지 속성에 부합하는 정도가 높은 행동을 최종 선정한다.

지금까지, 원하는 결과를 얻는 결정적 행동을 찾는 과정에 대해 개념적으로 살펴보았다. 결정적 행동을 규명하고 이를 코칭과 연계시키는 방법은 2부에서 상세하게 다룬다. 구체적인 내용을 먼저 알고 싶은 독자는 4장 '팀 효과성 향상 코칭'을 읽어보기 바란다.

성과 향상을 지향하는 코칭

흔히 사람들은 '성과가 인격이다'라는 말로 조직에서 성과의 중요성을 강조한다. 리더의 경쟁력은 성과 자체보다 성과를 만드는 방법에 있다. 리더의 책무는 경영적 필요에 따라 바뀔 수 있지만, 성과를 만드는 방법은 리더의 고유한 자원이다. 강점 기반의 효과성 코칭은 리더가 3가지 정렬을 확보하고, 직원의 직무몰입을 통해 경영전략을 실행할 수 있도록 돕는다. 여기서는 성과 향상을 위해 리더가 갖추어야 할 리더십과 관리능력에 대해 살펴본다.

탁월한 성과를 만드는 3가지 정렬

한 조직이 탁월한 성과를 만들기 위해서는 3가지 정렬이 확보되어야 한다.

사업과제 정렬(task alignment)

사업목표는 최상위 조직으로부터 개별 구성원에 이르기까지 순차적으로 세분화되어야 하고, 개별 구성원의 업무추진 결과는 조직의 사업목표 달성과 연계되어야 한다. 사업목표의 정렬은 목표관리의 기본이지만 현장에서 간과되기 쉽다. 현장에서 발생하는 문제를 살펴보면, 목표 자체보다는 그 목표를 달성하기 위해 추진하는 사업과제가 정렬되지 않은 경우가 흔하다.

조직의 목표를 달성하기 위해 개발된 사업과제들이 단위 조직인 각 팀의 사업과제로 세분화되는 과정에서 과제들의 우선순위, 과제를 설명하는 핵심용어들에 대한 정의가 서로 공유되지 않고 사용된다. 이로 인해 과제를 수행하는 과정에서 자원 투입, 시간관리, 의사소통이 효과적으로 이루지지 못한다. 결국 각 팀과 조직의 목표 달성도가 낮아지게 된다. 조직 리더들은 사업과제 정렬의 중요성을 간과하곤 하는데, 사업과제 정렬은 조직의 목표를 달성하기 위한 핵심 조건이다.

리더십 정렬(leadership alignment)

리더들은 자신의 역할과 책무를 수행하는 데 필요한 리더십을 갖추어야 한다. 리더십 정렬에서 중요한 변수는 연속성이다. 연속성이란 역할별로 전략실행에 필요한 리더십을 갖추는 것을 의미한다. 최상위 리더로부터 구성원까지 역할에 맞는 리더십이 수직적으로 정렬되어야 한다. 또한 동일 수준의 역할별로 리더들 간에 리더십의 눈높이, 즉 준거 틀을 맞추는 것이 중요하다. 예를 들면, 팀장들은 필요한 리더십 역량과 스킬을 어느 정도, 어떻게 발휘하는 것이 적절하며 효과적인지에 대한 이해를 공유해야 한다. 이와 같이 리더십이 수직적 정렬과 수평적 정렬을 갖출 때, 비로소 리더십이 물 흐르듯이 모든 조직 구성원에게 전달된다.

심리적 정렬(psychological alignment)

마지막으로 최상위 조직의 정체성은 조직 구성원 개개인이 정체성과 연계되어야 한다. 이러한 심리적 정렬은 조직관리에 중요하다. 정체성은 심리적인 요소로서 조직 단위별로 형성될 수 있다. 정체성의 핵심은 동일시이다. 동일시란 조직이 제시하는 기업가치, 신념, 인재상에 대한 인식을 구성원들이 수용하고 자신의 행동 기준으로 삼는 것을 의미한다. 즉, 조직 정체성과 개인 정체성

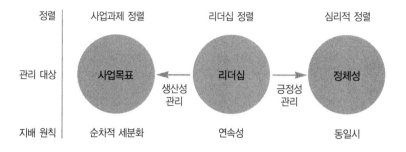

| 그림 2 | 탁월한 성과 창출의 조건

이 서로 부합하고 조화를 이루는 상태이다.

기업들은 자사의 경영철학과 이념을 구현하기 위한 방법으로 기업가치와 인재상을 포함한 웨이(way)를 선포하면서, 전 직원이 그것을 내재화하기를 바란다. 기업의 핵심가치에 기초해 의식과 행동이 하나 되기를 바라는 것이다. 특히 다른 기업을 인수합병한 기업의 경우 조직의 정체성과 기업문화의 동질성을 확보하는 것이 중요한 과제이다.

생산성과 긍정성의 균형 관리

리더는 세 가지 정렬이 전사적으로 확립되도록 노력할 뿐만 아니라 두 가지 요소에 대한 핵심적인 관리능력을 발휘해야 한다. 하나는 사업목표를 달성할 수 있도록 사업과제를 수행하는 생산성 관리이고, 다른 하나는 성과를 만드는 데 적합한 문화를 만드는 긍정성 관리이다. 효과성 코칭에서는 리더로 하여금 긍정성과 생산성을 균형 있게 관리할 수 있도록 돕는다.

균형 관리는 긍정성과 생산성을 구성하는 각각의 요인이 어느 한쪽에 치우침이 없이 업무행동에 나타나도록 이끄는 것이다. 예를 들면, 팀원들이 주도적으로 업무를 수행하도록 하면서도(생산성 관리), 그들의 감정관리 이슈를 개인의 문제로 돌리지 않고 안정감을 갖고 맡은 일을 하도록 환경을 조성하는 것이다(긍정성 관리). 두 활동은 독립적이기보다 상호보완적이면서 균형적으로 이루어져야 하며, 그래야 직원몰입이 높아질 수 있다. 효과성 코칭은 이 점에 주목하고 코칭을 전개한다.

코치는 다음 4가지 질문을 통해 리더가 원하는 결과를 얻을 수 있도록 생산성과 긍정성을 균형 있게 관리하는지 확인한다.

- 리더는 사업과제 정렬과 심리적 정렬을 확보하였는가?
- 리더는 직원몰입을 통해 경영전략을 실행하고 있는가?
- 리더는 생산성과 긍정성에 영향을 미치는 요인들을 균형 있게 관리하고 있는가?
- 원하는 결과를 만들기 위한 결정적 행동은 무엇인가?

직원몰입을 통한 성과 향상

리더 역할을 처음 맡은 신임 리더는 먼저 자신의 역할이 무엇인지 깊이 고민해야 한다. 신임 리더가 흔히 범하는 실수는 리더 자신의 꿈과 야망을 우선적으로 실천해보려고 하는 것이다. 리더십 역할의 중심에 자신을 두고 일하는 것이다. 코치는 리더로 하여금 구성원들이 중심적인 역할을 맡게 하는 대신 리더 자신은 그 중심에서 빠져나오도록 돕는다. '내가 성과를 만드는' 성과의 생산자가 아닌 '성과를 내도록 환경을 조성하는' 성과의 조력자로 되도록 인식을 전환시킨다. 리더가 조력자가 되려면, 직원을 직무에 몰입시키는 방법을 알아야 한다.

코칭 대상자인 리더가 직원들의 직무몰입을 끌어내도록 코치는 리더의 역할 조정, 리더십의 효과적인 발휘를 위한 행동 개선, 성과 향상과 이에 적합한 조직 운영을 연계시키는 코칭을 한다.

리더의 역할 조정

실패하는 리더들을 분석한 연구(Finkelstein, 2003)나 리더들에 대한 코칭 기대사항을 종합해보면, 리더십의 효과성을 떨어트리는 몇 가지 요인이 있다.

- 새로운 직책이나 역할을 맡으면 지나친 야심과 야망을 갖고 일한다.
- 역할을 독점하려 하고 부하직원에게 권한위임이나 임파워먼트를 하지 않는다.
- 새로운 직책이나 직무에 적합한 리더십을 발휘하지 못한다.
- 근무지가 바뀌면서 새로운 이해관계자들의 이해와 협력을 끌어내지 못한다.
- 이전의 상사와 다른 리더십 스타일을 지닌 새로운 상사에게 적응

하지 못한다.

- 함께 일하는 구성원들의 잠재력을 효과적으로 끌어내지 못한다.

코치는 리더가 함께 일하는 사람들과 업무의 특성에 맞게 자신의 역할을 조율하고, 직원의 직무몰입을 끌어내는 자신만의 색깔이 있는 리더십을 만들고 발휘할 수 있도록 도와준다.

리더십의 효과적인 발휘와 리더십 행동 개선

리더가 어떤 리더십을 발휘해야 하는지를 명확하게 파악하는 것은 리더십의 효과성을 높이는 데 중요하다. 다면 인터뷰, 360도 진단 등은 현재의 리더십 수준과 바람직한 리더십 수준 간의 차이를 정성적 또는 정량적으로 파악하는 데 유용한 방법이다. 효과성 코칭을 전개하는 코치는 리더십 다면 진단(ELA), 팀 효과성 진단(TEA), 조직 효과성 진단(OEA)을 실시하여 리더십이 발휘되는 정도와 여러 이해관계자들과의 인식 차이를 객관적으로 도출한다.

리더십 행동의 개선은 자기지각과 타인지각 간의 인식 차이를 줄이고, 성과를 만드는 리더십과 직원들이 성과를 내도록 조직문화를 조성하는 리더십을 균형 있게 개발하는 데 초점을 둔다.

조직 운영과 성과 향상

리더의 핵심 책무는 조직이 매출과 이익을 증대시키고 지속적으로 성장하도록 조직을 운영하는 것이다. 이를 위해서는 조직 구성원의 몰입을 끌어내고, 성과를 만드는 조직 운영과 조직문화가 서로 연계되도록 해야 한다.

업무 관련성이 높은 부서들 간에 시너지를 창출하도록 하는 전략을 기획하고 실행하는 신설 조직을 책임지게 된 임원이 있다. 그는 자기 분야에서 최고라는 자부심을 가진 전문가들을 사내에서 차출하여 조직을 구성하였다. 어떻게 그 임원을 코칭할 것인가?

일반적으로 코칭 주제는 코칭 대상자로부터 나오지만, 코치도 조직 운영 방안에 대해 함께 고민하고 도움을 준다. 임원은 신설 조직을 운영하기 위한 기본 원칙을 발표했지만, 코치가 소속 팀장들을 면담한 결과, 팀장들은 업무협력의 기본 원칙이 명확하지 않다는 의견을 냈다. 코치는 조직 운영의 효과성을 높이기 위해 조직장과 팀장들이 참여하는 '기본 원칙 공유 워크숍'을 주관했다. 워크숍을 통해 확정된 운영 원칙은 다음 5가지이다.

- 주도적으로 행동한다.
- 보고서 없이 구두 보고하고 현장 이슈 중심으로 대화한다.
- 역할과 직급에 관계없이 열린 소통을 한다.
- 개인의 잠재성을 존중하고 성장시킨다
- 문제 제기보다는 경청과 토론을 통해 답을 찾는다.

조직 구성원들이 자신의 전문성에 대해 자부심을 가진 경력자들이어서 개성과 자기 주장이 강하고 서로 협력하기가 쉽지 않았다. 해당 임원은 상명하복의 위계적인 조직관리보다, 구성원의 강점인 직무 전문성을 직무 성과로 연결시키는 방법을 선택했다.

진단과 피드백 기반의 코칭

효과성 코칭에서 코치는 진단 결과를 피드백하여 코칭 대상자가 자기 발견과 관점 전환의 기회를 갖도록 하고, 내면에 잠재된 강점을 자각하고 이를 끌어낼 수 있도록 돕는다. 루이 파스퇴르(Louis Pasteur)가 "기회는 준비된 사람의 것이다"라고 말했듯이, 자기 발견과 관점 전환은 기회의 주인이 되게 한다. 진단 기반의 코칭 접근은 새로운 가능성을 발견하고 이를 더 큰 성장으로 연결시키는 효과성 코칭의 세 번째 특징이다.

진단과 피드백을 통한 자기 발견과 관점 전환

리더 개인의 변화는 리더십 수준을 높이고 조직의 효과성을 향상시키기 위한 기본 요건이다. 효과성 코칭은 진단과 피드백을 통해 리더의 변화 필요성과 개발 필요점에 대한 정보를 제공한다. 리더십 진단은 리더 역할을 맡은 개인이 담당 역할을 성공적으로 수행하는 데 필요한 리더십 역량을 어느 정도 갖추고 있으며, 관련 리더십 행동을 어느 정도 보이는지 측정한다.

리더십 진단은 그 리더가 리더십을 발휘한 결과가 무엇인지에 대해서는 정보를 제공하지 않는다. 결과 지표로 활용되는 것은 반기 또는 연 1회 진행되는 업적평가나 조직문화 진단의 결과이다. 이러한 지표도 유용하지만, 실시 주기가 길기 때문에 리더에게 즉각적인 피드백을 제공하는 정보로 활용하기에 부족하다.

따라서 리더가 이끄는 팀이나 사업부의 효과성을 객관적으로 진단하여 피드백 정보로 활용할 필요가 있다. 효과성 코칭을 진행할 때, 코치는 먼저 코칭 대상자의 리더십 수준과 그가 담당하고 있는 조직 단위에 맞는 효과성 진단을 실시한다. 코칭 대상자가 팀장인 경우 팀 효과성 진단(TEA), 사업부장인 경우 조직 효과성 진단(OEA)을 실시한다. 리더와 구성원들이 생산적으로 일하는지, 일하는 문화는 긍정적인지 객관적으로 진단한다.

이와 같이 효과성 코칭은 진단 기반의 코칭을 한다. 진단이 중요한 이유는 코칭 대상자가 자기 발견과 관점 전환을 하는 데 신뢰할 수 있는 정보를 제공하기 때문이다. 코칭을 통해 변화를 경험하기 위해서는 먼저 사신의 현재 보습을 객관적인 시각에서 탐구할 필요가 있다. 진단 결과를 검토하면서 자신에 대한 자기 지각과 타인 지각 간에 차이가 있다는 것을 알아차릴 때, 급격한 관점 전환이 일어난다. 자각이 크게 일어나기 위해서는 제공되는 정보가 풍부하고 신뢰할 수 있어야 한다. 또한 타인 지각에 담긴 정보들이 불특정 인물이 아니라, 코칭 대상자와 이해관계가 있는 인물로부터 수집된 경우 자각을 더 자극하게 된다. 자각이 일어날 때, 통찰과 관점 전환이 잘 이루어진다.

리더십 진단과 피드백

'18가지 리더십 핵심역량'으로 리더십을 다면 진단한다. 핵심역량은 인지 역량군, 대인관계 역량군, 전략적 관리 역량군으로 구분된다. 각 역량군은 6개의 핵심역량으로 구성된다. 코치는 리더십 진단 결과를 검토하면서 코칭 대상자에게 이렇게 질문한다.

- 당신의 강점은 무엇입니까? 그 강점이 더 발휘되도록 할 수 있는 것은 무엇입니까?
- 개발이 필요한 점은 무엇입니까? 지금 그 점을 보완하기 위해 어떤 노력을 하겠습니까?

이러한 질문은 리더가 역할 수행에서 더 영향력 있는 리더가 되는 방법을 생각하도록 자극한다. 코칭 대상자가 깊은 수준의 통찰과 관점 전환이 이루어지도록 하기 위해 다음과 같이 질문한다.

- 개인의 성향과 역할은 리더십을 발휘하는 데 어떻게 작용합니까?
- 자신의 고착화된 안전지대는 무엇이고, 어떻게 극복할 수 있겠습니까?
- 지금까지 성장하는 데 효과적이었지만, 현재 당신의 성장을 방해하는 리더십은 무엇입니까?

팀 효과성 / 조직 효과성 신단과 피느백

팀 효과성 진단은 팀이 탁월한 성과를 내는 데 영향을 미치는 요소들에 대한 팀원들의 인식을 측정한다. 팀 효과성 진단에 팀장이 참여하지만, 리더십 진단과 근본적으로 다른 점이 있다. 리더십 진단은 리더 개인의 리더십이 발휘되는 정도를 측정한다면, 팀 효과성은 개인이 아니라 팀의 모습을 진단한다. 조직 효과성 진단은 조직이 어느 정도 생산적인지, 성과를 낼 수 있는 조직문화를 갖추고 있는지를 측정한다. 팀 효과성 진단과 같은 논리 구조를 가지며 진단 요소들은 다르다. 조직 효과성 진단은 팀보다 상위 조직의 특징을 반영한 요소들을 포함한다.

- 현재의 팀 문화, 조직 문화는 탁월한 성과를 내는 데 어느 정도 적합하다고 생각합니까?
- 지금보다 효과성을 더 높이기 위해 무엇을 하겠습니까?

코치는 이러한 질문을 통해 효과성을 향상시키는 구체적인 실천 방안을 끌어낸다. 사업부를 책임지고 있는 임원에게 경영전략을 어떻게 실행하는지 묻는다.

- 전략 실행을 가속화할 방안은 무엇입니까? 직원몰입도를 높이기 위해 무엇을 하겠습니까?

이 질문은 사업부 책임자인 임원이 소속 직원에 관심을 갖도록 하며, 그들을 통해 원하는 성과를 만드는 방안을 고민하게 한다.

숨겨진 강점 끌어내기

코치는 상대방의 강점을 자각시키고, 끌어내고, 그것을 통해 더 성장하도록 돕는다.

- 지금까지 일하면서 가장 성취감을 느낀 때는 언제입니까?
- 그때 어떤 일을 하였습니까?
- 그 성취감을 가능하게 한 것은 자신의 무엇이라고 생각합니까?

마지막 질문에 대한 답에 상대방의 강점이 있다.

지금 자신의 강점을 어느 정도 활용하면서 살고 있는지 자문해 보자. 태어나서 정규 교육을 받는 동안 남들보다 더 잘해야 한다고 교육받았다. 사회에 진출해서도 다른 사람들보다 앞서기 위해 끊임없이 노력해 왔다. 이러한 삶 속에서 우리의 사고와 행동은 우리가 원하지 않는 방향으로 고착화된다. 오로지 일의 결과와 이에 대한 타인의 평가에 의해 자기 존재감이 결정된다. 잘 되면 기쁘고 일에 대한 자부심과 만족감을 느끼지만, 잘못되면 자신의 무능함을 탓하고 쉽게 좌절하고 위축되고 불안감을 느낀다.

사람들은 승과 패의 패러다임에 묶여 산다. 이기고, 잘하고, 가지기 위해 무엇을 할 수 있는가에 집중한다. 그 결과가 기대에 못 미치면 자신을 무능하다고 판단한다. '실패 = 무능'의 공식이 자리잡는 것이다. 의식적으로 혹은 무의식적으로, 잘하기 위한 조건을 갖추는 데 열중한다. 자기 자신보다 타인의 피드백이나 평가와 같은 외부 요인에 더 관심을 기울이고, 자신의 강점보다 부족한 점에 더 민감해진다. 강점과 부족한 점에 대한 지각과 반응에 불균형이 생긴다. 강점의 패러독스이다.

"김 과장, 이번 사업계획서 잘 작성했네. 고생했어."

"박 대리, 넥타이에서 가을 분위기가 느껴지는군. 미적 감각이 아주 뛰어난데."

이런 피드백을 받을 경우, 많은 사람들은 "에이, 별 말씀을요"라며 타인의 칭찬과 인정에 서투르게 대응한다. 잘한 점을 칭찬하고 강점을 인정해주어도 이를 제대로 받아들이지 못하는 주된 이유는 실패에 민감하고 자기 비하에 익숙해진 습관 때문이다.

효과성 코칭은 코칭 대상자가 내면의 강점을 자각하고 끌어내어 당당히 활용하도록 돕는다. 마틴 셀리그만(Martin Seligman)과 긍정심리학자들의 연구에 따르면, 자신의 강점을 받아들이는 것은 자기 확신과 낙관적인 시각을 갖는 데 결정적인 역할을 한다. 자신의 강점에 대한 이해도가 높은 사람일수록 스스로를 긍정적으로 생각하고 도전적으로 행동하며 행복감을 느낀다. 낙관적으로 사고하는 사람은 비관적으로 사고하는 사람보다 운동경기나 세일즈 등과 같은 다양한 목표 행동에서 더 우수한 성적을 낸다. 일이 성공적으로 이루어졌을 때 자신의 능력을 인정하고, 실패하더라도 자신을 무능한 사람으로 여기지 않는 낙관적인 사고가 목표를 향해 계속 나아가도록 동기를 부여한다.

실행의 결과를 통해 인정받으려 한다면 성공과 실패의 관점에서 자신을 바라보고, 강점보다 약점에 더 주의를 기울이게 된다. 하지만 이제는 자신의 존재감을 높임으로써 실행력을 강화하는 전략이 필요하다. 자신의 강점을 찾아내고 강화시킬 때 존재감도 높아지고 실행의 성과도 탁월해진다. 외적 요인으로 실행력을 높이기보다는 자각과 통찰을 통해 자기 존재감을 높이고 강점을 발휘하도록 해야 한다. 이제 세상을 바라보는 마음의 창을 부정에서 긍정으로 바꾸자. 자신의 강점을 찾고, 그 눈으로 세상을 바라보는 지혜가 필요하다.

코치는 타인의 강점을 끌어내어 성장하도록 돕는 조력자이다. 우리가 건강검진을 받는 것과 같이 과학적인 진단을 통해 각자의 강점과 개발이 필요한 점을 객관적으로 찾아볼 수 있다. 기업은 이러한 진단을 통해 직원들의 잠재된 재능과 강점을 발견하고, 그러한 강점을 더욱 더 개발시킴으로써 조직 차원에서 더 나은 성과를 만들어낼 수 있다.

개인, 팀, 조직의 통합적 코칭

조직이 탁월한 성과를 내려면 조직을 구성하는 개인과 팀의 효과성이 최대한 향상되고, 그것이 조직 효과성으로 연계되어야 한다. 효과성 코칭은 개인과 조직의 변화를 통합적인 관점에서 다룬다. 조직장과 팀장을 대상으로 한 코칭을 일정 기간 동안 병렬적으로 실시하는 코칭 설계가 대표적이다.

조직장을 대상으로 6개월 동안 개인 코칭을 한다면, 같은 기간에 팀장을 대상으로 그룹 코칭도 함께 한다. 코칭의 빈도는 서로 다를 수 있지만, 같은 기간에 조직장과 팀장을 대상으로 코칭을 진행함으로써 조직 운영에 있어 한 방향 정렬과 상호소통의 활성화 및 조직 단위별 효과성의 연계를 확인할 수 있다. 또한 리더 개인의 변화가 팀과 조직의 변화에 긍정적인 영향을 미치도록 하기 위해 코칭 초반에 각 팀을 대상으로 한 팀 효과성 향상 워크숍을 개최하여, 조직장 — 팀장 — 팀원의 기대사항과 요구를 확인한다. 코칭 후반에는 조직 전체를 대상으로 한 조직 효과성 향상 워크숍을 개최하는 것으로 코칭 설계를 한다.

개인 코칭

코치는 코칭 미팅 전에 실시한 진단 결과 보고서와 구조화된 코칭 질문을 미리 코칭 대상자에게 주고 자신의 생각을 적어보도록 요청한다. 이 방법의 장점은 코칭 대상자가 전달받은 자료를 먼저 분석하고 해석해보는 데 있다. 그러나 질문 내용을 정확하게 이해하지 못해서나 신난 결과 보고서를 해석하지 못해 적절한 답을 찾지 못할 수 있다. 따라서 첫 미팅에서 코치는 진단 결과에 나타난 코칭 대상자의 강점과 개발 필요점이 현장에서 어떤 형태로 나타나는지를 파악해야 한다. 이러한 분석을 통해 원하는 결과를 얻는 데 실효성이 있는 결정적 행동을 도출하고 구체적인 실행계획을 수립한다.

개인 코칭에 참여하는 조직장은 소속 팀장들의 코칭 목표를 파악하고, 정해진 기간 내에 목표가 달성될 수 있도록 지원을 약속한다. 조직장은 팀장들을 대상으로 자신의 코칭 목표를 알려주고 협력을 구하는 시간을 갖는다. 이를 통해 조직장과 팀장 간의 변화 노력이 서로 연계되도록 한다.

그룹 코칭

팀장들은 브레인스토밍을 통해 공동의 코칭 목표와 개인별 코칭 주제를 도출하고, 구체적인 실천행동을 확정한다. 또한 일련의 그룹 코칭 미팅을 통해 서로의 생각을 공유하고 당면한 문제를 바라보는 눈높이를 맞춘다. 팀장의 역할에 대한 팀장들의 이해가 서로 다를 수 있다. 팀장으로 임명 받았지만, 관리자이자 리더로서의 팀장 역할에 대한 교육을 제대로 받지 못했기 때문이다. 현실은 '선임명, 후교육'이다. 그룹 코칭의 이점은 각자 팀장의 역할을 수행하면서 직면했던 다양한 리더십 이슈와 주제에 대한 답을 찾고, 리더십 역량을 동일 수준으로 끌어올리는 데 있다. 효과성 코칭은 팀장의 역할에 대한 눈높이를 맞추고 상사와의 소통을 활성화하며, 팀 효과성을 높이는 데 중점을 둔다.

개인 효과성 향상 워크숍

리더십은 개인 차원에서 발휘되어야 할 셀프 리더십과 리더의 역할을 수행하면서 발휘할 팀장 리더십, 성과 리더십, 경영 리더십 등이 있다. 효과성 코칭은 리더십 진단이나 다면 인터뷰의 결과를 활용하여 리더가 갖추어야 할 리너십 핵심역량에 초점을 맞춘다. 18가지의 리더십 핵심역량을 측정하는 효과적 리더십 진단 (ELA)을 실시한 후, 리더십 향상 워크숍을 진행한다. 워크숍의 주요 내용은 진단 도구에 대한 이해, 진단 결과에 대한 디브리핑과 시사점 도출, 그리고 리더십 개발계획의 수립이다.

팀 효과성 향상 워크숍

개인 기여자의 의식이 팀 기여자의 의식으로 전환될 때, 팀 효과성은 향상된다. 팀 성과는 개인 성과의 총합과 다르다. 이전보다 팀 성과가 높아지려면 팀원 간의 상호작용과 개인의 의식 변화가 뒤따라야 한다. 팀장과 모든 팀원이 워크숍에 참여한다. 워크숍을 시작할 때, 팀 효과성 진단은 팀장의 리더십을 평가하거나 팀원의 역량을 평가하는 것이 아님을 분명히 알린다. 사업과제의 원하는 결과와 바람직한 팀 문화의 모습을 구체적으로 정하고, 각각의 결과를 얻기 위한 팀 차원의 결정적 행동을 찾는다. 아울러 개인별로 팀 기여자가 되기 위한 실천행동을 개발한다. 팀 효과성 향상 워크숍은 팀 코칭으로 진행된다.

조직 효과성 향상 워크숍

조직 효과성은 생산적인 조직 운영이 이루어지고 있는지, 성과를 내는 데 적합한 조직문화가 조성되었는지를 보여준다. 이 워크숍에서는 조직 효과성 진단 결과를 토대로 조직과 팀 간의 관계를 살핀다. 팀에서는 문제가 없지만 조직 차원에서 해결해야 할 리더십 과제나 팀 효과성 향상을 위해 추진한 과제들이 조직 효과성 향상과 연계된 정도를 조직 리더와 구성원의 시각에서 확인한다. 이 워크숍에서는 개인 효과성과 팀 효과성이 조직 효과성으로 연계되도록 실행 가능한 방안을 찾는 것이 중요하다.

02 | 변화를 끌어내는 3S-FORM 코칭 모델

"비판적인 피드백을 정직하게 하는 것은 리더십 배양을 위한 체력 단련이다."

램 차란Ram Charan, 경영컨설턴트

이 장에서는 변화를 끌어내는 3S-FORM 코칭 모델을 소개한다. 이 모델의 개념을 이해하는 것은 효과성 코칭을 명확히 알기 위한 기본 과정이다. 코칭 모델에 대한 세부적인 설명에 들어가기 전에 먼저 독자의 이해를 돕기 위해 코칭 모델을 구성하는 FORM과 3S 의 의미를 살펴보자.

FORM

효과성 코칭에서 변화를 끌어내는 기본 프로세스는 FORM이다. FORM의 사전적인 의미는 사물의 형태, 물건이나 건물의 모양을 결정하는 기본 틀이다. 나는 기본 틀을 맥락(context)이라고 부른다. 이 맥락에 대응하는 개념은 내용(content)이다. 그림을 걸어두고 보려면, 벽이 있어야 한다. 더 분명하게 그림을 보려면, 액자가 있어야 한다. 액자가 강하게 시선을 끌면 내용물인 그림이 눈에 잘 들어오지 않는다. 그렇기 때문에 액자는 그림의 특성과 잘 어울려야 한다.

코칭에서 맥락은 코칭 대화가 일어나는 공간이며, 그 공간에 담기는 내용은 코칭 대화다. 코칭이 시작될 때, 코치는 맥락을 만들고 코칭 대상자는 내용을 가져온다. 코칭이 전개되면, 코칭 맥락과 코칭 내용은 상호작용한다. 코치와 코칭 대상자는 맥락과 내용을 함께 발전시켜간다. 효과성 코칭에서 FORM은 코칭 프로세스의 의미도 갖는다. 코칭은 4단계, 즉 피드백(Feedback) — 기회 발견(Opportunities) — 재구성(Reframe) — 전진(Move Forward) 순으로 진행된다. 코칭 대화는 일련의 단계별 흐름으로 구성되며, 대화 흐름이 미리 정해진 코칭 설계는 구조화된 접근방법으로 기업 코칭에서 주로 활용된다.

마지막으로, 효과성 코칭에서 FORM은 코칭의 결과물이다. 코칭 단계별로 코칭 대화를 통해 새로운 틀을 만든다. 심리학적인 전문 용어로는 준거 틀이다. 새로운 틀을 통해 얻게 되는 결과물은 인식의 확대와 관점의 전환이다.

3S

변화에 성공하기 위해서는 코칭 전 과정을 통해 자기인식(self-awareness), 자기대화(self-talk), 자기성찰(self-reflection)이 순차적이고 반복적으로 일어나야 한다. 이 3가지 인지적 활동은 FORM 코칭 프로세스를 작동시키는 내면의 엔진이다.

자기인식은 자신이 갖고 있는 강점과 부족한 점, 정서, 욕구뿐만 아니라 현재 자신이 경험하고 있는 것을 알아차리는 것이다. 자신에게 피드백이 주어졌을 때, 그 피드백에 주의를 기울이고 그 의미를 있는 그대로 인식한다. 자기인식을 깊이 있게 할수록 자기 자신뿐만 아니라 자신의 감정이 타인이나 주위에 미치는 영향에 대해서도 알아차린다. 또한 자기인식이 깊을수록 객관적인 시각에서 자신을 바라보기 때문에 변화의 출발점을 정확하게 인지한다.

효과성 코칭에서 코치는 진단과 피드백을 통해 코칭 대상자가 객관적인 자기인식을 하도록 돕는다. 또한 기밀성과 안정감이 높은 대화 환경을 조성하여 깊이 있게 자기인식을 할 수 있게 한다.

자기대화는 내면의 자기와 느끼고 생각하고 행동하는 방식에 영향을 미치는 지속적인 대화를 하는 것이다. 자기인식을 통해 변화의 방향과 실천행동이 마련되면, 내면의 자기와 대화한다. 행동변화에 대한 지침과 암시를 주고 때론 명령한다. 변화 의지와 실천 약속이 지켜지도록 감시한다. 원하는 방향으로 인식과 행동이 옮겨가도록 특정 느낌과 생각을 뇌에 반복적으로 주입한다. 이를 통해 행동변화를 위해 자신이 약속한 사고와 행동, 느낌에 집중하도록 한다.

예를 들면, 타인과의 대화가 기대하는 방향으로 전개되지 않을 때 쉽게 화를 내는 리더는 자신에게 반복해서 질문한다.

"이 대화를 통해 내가 진정으로 원하는 것은 무엇인가?"

그리고 타인과 자신에게 관대해지도록 내면의 자기에게 "그럴 수도 있지"라고 말한다. 이러한 자기대화를 생활화 하다보면 화를 다스릴 수 있게 된다.

자기대화가 이루어진 이후 자기성찰은 인식 변화가 행동으로 옮겨지는 과정과 결과를 살핀다. 자기성찰은 자기주도적 학습과 같다. 자신을 깊이 들여다보면서, 자신의 본질에 대해 진지하게 생각하는 것이다. 진정한 변화가 일어나려면, 자신은 어떤 사람이어야 하는가를 생각하고 학습한 것을 정리한다. 자기성찰의 힘은 자신의 실수를 깨닫고 바로잡아 더욱 긍정적인 자아를 만들고, 이를 통해 삶을 충만하게 하는 데 있다. 명상이나 독서, 느리게 걷기 등을 통해 자신을 돌아보고, 자기인식과 자기대화를 통해 자기성찰에 들어간다. 오로지 자신의 감각에 충실하면서 느낌과 생각을 인식하고, 스스로에게 질문을 던진다.

- 내가 진정 염려하는 것은 무엇인가?
- 나는 어디에 묶여 있나?
- 내가 주저하는 것은 무엇 때문인가?
- 나는 진정 어떤 사람이고 싶은가?

특히 코치는 코칭 내상사의 인식과 행동에 근본적인 변화가 필요할 때, 변화 노력을 수행한 이후 마무리를 할 때, 새로운 변화를 만드는 다음 단계로 이끌 때 강력한 성찰질문을 한다.

지금까지 3S-FORM의 의미를 살펴보았다. 여기서는 3S-FORM 코칭 모델의 근간이 되는 피드백, 기회 발견, 재구성 및 전진의 주요 특징과 대표적인 코칭 사례, 활용된 코칭 스킬을 소개한다. 코

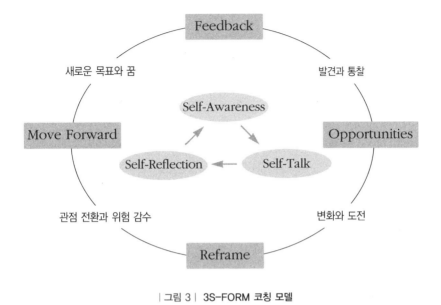

| 그림 3 | 3S-FORM 코칭 모델

칭 사례에 등장하는 코칭 대상자의 이름은 가명이며, 신원을 확인
할 수 없도록 직무나 역할을 필요에 맞게 변경하였다.

피드백(Feedback): 발견과 통찰

사람들은 언제 자신의 생각과 행동을 바꿔야겠다고 생각할까?
일반적으로 자기지각과 타인지각 간에 객관적 차이가 있을 때이
다. 자신의 신념과 사고체계가 옳다고 생각하면 쉽게 바꾸지 않는
다. 생각에 따른 행동의 결과가 바람직할 때, 그 생각과 행동 간에

긍정적 연합이 강하게 형성되기 때문이다. 또한 자기방어 심리가 기존 학습을 견고하게 만든다. 그러나 내면의 자기에게 질문하고 답을 찾는 사람은 외부로부터 변화 요구가 감지될 때 대응 방식을 쉽게 찾는다. 자신의 방어기제에 대한 성찰이 있는 사람일수록 막연히 저항하기보다는 변화 요구에 대한 적절한 답을 찾으려 한다.

피드백은 객관적인 시각에서 자기 자신을 들여다보게 하는 대화 기법이다. 피드백 단계에서 코치는 다양한 코칭 스킬과 정보를 사용해 코칭 대상자가 자신을 객관적인 시각에서 보도록 돕는다. 각종 진단을 통해 수집된 정보나 다면 인터뷰를 통해 수집된 정성적인 자료, 인사평가에서 수집된 정보 등을 제공한다. 내면의 자기를 분석해본 경험이 적은 사람은 이러한 정보를 대할 때, 자기조망과 자기이해를 심화시키지 못한다. 피드백을 통해 자신을 돌아보는 훈련이 부족하고, 방어기제의 영향을 통제하는 능력이 떨어지기 때문이다. 피드백 단계에서는 자동적으로 작동하는 코칭 대상자의 자기방어기제를 무력화시키지 않는다.

효과성 코칭에서 코치는 피드백을 통해 코칭 대상자가 자기발견과 통찰을 경험하고, 자기를 더 이해하도록 돕는다. 여기서는 피드백 단계에서의 코칭 활동에 대해 독자들이 구체적으로 이해할 수 있도록 주요 코칭 스킬과 코칭 대화 사례를 소개한다.

코칭 스킬 1
자기 내면에 관심과 주의 기울이기

피드백 단계에서 코치는 코칭 대상자의 관심과 주의가 어디를

∷ 코칭 심리학 자기방어기제

자아가 외부로부터 위협을 받을 때 자아를 지키기 위해 자기방어기제가 무의식적으로 작동하지만, 이를 쉽게 자각하지 못한다. 자기 자신을 보호하고 방어하려는 심리는 자연스러운 것이다. 자기관리를 잘하는 사람은 자신이 원하는 것을 얻기 위해 자기방어기제를 완전히 무력화시키거나 효과적으로 활용한다. 대표적인 자기방어기제는 다음과 같다.

- **자기본위적 편향**(self-serving bias). 자기 자신에 대해 객관적이고 공정한 판단을 하기보다 긍정적으로 판단하려는 경향이다. 자존감이 위협받거나 손상 당하는 것을 막으려는 인지적 노력이다. 예를 들면, 부정적인 피드백을 받으면 강점에 주목하고 부족한 점에는 주의를 기울이지 않는다.
- **기본적 귀인 오류**(fundamental attribution error). 사람늘이 다른 사람의 행동을 해석할 때, 그 행동의 원인을 외부에서 찾기보다 그 행위자의 내부에서 찾으려는 경향이다. 예를 들면, 한 운전자가 교차로에서 녹색 신호에서 빨간색 신호로 바뀌는 순간에 과속해서 통과하는 다른 차량의 운전자를 보았을 때, 교통 안전의식이 없는 사람이라고 여긴다.
- **자기확증 전략**(self-confirming strategy). 자신의 의사결정을 지지하는 정보에 더 주의를 기울이고 선택적으로 취하려는 경향이다. 자신이 합리적이며 이성적인 의사결정을 하고 있다는 것을 지키려는 심리이다. 예를 들면, 면접에서 면접 대상자가 소극적이라는 첫인상을 가진 면접위원은 소극적이라는 생각을 지지하는 정보를 얻기 위한 질문을 한다.
- **자기합리화**(self-justification). 자신의 생각과 행동이 서로 불일치할 때 사람들은 자신의 행동에 대한 타인의 부정적인 피드백이나 시선을 부정하고, 그렇게 행동하게 된 합당한 이유를 만들어낸다. 예를 들면, 이솝 우화에서 배고픈 여우는 높은 가지에 매달린 포도를 보고, "저 포도는 신포도야"라고 말한다.

향하고 있는지에 주목한다. 바람직한 방향은 외부가 아니라 자기 내면이다. 코치 역시 코칭 대상자에 집중해야 한다.

코칭을 처음 배우기 시작할 때의 일이다.

"말씀하신 방법 이외에 다른 방법은 무엇입니까?"

"글쎄, 잘 모르겠는데요."

코칭 대상자는 질문을 곰곰이 생각하지도 않고 곧바로 응답하였다. 잘 모르겠다는 말이 너무 성의 없고 부정적으로 느껴졌다.

"글쎄, 잘 모르겠는데요"라는 상대방의 응답에 잘 대처하는 것도 스킬이다. 이때 코치는 당황하기보다는 상대방이 코치에게 가졌던 관심과 주의를 자기 자신에게 돌리도록 이끌어야 한다. 고객이 잘 모르겠다고 대답하는 것은 정말 모른다기보다는 생각할 시간을 벌기 위한 표현일 수 있다. 코치도 자신의 질문과 코칭 결과에 집착하기보다는 새로운 질문을 던져야 한다.

"잘 모르시겠다고요? 그럼, 다시 한 번 생각해보시겠습니까?"라고 다시 질문할 수 있다. 아니면, "답을 찾는 데 어떤 정보가 필요하십니까?", "어떤 부분이 생각하기 어렵다고 보십니까?", "고민 되는 점은 무엇입니까?" 등과 같이 질문할 수 있다.

코치는 기다릴 줄 알아야 한다. 잠시 말을 멈추고 침묵해본다. 상대방도 적절한 답을 찾기 위해 침묵을 활용할 수 있다. 코치도 상대방에게 집중하면서 직관적으로 느껴지는 것에 주목한다.

이렇게 해보자. 마음속으로 일곱까지 센 다음 질문을 한다. '잘 모르겠다'는 것이 반드시 부정은 아니다. 코치에게는 인내와 여유를 갖도록 요구하는 것이고, 상대방의 입장을 취해보는 기회이며,

상황을 파악하여 새로운 질문을 해보도록 단서를 주는 것이다. 어유가 생겼으면, 다시 코칭 대상자에게 주의를 기울인다.

성찰질문을 통해 상자 밖으로 끌어내기

박 부장은 성과지향적인 리더다. 그는 성과가 모든 것을 말한다고 생각한다. 성과의 눈으로 직원을 보니, 저성과자는 능력이 부족하고 자기개발을 하지 않으며 게으른 사람으로 보인다. 상대방의 의견을 묻기 전에 먼저 지시하고, 지시한 것을 이행하였는지를 꼼꼼히 확인한다. 박 부장의 눈에는 여전히 부족한 사람이다.

다른 사람들은 박 부장을 어떻게 볼까? 고집 세고 사기 중심적이고 다른 사람의 말에 귀를 기울이지 않는 관리자, 대화 스킬이 부족하고 차갑고 타인을 이해할 줄 모르는 철면피 같은 사람, 일밖에 모르는 사람으로 보았다. 박 부장은 여러 차례 동일한 피드백을 받았다. 그러나 그는 자신에게 문제가 있기보다는 능력이 부족한 사람들의 방어적인 행동으로 간주했다.

그의 생각을 바꾸는 데 결정적으로 영향을 준 질문은 간단하다. "너는 어디에 묶여 있는가(誰縛汝)?"라는 짧은 성찰질문이었다. 이 질문은 승찬조사가 도신사에게 설파한 법문이다.

코치는 코칭 과제로 그 질문에 대한 답을 찾아보도록 요청하였다. 이 질문을 받고 그는 깊은 생각에 빠졌다. 그가 통찰한 것은 자신의 생각에 묶여 있다는 것이다.

코치: 지난 2주간 달라진 점이 있다면, 무엇입니까?

부장: '나는 어디에 묶여 있는가?'에 대해서 많은 생각을 하였습니다.

코치: 구체적으로 말씀해주시겠습니까?

부장: 저는 그동안 리더는 성과로 모든 것을 말한다고 생각해왔습니다. 리더로서 명확하게 일의 추진 방향을 제시하고 목표를 달성할 수 있는 과제를 엄격히 관리하고, 직원들을 질책하며 이끄는 것이 그들에게도 도움이 된다고 생각했습니다. 한마디로 성과에 묶여 있었던 것입니다.

코치: 성과를 중시하는 생각은 부장님의 다른 생활에 어떤 영향을 주었을까요?

부장: 집에서 자식을 대할 때도 똑같이 했습니다. 대화보다는 엄하게 대하고 야단치기 일쑤였지요. 아내에게도 냉랭하게 대했고요. 집에서 도대체 뭘 하느냐는 식의 대화를 한 것 같습니다. 그때마다 제 아내가 질색을 하죠. 그런데 저는 아내가 왜 그러는지 몰랐습니다.

코치: 다른 사람을 성과 위주로 대한 것을 후회하는 것으로 들립니다.

부장: 참 어리석었습니다. 지난 2주간 자신을 많이 돌아봤습니다.

코치: 부장님, 성과에 묶여 있음으로 인해 잃은 것은 무엇입니까?

부장: 많은 것을 잃었지요. 그중에서도 가장 중요한 것은 상대방에 대한 배려입니다.

코치: 상대방에 대한 배려는 부장님에게 어떤 의미입니까?

부장: 상대방을 존중하고 함께 살아간다는 것입니다. 저는 열심히 일하는 것이 함께 살기 위한 것이라고 생각했는데, 알고 보니 다른

사람에게 상처를 주는 것이었어요.

코치: 구체적으로 어떤 상처를 주었다는 거죠?

부장: 상대방을 무시했습니다. 직원에게 윽박지르고 욕설하면서 나 자신의 존재감은 느꼈지만, 상대방의 인격을 전혀 고려하지 못했습니다. 나로 인해 상처받은 사람들에게 미안한 마음뿐입니다.

코치: 부장님, 주위 사람에게 상처 주는 말씀을 하셨지만, 상대방을 아끼고 염려하는 부장님의 따듯한 정이 느껴집니다. 부장님은 정이 있으신 분입니다.

부장: 코치님이 그렇게 말씀해주시니 감사합니다.

코치: 부장님, 직원에 대한 배려를 진심으로 보이기 위해 오늘 할 수 있는 것이 있다면, 무엇이라고 생각하십니까?

부장: 직원들의 노력에 대해 감사하고 인정하고 칭찬해주고 싶습니다. 말씀하신 저의 정을 나눠주고 싶습니다.

효과성 코칭의 첫 단계인 피드백에서 성찰질문은 코칭 대상자가 자신을 돌아보는 계기를 만들어준다. 그 부장은 코칭 이후에도 '역지사지(易地思之)'를 생활화하여 주위 사람들에게 불편함을 준 것에 대해 매우 미안해했다. 자신의 관점에 묶이지 않고 타인의 입장과 처지를 먼저 생각하게 되었고, 이러한 변화로부터 얻은 것은 배우자와의 부드러운 대화, 자식과의 친구 같은 관계, 직원들의 지지와 응원이었다. 물론 회사 내에서 더 중요한 역할을 맡게 된 것도 아마 그의 관점 변화에 따른 결과일 것이다. 그로부터 일년 후, 그는 상무로 승진하였다.

관점을 바꿔 세상을 다르게 바라보기

일간 신문에 자신의 이름을 빵집으로 내걸고 사업에 성공한 김영모 사장을 인터뷰한 기사가 실렸다. 그의 빵집은 세간에 타워팰리스 거주민의 전용 빵집으로 알려져 있다. 그를 인터뷰한 기사에 이런 내용이 있다.

기자: 빵을 만들 때 원칙이 있습니까?

사장: 개업을 한 지 한 달 만에 갓 구운 소보로 빵을 모두 버린 적이 있어요. 크리스마스 대목에 케이크 400상자를 버린 적도 있습니다. 대부분의 고객은 눈치채지 못하겠지만, 한 분이라도 알게 된다면 저를 얼마나 불신하겠습니까? 아침 식탁에, 아이들 간식에, 가족 모임에 제가 만든 빵이 오릅니다. 저는 빵을 파는 게 아니라 그분들의 건강을 책임지는 거지요.

사람들은 각자 세상을 보는 자기만의 눈을 가지고 있다. 그 눈으로 자신의 일도 바라본다. 김영모 사장은 자신의 일을 고객의 건강을 책임지는 활동으로 보았다.

관점이 명확할수록 자신의 하는 일에 대해 더 만족하고 자부심을 갖게 된다. 국내 한 대기업의 해외 지사장을 코칭하면서 세상을 보는 눈이 개인의 행복감뿐만 아니라 일의 성과에도 큰 영향을 미친다는 것을 알았다.

관점을 전환한 코칭 대상자는 스스로 기존의 행동을 바람직한 방향으로 바꾼다. 코치의 직관적인 질문은 관점을 전환하는 데 효과적이다. 코칭 대상자가 전혀 생각해보지 못한 관점에서 자신을 살피도록 자극한다. 코치가 구조화된 질문을 사용하면 코칭 대상자의 생각을 의도된 방향으로 끌어갈 수 있다.

필자는 관점 전환을 이끄는 간단한 대화 틀을 찾고자 애썼다. 오랜 시행착오 끝에 구조화된 질문을 개발하고 '소중한 것의 재발견'이라는 이름을 붙였다. '소중한 것의 재발견'을 위해 다음 질문들을 순차적으로 한다.

- 당신은 어디에 묶여 있습니까?(기존의 생각)
- 그 묶임으로 인해 당신이 잃은 것은 무엇입니까?(새로운 생각)
- 그것은 당신에게 어떤 의미를 갖습니까?(관점의 발견과 전환)
- 그 의미를 얻기 위해 오늘 할 수 있는 것은 무엇입니까?(행동변화)

코치: 지금 가장 힘든 것이 있다면, 무엇입니까?

지사장: 타지생활이다 보니 모든 게 힘이 듭니다. 그중에서도 현지인들을 관리하는 것이 가장 힘듭니다.

코치: 좀더 구체적으로 말씀해주시겠습니까?

지사장: 이곳 영업매니저들은 대부분 현지인입니다. 언어도 다르고 사고방식도 우리와 너무 다릅니다. 이 사람들이 현지 영업망을 가지고 있기 때문에 시장을 개척하려면 이들의 도움을 받아야 합니다. 문제는 이들을 관리하는 일이 매우 어렵다는 것이지요.

코치: 우리와 문화적 배경이 다른 사람들과 함께 일하는 것이 힘드시
군요. 흔히들 집 떠나면 고생이라는데, 어려움이 많으시겠습니
다. 그 어려움 속에서도 지사장으로서의 역할과 책임을 다하시
려는 열정이 느껴집니다.

지사장: 그렇게 말씀해주시니 감사합니다.

코치: 신설 지사에 첫 지사장으로 부임하실 때, 꿈은 무엇이었습니까?

지사장: 신설 법인이지만, 성공 사례를 만들어보고 싶습니다.

코치: 멋지네요. 성공 사례를 만드는 것이 지사장님에게 어떤 기회나
가능성을 준다고 생각하십니까?

지사장: 저의 성공을 위한 중요한 발판입니다.

코치: 지금의 사업을 성공적으로 추진하는 것보다 더 큰 꿈을 갖고 있
군요. 앞으로 3년 후 지사장님 자신의 모습은 무엇입니까?

지사장: 지역 총괄책임자가 되는 것입니다.

코치: 그렇게 되면, 지금과 달라지는 것은 무엇입니까?

지사장: 저의 큰 사업 구상을 펼치는 기회를 갖는 것입니다. 제 지위도
올라가고 능력을 더 펼쳐볼 수 있겠고, 잘 되면 본사에서 중책을
맡을 수 있겠지요. 가정에도 경제적으로 도움이 되고 가족이 외
국에서 계속 생활할 수 있는 기회를 줄 수 있을 것입니다.

코치: 잠시 눈을 감아보세요. 지사장님, 3년 후 성장한 자신의 모습, 회
사와 가족에게 기여하는 자신을 상상해보십시오.

지사장: 아주 좋은데요. 뿌듯하고 지금 당장 이런 성취감을 느꼈으면
좋겠습니다.

코치: 그 느낌을 한마디로 표현해보시겠습니까?

지사장: 먹이를 쫓아 사막을 질주한 사자가 먹이를 낚아챈 후 허공을 향해 지르는 '사자의 포효'입니다.

코치: 지사장님, 지금 말씀하신 그 포효를 지사장님의 목소리로 한번 해보시겠습니까?

지사장: 정말요? (멈칫하다가) 이야아~

코치: 감사합니다. 저에게도 느낌이 전해집니다. 그 포효를 하기 위해 한참을 달려오셨군요. 잠시 눈을 감고 자신이 달려온 길을 둘러보십시오. 지사장님의 모습이 보이십니까? 어떤 모습입니까?

지사장: 풀이 죽어 있고, 지쳐 있습니다. 많이 힘들어하고 있습니다.

코치: 지사장님, 신설 지사를 운영하면서 힘들어하는 다른 지사장에게 조언을 해준다면 뭐라고 말씀하시겠습니까?

지사장: 지금 현지인들 때문에 힘들어하는데, 그들에게 끌려다니면 안 돼. 이 어려운 상황의 희생자가 되지 말고 주인이 되도록 노력하게. 지금의 어려움은 장애물이 아니라 더 큰 성공으로 들어가는 문턱일 뿐이야. 그러니 넘어야지. 여기서 멈추면 안 되잖아.

지사장은 현지인과의 의사소통 문제와 갈등, 문화적 차이에서 오는 적응의 어려움, 사업 성과에 대한 중압감, 이 모든 것들을 장애물이 아닌 성공으로 가는 문턱으로 보았다. 이러한 관점의 전환을 경험한 후 그는 더욱 적극적으로 현지인에게 다가가 그들의 사고방식과 생활습관을 이해하려고 노력하였다. 멀리서 불평하며 애를 태우는 경영자가 아니라 주도적인 문제 해결자로 변신한 것이다.

효과성 코칭은 피드백 단계에서 관점의 전환이 일어나도록 하고, 지금 직면한 상황을 다른 시각에서 보게 한다. 다른 시각을 선택한다는 것은 동일한 대상이 가지고 있는 의미와 가치가 달라진다는 것을 의미한다. 이때 체험되는 긍정적 에너지는 다음 단계로 나아가게 하는 동력이 된다. 피드백을 통한 코칭의 핵심은 '기존의 관점을 바꾸는 것이다.'

세상을 보는 눈을 바꿀 때 자신의 잠재성을 발휘할 수 있는 기회를 발견하고, 불편함을 가진 자신을 온전한 인간으로 완성한다. 관점을 바꾸는 선택을 한 사람들은 그 과정에서 행복감과 충만함을 체험하고, 코치는 이 과정에서 전문적인 도움을 준다.

코칭 스킬 4
문제의 함정에서 벗어나 생각하기

임원 코칭을 하면서 다루었던 코칭 주제를 보면, 의사소통 문제, 직원의 육성과 지원 문제, 성과관리 문제, 자녀관계나 부부관계를 포함한 가족관계 문제 등이 대부분이다. 그중에서 의사소통 문제는 약방의 감초처럼 거의 공통적으로 포함된다.

대화를 하다 보면, 어느 순간 상내방을 이기려는 대회를 하는 사람이 있다. 이기려는 입장을 취하다 보니 설득력 있게 말하기보다 자신의 생각을 상대방에게 관철시키려 하고 상대방의 마음에 거슬리는 말을 한다. 이러한 대화 스타일을 바꾸지 못하는 이유는 자신의 문제를 객관적으로 보지 못하기 때문이다. 어떻게 하면 대화를 통해 얻고자 하는 것에 집중할 수 있을까? 피드백은 사고의 전환을 이끄는 중요한 의사소통 방법이다.

신소재 분야의 기술개발을 담당하고 있는 한 임원은 직원들로부터 닮고 싶은 상사로 정평이 나 있다. 적어도 그가 가지고 있는 학위, 직무 전문성, 맡은 일에 대한 자부심, 우수한 연구능력과 활발한 학술활동, 논리적이며 창의적인 발상, 지속적이며 열성적인 자기개발 노력 등이 그 대상이다. 주위 사람들은 이구동성으로 그를 선비며 학자라고 부른다. 그러나 대화 스타일에 대해서는 호불호에 따라 두 집단으로 갈린다. 일부 사람들은 처음엔 그의 기발한 사고와 논리 정연함에 매료되지만, 의견의 차이를 보이면 점차 그로부터 무시당하는 느낌을 받는다고 말한다.

그의 상사와 인사부서는 장차 회사에서 중책을 맡을 인재로 성장할 수 있도록 그에게 코칭 프로그램을 제공하였다.

코치: 다른 부서의 임원들과 대화할 때, 그분들이 상무님에 대해 가장 불만스럽게 여기는 부분이 무엇이라고 생각하십니까?

임원: 모르겠어요. 저하고 말하는 것이 답답하다고 합니다. 고집이 세다는 거겠지요.

코치: 상무님의 어떤 모습이 상대방에게 그렇게 보일 것이라 생각하십니까?

임원: 자기 생각을 안 들어준다는 것이지요. 잘못된 논리를 갖고 우기는 데 동의할 수는 없지 않습니까? 자기네 생각을 정당화하기 위해 외부 자문을 받아서 사업계획서를 만들었지만, 돈 받고 자문을 하는 사람이 누구 편이겠습니까? 처음엔 저도 논리적으로 이

야기하다가 안 되면 언성을 높였는데, 요즘엔 알아서 하라고 피해버립니다.

코치: 원래 대화를 통해 얻고 싶은 것은 무엇이었습니까?

임원: 상대방이 우리 개발실의 입장을 충분히 이해하도록 하는 것입니다. 상대방이 우리 생각을 정확히 모릅니다. 그러면서 밀어붙이려고만 합니다. 그게 될 법한 일입니까?

코치: 답답하셨겠군요. 한 가지 질문을 드리겠습니다. 말씀하신 대화 목적을 달성하기 위해 필요한 것은 무엇이라고 생각하십니까?

임원: 글쎄요. 기본적으로 감정이 개입되지 말아야 하는데, 몇 마디 나누다 보면 금방 신경전이 됩니다. 서로 이해가 첨예하게 얽혀 있다 보니, 한 치의 양보도 안 하는 겁니다. 그래서 매번 얼굴을 붉히고 헤어져요.

코치: 감정이 개입되지 않는 대화를 하는 상황이란 어떤 모습입니까?

임원: 차분한 분위기지요. 서로 신뢰하고 배려하는 마음이 있는 그런 대화 분위기 같은 것 말이죠.

코치: 그 분위기를 은유적으로 표현해보시겠습니까?

임원: (잠시 생각하더니) 아침 물안개가 피어오르는 잔잔한 호수라고 할까요.

코치: 그 분위기를 느껴보시겠습니까? 가장 편한 자세를 취하고 눈을 감고 상상해보셔도 좋습니다. (잠시 후) 자, 그 호수로 천천히 다가가 보십시오. 지금 본 광경을 설명해주시겠습니까?

임원: 영화 속 장면 같습니다. 잔잔한 호수가 있고, 그 옆에 작은 집이 있네요. 제가 거기서 호수의 건너편을 바라보고 있습니다.

그는 호수 주위를 산책하면서 떠오르는 생각을 코치와 공유하였다. 그는 음악과 여행, 편안한 시간에 책 읽기를 좋아하는 취미를 가지고 있다. 호수의 분위기는 자신과 대화하기에 적절하였다.

코치: 지금 어떤 생각을 하고 있습니까? 떠오르는 생각이 있으십니까?

임원: 이번 일을 잘 마무리해야겠다고 생각합니다. 상대방에게 공격적으로 말하지 말아야겠다는 생각도 합니다. 어차피 같은 회사에 있으면서 잘 되자고 하는 것인데 얼굴 붉히면서 얘기할 필요는 없을 것 같아요. 좋은 해법을 찾아봐야지요.

코치: 지금까지 상대방을 대하는 스타일에서 구체적으로 어떤 부분을 바꿔보면 도움이 되리라 생각하십니까?

임원: 너무 논리적으로만 대했던 것 같습니다. 코치님도 잘 아시잖아요. 말하면서 상대방을 설득하기보다 이기려고 했던 것 같습니다. 상대방도 나름대로 합리적인 사람인데 기분이 좋지 않았을 것입니다. 내 생각을 일방적으로 관철하려는 자세를 버려야겠습니다.

코치: 지금 느낌이 어떠세요.

임원: 아주 편안합니다.

코치: 어디에서 편안함을 느끼십니까? 느낌이 있는 부위에 손을 가져가 보시겠습니까? 손으로도 그 편안함을 느껴보시기 바랍니다. 그곳에 편안함을 두십시오. 나중에 대화를 하다, 긴장되고 마음이 불편할 때 손을 지금의 위치에 가져가는 것입니다. 그리고 지금 느끼는 편안함을 불러오세요.

대화의 목적을 잊고 감정이 섞인 대화를 할 때, 편안함을 불러오는 것은 대화의 목적에 집중할 수 있게 한다. 또 다른 방법은 대화가 막힌 곳을 찾는 것이다. 서로 불평하는 것은 무엇인지, 바꿀 필요가 있다고 생각하는 것은 무엇인지, 반복적으로 관찰되는 문제는 무엇인지를 찾아 해결한다. 이전의 대화 모습을 객관적으로 살펴보는 것도 도움이 된다. 자신의 대화를 되돌아보고 분석하는 것이다.

코칭에서 만난 임원은 상대방의 이야기를 경청하는 자세를 갖기 위해 3가지 실천행동을 개발하였다. 일보다 사람 중심으로 대한다. 자기 생각에 대해 100% 확신할 때, 그중 20%를 내려놓는다. 먼저 상대방의 말을 3분 듣고 질문하고, 자신의 생각을 말한다.

코칭 스킬 5
상대방에게 거울 같은 존재되기

사회학자 찰스 쿨리(Charles Cooley)의 '거울에 비친 자아(Looking-glass Self)' 이론에 따르면, 사람들은 다양한 자아들이 얽혀 있는 사회구조에서 생활하고 있다. 다른 사람에게 비쳐진 후 되돌아오는 피드백을 보면, 내가 누구인지 알게 된다. 나의 정체성은 주위 사람들이 나에 대해 갖고 있는 사회적 이미지들을 통해 형성된다.

코치는 코칭 대상자에게 거울과 같은 존재가 되어야 한다. 코치는 코칭이라는 사회적 공간에서 상대방과 상호작용하면서 그의 개인적 자아와 사회적 자아를 본다. 코칭 대상자가 자신의 모습을 올바르게 의식하도록 도우려면, 코치는 주관이 개입되지 않은 피드백을 제공해야 한다.

이를 위해 코치는 자신의 주관적 평가나 이에 따른 판단이 개입되지 않은 심리적 상태, 고정관념이나 편견이 개입되거나 작동하지 않는 상태를 유지해야 한다. 이러한 상태가 가능할 때, 코치는 거울과 같은 존재로서의 역할을 성공적으로 수행할 수 있다. 상대방의 사고와 행동과 감정을 있는 그대로 지각하고 되돌려줌으로써 그로 하여금 자기 모습을 객관적으로 볼 수 있게 한다.

코치는 코칭 대상자의 또 다른 얼굴이다. 사람들이 코칭을 통해 자기인식을 확대하고, 더 성장할 수 있는 이유가 여기에 있다.

코칭 스킬 6
입장 바꿔보기

입장(立場)은 사전적인 의미로 '당면하고 있는 상황'이다. 상황은 객관적인 것이다. 그러나 그 상황을 어떤 시각에서 바라볼 것이냐는 주관적이다. 입장을 바꿔놓고 생각해보라는 것은 사건을 해석하는 시각을 달리 취하라는 것이다

입장 바꿔보기는 2가지 측면에서 가치가 있다. 하나는 시각 차이가 생기는 원인을 알게 됨으로써 그 차이를 좁힐 수 있고, 다른 하나는 새로운 정보를 얻어서 기존의 시각을 확대시킬 수 있다.

코칭 장면에서 코치는 코칭 대상자가 갖고 있는 시각을 확대시키고 당면한 상황에서 다른 사람과의 시각 차이를 좁힐 때, '입장 바꿔보기' 스킬을 활용할 수 있다.

입장은 크게 3가지로 구분된다. 나의 입장, 상대방의 입장, 나와 상대방의 관계를 바라보는 중간자적인 입장(제3의 입장)이다. 입장의 차이를 알게 하고 관점의 전환을 체험시키기 위해 코치는 다음 단계를 따르면서 코칭 질문을 한다.

단계 1. 당면한 문제 상황을 구체적으로 묘사하게 한다

"지금 갈등하고 있는 부분을 구체적으로 말씀해 주시겠습니까? 그 갈등 상황을 한두 마디로 요약한다면, 무엇입니까?"

단계 2. 코칭 대상자가 자신의 입장을 명확히 밝히게 한다

"당신에게 불편한 점은 무엇입니까? 어떤 점이 해결되면 속이 시원하시겠습니까? 당신에게 가장 큰 도전은 무엇입니까? 아직도 해결을 못한 채 씨름하고 있다면, 무엇입니까?"

단계 3. 상대방의 입장을 취해보게 한다

"상대방은 이 상황을 어떻게 보고 있다고 생각하십니까? 상대방이 원하는 것은 무엇입니까? 상대방이 중요하게 생각하는 것은 무엇입니까? 상대방은 어떤 측면에서 이 상황을 불편하게 생각하고 있을까요?"

단계 4. 제3자의 입장을 취해보게 한다

"두 사람의 대화를 듣고 있던 관찰자가 있다고 생각해보십시오. 그 사람은 이 상황을 어떻게 보고 있을까요? 관찰자는 두 사람 사이의 관계를 어떻게 본다고 생각합니까? 관찰자가 두 사람의 관계가 해결되길 바란다면, 어떤 의견을 줄 것으로 생각합니까?"

단계 5. 입장을 바꿔봄으로써 학습한 것을 확인한다

"입장을 바꿔보면서 당신이 알게 된 것은 무엇입니까? 새로운 정보는 무엇입니까? 각 입장들이 보이는 주된 차이는 무엇입니까? 그 차이가 갈등과 어떤 관련성이 있다고 생각합니까?"

단계6. 행동변화 포인트를 찾아내고, 실행계획을 수립한다

"현재의 상황을 해결하기 위해 이전과 다르게 행동해볼 수 있는 것은 무엇입니까? 그 행동을 하는 데 어떤 어려움이 있습니까? 예상되는 장애요인은 무엇입니까? 당신이 선택한 것을 실행으로 옮기기 위해 무엇을, 언제까지 해보겠습니까? 당신이 그렇게 하였다는 것을 코치가 어떻게 알 수 있겠습니까?"

입장을 바꿔보는 것은 다른 관점이나 사고의 틀을 경험하는 것이다. 역지사지는 나를 포기하는 것이 아니라 나를 확장시키고 성숙하게 만드는 인지적 전략이다.

기회 발견(Opportunities): 변화와 도전

피드백 단계에서 코칭 대상자가 자신을 객관적으로 보고 새로운

준거 틀을 경험하였다면, 기회 발견 단계에서는 그 준거 틀을 토대로 변화와 도전을 시도한다. 코칭 대상자는 인식 변화에 따른 기대와 의욕을 갖지만, 시행착오와 갈등도 겪는다. 코치는 변화와 도전이 필요한 기회를 포착하고 성공 체험을 할 수 있도록 상황을 조성하고 도와준다.

이 단계에서 자기방어기제는 변화와 도전을 저해하는 대표적인 장애물이다. 변화와 도전이 동전의 한 면이라면, 다른 면은 변화와 도전에 저항하는 방어기제이다. 코치는 코칭 대상자의 방어기제를 찾아내 무력화시킨다. 코칭 대상자가 변화의 초입에서 이전 상태로 돌아가는 것을 저지하고, 작은 성공의 체험을 통해 성장 가능성에 집중하게 하는 것이다. 이전에 머물렀던 상자에서 나와 새로운 상황에 직면할 때, 코칭 대상자에게 필요한 것은 변화와 도전을 시도할 기회를 찾는 일이다.

자기효능감(self-efficacy), 즉 자기 자신과 외부 환경을 통제하는 능력에 대한 자신감이 높은 사람은 어떤 상황에서도 목표를 달성하는 상황 대응력이 강하다(Bandura, 1997). 자기효능감이 높은 사람은 급속한 환경 변화에 대응하는 과정에서 기회를 포착하고 이에 몰입한다. 성공을 예측일 수 있는 기회기 있다면, 선택하고 도전한다. 이 과정에서 코칭 대상자는 긴장과 스트레스를 체험하고, 코치는 이를 극복할 수 있는 에너지원을 만들도록 도와준다. 에너지원을 갖는 것은 불확실한 기회를 확실한 기회로 바꿔주는 훌륭한 전략이다.

기회 발견 단계에서 코칭 대상자가 변화를 체험하고 도전할 수 있도록 코치는 다음과 같은 코칭 스킬을 사용한다.

코칭 스킬 1
기회를 만드는 선택에 직면하기

전문 코치인 토머스 레너드(Thomas Leonard)는 개인의 삶에서 현명한 선택이 중요한 데 비해 어떻게 하는 것이 효과적인지에 대해 가르침을 받은 경우는 드물다고 지적하였다. 어떻게 하는 것이 현명한 선택일까? 그에 의하면, 선택은 그것을 고려하는 맥락에 따라 여러 의미로 해석된다.

- 선택을 해야 한다면, 그것은 선택이 아니라 결정이다.
- 선택하기를 원한다면, 그것은 선택이 아니라 바람이다.
- 개의치 않는다면, 그것은 선택이 아니라 상황에 대한 반응이다.

그럼, 선택이란 무엇일까? 선택은 경쟁관계에 있는 두 가지 선택 대상 간의 균형을 불균형으로 만드는 활동이다. 선택은 그 활동이 이루어짐으로써 안정감을 갖지만, 반대로 후회와 같은 부정적인 정서를 수반한다. 코치는 코칭 대상자로 하여금 행복감과 충만함을 느낄 수 있는 선택을 하도록 도와준다.

행복감과 충만함을 느끼는 선택을 하기 위해서는 두 가지 요소를 관리해야 한다. 하나는 다양한 상황에서도 일관된 선택을 하는 '상황적 일관성'이고, 다른 하나는 일회적인 상황에서 최선의 선택을 하는 '합리적 일관성'이다.

먼저 상황적 일관성은 상황 자체가 다양하고 변화무쌍하지만, 일관된 판단 기준이 적용되고 유지되는 것이다. 여러 상황을 관통하면서 일관성을 유지하는 선택이란 자신이 존중하는 삶의 가치를 근간으로 하는 선택이다.

가치에 따른 선택과 연관된 사람으로 대기업의 한 임원이 떠오른다. 그는 젊은 시절부터 중역이 될 때까지 자신이 정한 삶의 가치를 생활화하였다. 공정성을 삶의 중요한 가치로 여겼던 그는 선택의 순간, 자신에게 이렇게 묻는다. "지금 상황에서 공정한 선택은 무엇인가?" 그 과정에서 자신의 이해관계는 철저히 배제된다.

자신에게 질문해보자. "나는 어떤 삶의 가치를 가지고 있나?" 경영자들은 어떤 상황에서도 중심을 잡을 수 있는 자신만의 장치를 갖고 있어야 한다.

행복감과 충만함을 느끼는 선택의 두 번째 요소는 '합리적 일관성'이다. 일회적으로 일어나는 선택이지만, 합리적인 사고와 행동을 일관되게 유지하는 것이다.

한 중소기업의 대표는 명예퇴직을 해야 할 시점이 다가온 것 같다는 이야기를 꺼냈다. 40대에 직장을 그만두는 추세에 비하면, 나이 50이 넘어서도 대표직을 유지하고 있다고 만족해한다.

코치: 지금 명퇴와 경쟁할 수 있는 대표님의 대안은 무엇입니까? 대표님은 둘 중 하나를 선택해야 합니다. 왼손에 명퇴를 쥐고 있습니다. 오른손에는 무엇을 쥐고 있습니까?

대표: 대안은 내가 정말로 하고 싶은 일을 해보는 것입니다. 지금 개인

적으로 하고 있는 교육사업 같은 것이지요.

코치: 지금 그것을 오른손에 쥐고 있습니까?

대표: 아닙니다. 아직 생각 중입니다.

코치: 명퇴를 생각하지만 실행하지 못하도록 붙잡는 것은 무엇이지요? 제가 보기엔 뭔가 주저하고 있는 것처럼 느껴지는군요.

대표: 경영자로서의 지위, 명성, 처우, 지금의 생활 여건 등을 버리지 못하는 것 같습니다. 뭐랄까, 두렵다기보다는 준비가 덜 되어 있다고 봐야겠지요.

코치: 경영자로서의 지위는 확실하다고 생각하십니까?

대표: 글쎄요.

코치: 지금 경영자로서의 역할을 수행하는 데 가장 필요하다고 생각하시는 것은 무엇입니까?

대표: 경영자로서 활동하는 것에 대한 자신감입니다. '내가 지금까지 해온 것보다 더 향상된 실적을 낼 수 있을까? 내게 그런 역량이나 열정이 있을까?' 하는 것 말입니다.

코치: 대표님, 지금 진정으로 원하시는 것은 무엇입니까?

대표: 집착 같습니다. 분명 손을 놓을 때가 있겠지만, 지금은 아니라고 생각하는 것 같습니다. 놓고 싶지 않은 것이지요. 진정 원하는 것은 아니지만, 지금 이 순간 내가 원하는 것은 끈을 놓고 싶지 않은 것 같습니다.

코치: 현재 상황을 자신에게 가장 도움이 되도록 활용한다면, 할 수 있는 것은 무엇입니까?

선택에는 긴장감이 따른다. 선택의 순간에 합리적인 결정을 하기 위해서는 정서적으로 안정되고 자기파괴적인 생각이나 충동에 의해 영향 받지 말아야 하며, 선택 대상이 동일한 가치 수준에 있어야 한다. 이중 어느 하나가 상대적 가치 우위에 있는 경우, 진정한 선택을 했다고 할 수 없다.

코치는 질문을 통해 코칭 대상자로 하여금 자신이 처한 상황과 당면한 주제를 객관적인 입장에서 보고 판단할 수 있도록 돕는다. 코칭은 대화를 통해 그가 자신의 삶에 더 만족하고 행복을 느끼도록 돕는 데 있다. 코치는 코칭 대상자로 하여금 당면한 선택 주제를 다양한 관점에서 보게 함으로써 균형 잡힌 시각을 갖게 하고, 가장 충만함을 느끼는 기회를 선택할 수 있도록 코칭한다.

코칭 스킬 2
자기방어적이 된 근본 원인과 직면하기

코칭에서 만난 대기업의 한 임원 후보자는 승진 심사에서 두 번이나 부적격 판정을 받았다. 업무 성과는 탁월하지만 대인관계와 리더십 평가를 위한 다면 인터뷰와 진단 결과에서 연속으로 부정적인 피드백을 받았기 때문이다.

인사부서의 협조를 받아 임원 후보자에 대해 객관적인 피드백을 줄 수 있는 직원들을 비공개로 인터뷰하였다. 직원들이 보는 후보자의 강점은 업무 추진력, 우수한 직무 전문성, 폭넓은 외부 인맥 관리 등이었다. 개선이 요구되는 점으로는 타인에 대한 배려 부족, 업무성과 독점, 인정과 칭찬 부족, 포용력 부족 등이었다.

임원 후보자는 성과관리 역량은 탁월한 반면, 사람관리 역량은 부족했다. 일부 직원들은 자신이 회사를 위해 일하는 것이 아니라 임원 후보자의 승진을 위해 일하는 느낌마저 든다고 했다. 어려운 과제를 성공적으로 끝낸 후에도 임원 후보자로부터 칭찬을 받은 적도 없고, 인센티브 역시 기대 이하였다는 것이다. 오히려 '나니까 그나마 이 일을 성공적으로 마무리할 수 있었다'는 자화자찬을 들으면서 그 후보자에 대한 존경과 신뢰를 잃어버렸다.

특히 후보자의 상사는 놀라운 피드백을 했다. 회사의 중차대한 일을 해결하기 위해 임원 후보자에게 일을 맡기면, 처음에는 현실적으로 어렵다는 의견을 냈다. 경영진의 추가 요청이 있거나 내부 인력 지원이 따를 때, 비로소 열심히 해보셨다고 반응했다. 처음에는 업무 추진 여건이 어려운 것으로 이해했으나, 여러 차례 동일하게 대응하는 모습을 보면서 그가 경영진과 게임을 하고 있다고 판단했다.

상사는 코칭을 통해 그 임원 후보자를 변화시키고 싶었다.

코치: 누군가 당신의 3가지 강점이 뭐냐고 묻는다면, 뭐라고 대답하시겠습니까?

후보: 일에 대한 열정, 강한 추진력, 회계와 재무에 대한 직무 전문성입니다. 제 입으로 말하려니 좀 쑥스럽네요.

코치: 그중에서 가장 대표적인 강점은 무엇입니까?

후보: 다른 사람들도 같은 의견인데, 바로 추진력입니다.

코치: 현재 맡고 있는 역할을 수행하는 데 추진력이 어떤 도움을 주고

있습니까?

후보: 저는 지금까지 회사에서 다른 사람들이 하기 힘든 일만 해왔습니다. 입사 때부터 주로 회계와 재무 업무를 담당했지요. 이 회사에 저만큼 능력 있는 사람이 별로 없어요.

코치: 자신의 직무 전문성에 대해 확신을 갖고 있군요. 대단하십니다. 직무 전문성은 당신에게 어떤 의미가 있습니까?

후보: 지금까지 저를 버티게 한 힘입니다.

코치: 저한테는 그동안 많은 어려움을 겪었다는 말씀으로 들립니다. 직무 전문성에 대한 이야기는 잠시 뒤에 하고, 버티게 하였다는 것이 무슨 말씀인지요?

후보: 이 회사의 부장급 이상은 모두 명문대학 출신입니다. 저는 입사할 때, 고졸이었습니다. 상고를 나왔지요. 무슨 말인지 아시겠지요? 제게 직무 전문성이 없었다면, 이 자리에 없겠지요.

코치: 그럼 지금 자신을 버티게 하는 힘은 무엇입니까?

후보: 고졸 출신이란 것 때문에 마음고생을 많이 했습니다. 다른 사람 한 시간 일할 때, 저는 열 시간 일했습니다. 퇴근 후에 야간 대학을 다녔고, 대학원까지 마쳤습니다. 그래도 저를 아는 주위 사람들은 여전히 저를 고졸사도 봅니다.

코치: 말씀을 들어보니 마음고생을 많이 하셨다는 게 공감이 갑니다. 그 어려움을 이겨내는 의지력과 더 나은 나를 만들겠다는 열망과 노력이 정말 대단하십니다. 그런 당신께 박수를 보냅니다.

후보: 감사합니다. 저한테 박수를 쳐준 분은 코치님뿐인 것 같습니다.

코치: 박수 받을 자격이 충분히 있으십니다. 그럼, 조금 전의 질문을

다시 하겠습니다. 지금 자신을 버티게 하는 힘은 무엇입니까?

후보: 남들에게 뒤지지 않는 성과입니다. 아니, 남들이 하지 못하는 일을 해내는 것입니다.

코치: 그 일을 해냄으로써 얻는 것은 무엇입니까? 일을 성공적으로 해냈을 때, 가장 큰 보상은 무엇이라고 생각하십니까?

후보: '역시 자네밖에 없다'고 경영진이 저를 인정해주는 것입니다. 코치님도 아시다시피, 이번 코칭을 받게 된 배경이기도 한데, 저는 임원 심사에서 두 번 실패했습니다. 나름대로 이유가 있겠지요. 그래도 저 없이는 회사의 중차대한 일이 돌아가지 않는다는 것을 보여주고 싶습니다. '나니까 그나마 이렇게 했다'는 것을 사람들이 알아주어야 합니다.

코치: 주위로부터 인정받는 것은 좋은 일입니다. '나니까 그나마 이렇게 했다'는 생각은 당신에게 어떤 느낌을 줍니까?

후보: 일을 마치고 나면, 잠깐 동안 기분이 최고지요. 그러나 요즘은 한 건 더 했다는 생각이 듭니다. 집을 지을 때, 벽돌을 쌓는 기분이랄까요. 오히려 허전하고 허무한 것 같기도 해요.

코치: '나니까 이렇게 했다'는 생각이 항상 만족감을 주는 것은 아니군요. 인정받기 위해 노력하는 동안, 당신이 잃은 것은 무엇입니까?

후보: (한참 생각하다가) 인정받으려고 애쓰는 동안, 정작 나를 인정해줄 사람들을 존중하고 배려하지 못했습니다.

코치: 말씀하신 그들은 누구입니까?

후보: 상사와 특히 저의 직원들입니다.

코치: 직원들을 위해 지금까지와는 뭘 다르게 해보시겠습니까?

후보: 제가 잘 대해주면, 오히려 이상하다고 할 것 같은데요.

코치: 지금이 바로 변화할 수 있는 기회입니다. 직원들에게 어떤 모습을 보여줄지는 전적으로 당신의 선택에 달렸습니다.

임원 후보자가 가장 후회하는 것은 자신이 너무나 오랫동안 학력 콤플렉스에 묶여 있었다는 사실이다. 그는 학력 콤플렉스를 극복하는 방법이 자신보다 학력이 높은 사람들에게 인정받는 것이라고 생각했다.

임원 후보자는 자신이 인정받을 수 있는 일을 지속적으로 만들어내는 과정에서 자기도 모르게 경영진과 게임을 하기 시작했다. 경영진들이 풀지 못하는 사업과제를 해결함으로써 인정을 받고, 조직 내에서 자신의 위치를 확보하려고 했다. 그리고 사업과제의 난이도를 높이는 것이 자신이 인정받을 가능성도 높여준다고 생각했다. 임원 승진 심사 대상이 된 후에는 이 같은 사고가 더 강화되었고, 심사에서 연이어 탈락하면서 그 게임은 더 심화되었다.

임원 후보자가 자신의 생각에 갇혀 있는 동안, 주위 사람들의 피드백은 자신을 음해하거나 시샘하는 사람들의 생각이라 간주하고 무시해버렸다. 그는 점점 주위 사람들에게서 신뢰와 존경을 잃으면서도 깨닫지 못했다. 이제 그는 코칭을 통해 자신의 눈으로만 세상을 보는 사고에서 벗어나 타인의 관점을 조금씩 받아들이기 시작했다. 그가 해결해야 할 과제는 다른 사람들로부터 진심으로 인정받고 존중받을 수 있는 방법을 찾는 것이다.

코칭 스킬 3
자기인식의 한계 요인 제거하기

요즘처럼 변화와 혁신이 화두에 오른 적도 드물다. 공공부문이나 민간부문 모두 조직 운영 전반에서 변화와 혁신의 주제를 찾고 있다. 개인 역시 예외가 아니다.

개인 차원에서 변화는 자기 자신을 아는 것에서 시작된다. 사람들은 흔히 자기 자신을 가장 잘 안다고 생각하지만, 실상 자신에 대해 잘 모르는 경우가 많다. 다른 사람이 강점으로 보는 것을 정작 본인은 인지하지 못하는 경우가 있다. 또한 약점이 분명한 데도 그것을 약점으로 인지하지 못하는 경우가 있다. 왜 그럴까?

주된 이유 중 하나는 인지적인 측면에서 자기방어를 하기 때문이다. 사람은 타인에게서 인정받는 자신의 모습을 유지하기 위해 타인의 정보를 선택적으로 받아들여 자신의 긍정적인 이미지를 방어한다. 이러한 방어 전략에 의해 긍정적인 자기 이미지를 손상시키거나 위협하는 정보를 무시하고, 자기 자신과는 무관한 것으로 분류하고, 자기 자신에게 유익한 것으로 왜곡하여 해석한다. 이러한 인지적 활동을 심리학에서는 자기본위적 편향(self-serving bias)이라고 한다.

자기본위적 편향의 대표적인 예가 '성공은 내 탓, 실패는 조상 탓'으로 돌리는 것이다. 긍정적이고 바람직한 결과가 나타난 원인을 자신의 능력이나 노력으로 돌림으로써 자긍심을 보호한다. 반면, 부정적이고 바람직하지 않은 결과의 원인은 우연이나 남의 탓, 또는 환경에 돌림으로써 자긍심이 손상당하는 것을 막는다.

또 다른 이유는 다른 사람의 의견에 주의를 기울이는 능력이 부족하기 때문이다. 타인의 의견을 주의 깊게 듣지 않고 자신의 입장에서만 대화할 경우, 타인이 자신을 어떻게 생각하는지 파악할 수 있는 정보들을 자신도 모르게 놓치게 된다.

사회생활을 하면서 다른 사람에게서 칭찬, 조언, 비평, 충고를 들었지만 타인의 피드백에 귀를 기울이지 않았기 때문에 타인의 눈에 비친 자신의 모습을 보지 못한다. 타인의 피드백에 주의를 기울이는 경청 스킬이나 이러한 정보를 효과적으로 활용하는 스킬은 곧 사회인으로서의 자기 모습을 만드는 데 매우 중요하다.

코칭에서 배우자 간의 경청 스킬 부족을 배우자 경청(spouse listening)이라고 풍자한다. 배우자에게 반복해서 말하면 '알았어', '그랬구나', '그래' 라고 응답하니까 상대방이 잘 듣고 있다고 생각하지만, 실제로는 그렇지 않다는 것이다.

변화하기 위해서는 관점의 전환이 이루어져야 한다. 자신의 관점에 묶이지 않고 상대방의 관점을 취할 때, 스스로 바뀌어야 할 부분이 무엇인지 알게 된다. 경청은 상대방의 관점을 이해하는 데 효과적이다.

마지막으로 타인의 평가에 지나치게 민감한 경우다. 타인의 평가에 맞추다 보면, 진정한 자기변화보다는 사회적 얼굴을 변화시키는 데 민감해지고, 자기 내면의 모습을 관리하는 데 실패할 수 있다. 예를 들면, 아직은 자기 자신의 긍정적인 모습을 지나치게 드러내지 않거나 자기 자신을 낮추는 것이 사회적으로 인정받는 행위이기 때문에 이러한 문화적 가치에 길들여질 수 있다.

관리자를 대상으로 성격을 진단해보면, 공통적으로 '겸손'이 두드러진 특성으로 나타난다. 특히 관리자의 지위가 높을수록 이러한 경향이 강하다. 겸손은 타인에게 자신을 드러내는 행동 양식에 영향을 미치고, 갈등 상황에서 양보와 이해, 수용으로 나타난다.

그러나 사회적 얼굴만 강조하다 보면, 본래의 자기 모습을 잃어버릴 수 있다. 즉, 사회성은 뛰어나지만 정체성이 없는 관리자가 된다. 사회가 요구하는 모습에 맞추어진 사회적 자아와 자신의 내면적인 모습인 개인적 자아 간의 균형을 잘 유지하고 관리하는 것이 중요하다.

본래의 자기를 보지 못하게 하는 이러한 한계들을 벗어나는 것에서부터 자기변화와 노전을 시작해보자.

코칭 스킬 4
긍정적인 관점 갖기

우울하고, 권태롭고, 짜증나고, 화가 나는 상태로 하루를 시작할 수 있다. 그러나 다행히도 우리는 어떤 감정을 느끼고 그 감정에 따라 행동하는 것을 통제할 수 있다. 어떤 감정을 경험할지는 자신의 선택에 달렸다. 현재 느껴지는 감정에 묶이지 말고, 능동적이고 주도적으로 새로운 감정을 만들 수 있어야 한다.

국내 대기업의 한 임원은 신설된 연구개발 부서의 책임자로 임명되었다. 중책을 맡았다고 많은 사람들로부터 축하 인사를 받았지만, 부담도 크다. 특히, 자기보다 나이 많은 연구원들과 어떻게 호흡을 맞추어 나갈지 벌써 걱정이다. 그중에는 전임 팀장과 팀원도 있다. 그들이 알아서 각종 미팅이나 업무관리, 내부직원 관리를 해주면 좋겠지만 성에 차지 않는 것이 한두 가지가 아니다.

코치: 직원들과의 관계에서 가장 힘든 점은 무엇입니까?

임원: 저보다 나이 많은 연장자를 어떻게 대해야 할지 고민입니다. 생각만 해도 골치가 아파요.

코치: 연장자와의 관계에서 어떤 부분이 골치 아프신가요?

임원: 상대방이 반대 의견을 냈을 때 어떻게 대해야 할지 막막합니다. 저와 같은 상황을 잘 해결할 수 있는 사례가 없습니까? 코칭을 많이 하시니 사례도 많을 것 같은데요.

코치: 말씀 나누던 것을 마치기 위해 사례는 나중에 이야기하기로 하지요. 연장자를 어떻게 대해야 한다고 생각하십니까?

임원: 다른 직원 앞에서 체면을 세워줘야죠. 우리 조직문화가 보수적인 편이어서 함부로 말하기도 그렇고, 생각만 하면 회의도 하고 싶지 않을 정도예요.

코치: 그 직원과는 대화를 가능한 피하시는군요.

임원: 그렇습니다.

코치: 상대방이 연상자라는 생각을 가짐으로써 그동안 느낀 감정은 무엇입니까?

임원: 말씀 드렸다시피, 아주 불편하고 골치 아픕니다.

코치: 말씀을 들어보니, 상대방에게 '나이 어린 리더'로 보이고 싶지 않으시군요. 이것은 누구의 생각입니까?

임원: 제 생각이 그렇습니다.

신념(belief)은 사람들이 특정 대상에 대해 사실이라고 생각하거나 가정하고 있는 심리 상태이다. 신념은 심리적 표상이며 논리이다. 예를 들면, '담배는 건강에 해롭다'는 생각은 담배에 대해 사람들이 가지고 있는 신념이다. 신념들이 서로 논리적으로 지지될 때, 관련 신념들이 모여 신념체계(belief system)를 구성한다. 세계관, 인생관, 종교, 철학, 이데올로기가 대표적이다. 신념이 가지고 있는 주요 특징은 다음과 같다.

- **연속성.** 신념은 한번 형성되면 지속적으로 존재하며, 임시 가설(ad hoc hypotheses)과 같이 작용한다. 대표적인 것이 첫인상, 고정관념, 편견이다. 특정 인물에 대해 '그는 어떤 사람이다'라는 신념이 형성되면, 이것을 바꾸기란 매우 어렵다.
- **일관성.** 신념은 새로 접하는 정보들을 기존 신념의 관점에서 해석하고 통합하는 데 영향을 미친다. 기존 신념이 변화되기보다 논리적으로 더 견고해지고 강화되는 방향으로 형성된다. 이러한 과정을 통해 핵심신념(core belief)이 만들어지고, 신념의 일관성이 형성된다. 핵심신념은 사고의 방향이나 행동의 선택에 영향을 미친다.
- **단순화.** 사람들은 복잡한 상황에 놓이면 상황을 단순화시키려 한다. 이때 기존 신념이 견고하게 형성되어 있는 경우, 그 신념을 중심으로 정보들이 통합되고 조정된다. 이 과정에서 많은 정보들이 본래 의미를 잃는다.

그 임원은 자신이 연장자를 불편하게 느끼는 것은 그들의 행동보다는 그들에 대한 자신의 생각 때문이라는 것을 깨달았다. 그는 연하의 상사인 자신이 영향력을 발휘하는 데 연장자 직원들이 장애가 된다고 생각하고 짜증과 무력감을 느꼈다. 자기 나름대로 그들을 연장자로 대해주었지만, 상사인 자신의 고민을 짐작하거나 배려하는 것 같지도 않았다. 차라리 그들이 알아서 해주면 좋으련만, 그것도 아니고 갈수록 힘든 상황이다. 이 불편한 감정을 누가 만들었을까? 바로 자신이 만들고 선택한 것 아닌가!

코치: 연장-연하의 사고를 바꾸지 않으면, 불편한 감정의 고리에서 벗어나기 쉽지 않을 것입니다. 어떻게 생각하십니까?

임원: 저도 그렇게 생각합니다. 상사로서 제 역할을 다하려고 하지만, 연장자 때문에 리더십을 발휘하기가 쉽지 않다고 생각하였습니다. 그러다 보니 그들을 탓하기만 하고, 나 자신을 바꿔볼 생각은 하지 못했습니다. 어떤 때는 그런 생각을 하기도 하였지만, 깊이 생각하진 못했지요. 내 몫이 아니라는 생각도 들었고요.

코치: 신설 조직의 장으로 오시면서 직원들과 어떤 관계를 맺고 싶으셨습니까?

임원: 경쟁하는 관계가 아닌 협동하는 관계입니다.

코치: 서로 협동하는 관계를 이미지로 표현한다면, 어떤 생각이 떠오르십니까?

임원: 글쎄요. 서로 손 잡고 함께 웃으면서 어려움을 이겨나가기 위해 노력하는 모습이지요.

코치: 그런 리더십을 성공적으로 발휘하는 자신을 상상해보시기 바랍니다. 집중해서 생각해보십시오. (잠시 후) 기분이 어떠세요?

임원: (입가에 미소를 띠며) 좋은데요.

코치: 지금 느끼는 좋은 감정을 지속하기 위해 무엇을 해보시겠습니

까? 당신과 다른 의견을 갖고 있는 연장자 직원이 있다면, 어떻게 대하시겠습니까?

임원: 멀리하지 말고 제가 더 다가가야겠습니다. 자주 대화를 해야지요. 연장자인 직원에게 불편한 감정을 느끼다 보니 저도 대화를 기피했습니다.

코치: 말씀을 들으면서 연장자에 대한 생각이 달라진 것을 느낍니다.

임원: 상사 역할을 하려면 제가 먼저 달라져야겠지요. 직원만을 탓하는 것은 답이 아니고요. 이번 코칭을 통해 제 문제점을 찾아내 바꾸려는 것이지, 직원의 문제를 다루는 것은 아니니까 남을 탓할 필요는 없지요. 제가 더 노력해야겠다고 생각하니 한결 마음이 편합니다. 살할 수 있겠다는 생각도 들고요.

코치: 오늘 연장자 사례에 대해 대화하면서 도움이 된 점이 있다면, 무엇입니까?

임원: 결국 생각하기 나름 아닐까요? 쉽지는 않겠지만, 이번 코칭을 통해 자주 반복하고 개선하려고 노력한다면 잘될 것 같습니다. 저에게 솔직한 피드백을 해주시기 바랍니다.

코치: 어떤 이슈가 있을 때, 그 원인을 찾아서 해결하는 모습이 보기 좋군요. 주도적이고 실행력이 대단하십니다.

조직에서 자기보다 연장자인 부하직원을 어떻게 대할지 고민하는 리더들을 흔히 볼 수 있다. 물론 쉽지 않은 문제다. 그러나 코칭을 통해 경험한 것은, 문제의 핵심이 부하직원인 연장자와 일한다는 그 자체가 아니라 일하는 과정에서 경험되는 감정을 리더가 효과적으로 관리하지 못한다는 사실이다. 민감하게 느껴지는 결정적 순간에 리더 자신이 어떤 감정을 선택할 것이냐가 더 중요한 문제였다.

어떤 선택을 하느냐에 따라 느낌도 달라진다. 감정에 묶이지 말고, 자신의 영향력을 증대시키고 더 좋은 결과를 가져올 수 있는 새로운 감정을 만들어내는 지혜가 필요하다. 먼저 상대방에 대한 생각과 관점을 바꾸고, 원하는 결과를 얻는 데 도움이 되는 행동을 적극적으로 하도록 한다. 이를 위해 평소 자신을 생기 있게 만드는 훈련이 도움이 된다. 이를테면 자신에게 긍정적인 에너지를 불어넣고, 생기 있는 눈으로 세상을 보는 연습을 하는 것이다.

코칭 스킬 5
기회를 만들 때 느끼는 행복 체험하기

부부 갈등에 대한 코칭을 처음 경험하게 된 것은 코치 훈련의 요구 조건에 따라 코칭할 고객을 찾을 때였다. 지인으로부터 소개받은 고객은 어린 시절 미국으로 이민을 갔다 결혼을 하며 남편을 따라 한국에 온 주부였다. 사랑하는 사람을 따라 왔지만, 가까운 친인척이라고는 거의 없고 남편과 시부모뿐이었다.

그녀의 고민은 남편이 출근한 이후 대화 상대가 없다는 점이다. 남편이 퇴근한 이후에는 피곤해하는 남편으로 인해 대화할 기회를 또 놓쳤다. 그녀는 시간이 갈수록 남편의 땅, 한국에서 외톨이가 되어갔다. 마음의 상처가 더욱 깊어져 갈 때, 그녀를 만났다.

코치: 오늘 어떤 대화를 나누면 좋겠습니까?

고객: 남편과의 관계에 대해 이야기하고 싶어요. 그이가 이전과는 다르게 저를 대해주기 때문에 너무 힘들어요.

코치: 다른 모습에 대해 좀 더 이야기해주실래요?

고객: 더 이상 저에게 관심이 없는 것 같아요. 결혼하기 전에는 어떤 일보다도 저를 먼저 챙겼거든요. 그래서 결혼해야겠다는 생각도 했어요. 이 사람이면 나를 가장 소중하게 생각하면서 나를 사랑해주고 아껴줄 것으로 생각했어요. 그런데 요즘 제 말에 귀도 잘 기울이지 않아요.

코치: 남편으로부터 존중 받고 싶으시군요.

고객: 네, 그래요. 혼자라는 느낌이 들어요. 잠시 미국으로 돌아가고 싶어요. 미국에 있는 가족과 지내다 보면, 훨씬 기분이 좋아질 것 같아요. 그런데 지금 그럴 상황도 안 돼요. 아쉬워요. 우리 관계가 너무 달라졌어요.

코치: 지금 부부간의 관계를 색으로 표현하면, 어떤 색일까요?

고객: 검은색입니다. 어떻게 해야 할지 저도 잘 모르겠어요.

코치: 그럼 이렇게 해볼까요. 자, 편안한 자세에서 눈을 감아보세요. 떠오르는 생각에 집중해보세요. 어떤 생각이 떠오르십니까?

고객: 아무 생각도 나지 않습니다.

코치: 좋습니다. 지금 어둠을 두 분의 관계라고 생각하세요. 어둠 속 깊은 곳을 바라다보세요. 집중해보세요. 자, 멀리 문이 보입니다. (잠시 후) 보이십니까?

고객: 네.

코치: 당신은 그 문을 향해서 다가갑니다. 아주 천천히 다가갑니다. 당신은 이제 문 앞에 있습니다. 문은 어떤 느낌으로 다가옵니까?

고객: 희망. 희망이 느껴져요.

코치: 지금 어떤 느낌이세요?

고객: 편안합니다. 훨씬 좋아졌어요.

코치: 어떻게 하고 싶으세요?

고객: 문을 열어보고 싶어요.

코치: 네, 그럼 열어보세요. 당신에게 일어나는 것을 말해주실래요?

고객: 밝은 빛이 보여요. 햇빛이에요.

코치: 어떤 느낌인가요?

고객: 따뜻합니다.

코치: 지금 그 따뜻함을 몸으로 충분히 느껴보시기 바랍니다. 몸 곳곳으로 그 온기를 전해줘 보세요. 어떠세요?

고객: 너무 좋아요. 아주 편안해요.

코치: 주위를 둘러보세요. 무슨 소리가 들리나요? 귀를 기울여 보세요.

그녀는 친정어머니가 부르는 목소리를 들었다. 그리고 한국에서의 생활과 그동안 하고 싶었던 이야기를 쏟아냈다. 지금까지 하고 싶었던 것들을 모두 해보는 것 같았다. 그러자 몸과 마음이 훨씬 편안해졌다. 남편과의 불편한 관계에서 느껴지는 긴장과 스트레스, 외로움 같은 감정이 많이 정리되고 가라앉았다.

코치: 남편의 관심을 받기 위해 지금 당신이 할 수 있는 것은 무엇이라

고 생각하세요?

고객: 남편이 퇴근하고 집에 왔을 때, 말이 너무 하고 싶어서 그동안 내 입장에서만 요구를 많이 한 것 같아요. 이제는 남편이 먼저 하려던 것들을 하도록 기다려줄래요. 그러고 나면 남편이 나에게 관심을 가질 수 있는 여유가 생길 것 같아요. 그때 내가 원하는 것을 이야기해야겠어요.

코치: 이전에는 당신이 원하는 것을 먼저 이야기하려 했는데, 이제는 남편의 입장을 더 챙기시는군요. 당신이 관심을 받기 위해서는 먼저 상대방이 원하는 것에 관심을 둬야겠다고 생각하시는군요. 남편에 대한 사랑과 배려가 느껴집니다. 남편을 무척 사랑하시는군요.

부부라고 해도 서로의 생각과 입장 차이가 있을 수 있고, 이러한 차이는 둘 사이에 긴장과 불편함을 유발시킬 수 있다. 이 문제를 해결하기 위한 방법은 무엇인가? 코칭에서 만난 젊은 주부는 자신의 입장이 아닌 상대방의 입장을 먼저 고려하는 방법을 선택하였다. 이 선택은 불편했던 두 사람의 관계를 사랑하고 배려하는 관계로 바꿔놓는 계기가 되었다.

부부 갈등은 서로에 대한 배려를 통해 극복할 수 있다. 내가 상대방에게 원하는 것이 있다면, 상대방이 나에게서 원하는 것이 무엇일까를 생각하고 도와주려는 마음을 갖는 것이 중요하다. 그것이 내가 진정 원하는 것을 얻을 수 있는 지혜로운 방법이다.

에너지원을 만들어 스트레스 극복하기

기업 임원이나 핵심인재, 팀장을 대상으로 코칭을 할 때, 그들의 삶이 그리 여유롭지 않다는 것을 공통적으로 느낄 수 있다.

한 대기업 임원의 집무실은 매우 넓고 쾌적해 보였다. 창밖으로는 도심이 한눈에 들어왔다. 나는 그 임원의 방에 들어서는 순간, '그래, 이 정도쯤 되는 사무실에서 일해야 하는 것 아닌가?' 라는 생각이 들었다.

그 방의 주인은 어떻게 생각할까? 그의 답변은 의외였다. 그는 "이 공간이 닭장이나 죄수의 방과 같다"고 말했다. 일단 출근을 하면, 그때부터 시간관리는 자신이 하는 것이 아니라 비서가 한다고 푸념했다.

"비서는 당신에게 어떤 존재입니까?"

"비서는 문을 지키는 수문장이나 감옥의 간수장과 같습니다. 비서가 일정을 빡빡하게 잡아놓으면, 저는 하루 종일 쉴 틈이 없답니다."

그는 이렇게 하소연하였다. 임원의 시간관리는 중요한 코칭 주제이지만, 자신의 시간을 수도석으로 관리하기 어려운 것이 현실이다. 바쁜 일정은 임원에게 엄청난 스트레스로 다가온다.

삶이 균형을 잃을 때, 가장 먼저 찾아오는 것은 스트레스이다. 그러나 스트레스를 잘 관리하면 약이 된다. 스트레스만큼의 에너지원이 생길 수 있다. 에너지원은 새로운 변화와 도전의 기회를 발견하는 데 도움을 준다. 오프라 윈프리가 진행하는 라디오 프로그램의 고정 출연자인 피터 월쉬(Peter Walsy)는 "우리가 일상에서 스트레스를 완전히 제거할 수는 없지만, 이를 잘 관리할 수 있는 몇 가지 방법이 있다"고 제안하였다.

그가 제안하는 스트레스 관리법을 간략히 소개하고, 코치로서 나의 코칭 팁을 추가하고자 한다.

가정을 에너지 충전소로 만든다

가정이 원하는 만큼의 평안함을 주지 못한다면, 대개 가정에서 스트레스를 받게 된다. 가능한 범위에서 자신의 공간을 재구성해 보거나 가지런히 하여 당신이 원하는 공간으로 만들어보자. 가정을 에너지 충전소로 만드는 것이다.

|코칭 팁| 자신에게 가정이 에너지 충전소라면, 어떤 모습인가? 구체적으로 무엇에서 에너지를 얻는가? 가정을 에너지 충천소로 만들기 위해 오늘 무엇을 할 수 있겠는가?

평정심을 유지한다

하루에 10~20분씩 일손을 놓고 편안히 휴식을 취하면서 깊은 숨을 쉬는 시간을 갖는다. 구체적인 방법으로는 타임아웃, 나의 시간 갖기(me time), 명상 등이 있다. 일손을 놓고, 평정심을 유지하면서, 긴장을 푸는 시간계획을 짜보자. 실행으로 옮기면 그 효과는 매우 크다.

|코칭 팁| 평정심을 유지하기 위한 10~20분간의 휴식시간을 갖는 데 어려움이 있는가? 그 어려움을 어떻게 극복할 수 있는가?

자신을 잘 대해준다

건강 상태가 안 좋으면 처해진 상황에 압도되기 쉽다. 식사 잘 하고, 숙면을 취하고, 정기적으로 운동하고, 규칙적으로 성생활을 하고, 잘 웃고, 가까운 사람과 네트워크를 만들도록 한다. 이러한 활동은 모두 자신을 존중하고 있다는 것을 보여준다. 행복하고 균형 잡힌 사람은 쉽게 상처받지 않는다. 자신을 바로 그런 건강한 사람으로 만들라.

|코칭 팁| 오늘 자신의 어떤 모습에 대해 관대할 것인가? 자신에게 관대한 말을 해본다면, 무엇인가?

계획을 세운다

자신의 삶을 잘 구조화하고 계획한다는 것은 자신이 원하는 삶에 대해 명확한 비전을 갖고 있는 것과 같다. 저녁식사는 어디서 무엇을 먹을 것인지, 어느 정도의 비용을 지불할 것인지, 어느 정도 일에 몰입한 것인지, 필요로 하는 것들을 어디서 찾을 수 있는지 아는 것은 일상에서 스트레스를 줄이는 데 도움이 된다. 계획을 세운다는 것은 자신과 가족을 돌본다는 의미이다.

|코칭 팁| 자신의 삶을 관리하고 있는 현재 모습을 이미지로 표현해본다면, 무엇인가? 그 이미지를 그림으로 그려보자.

중압감을 없앤다

생활이 산만하고 구조화되어 있지 않다면, 스트레스를 겪는 것과 같이 일상이 마비될 것이다. 일상에서 너무 많은 것이 진행되면, 답답하고 중압감을 느끼게 된다. 가까운 사람들과 이야기를 나누고 그들의 도움을 받아보자. 전문가의 도움을 받아 중압감을 없애는 것도 한 방법이다.

|코칭 팁| 현재 중압감을 느끼는 곳에 손을 대본다. 눈을 감고 손바닥으로 그곳을 지그시 눌러본다. 손으로 전해지는 중압감은 어떤 느낌인가? 크기는 어느 정도인가? (충분히 중압감을 탐색한 후) 손으로 집어 꺼낸다. 자, 기분이 어떤가? 그 느낌을 일상에서도 느끼려면, 어떤 노력을 할 것인가?

자주 웃으며 행복해한다

현재 위치에서 한 발자국 뒤로 물러서서 자신의 일상과 당면한 문제를 넓은 시각에서 바라보자. 처리해야 할 일들이 너무 많다 보면, 일이 재미도 없고, 생기를 느끼기도 어렵고, 즐겁지도 않다. 스트레스는 평안과 평온함을 파괴하는 주범이다.

|코칭 팁| 지금 당신이 겪고 있는 스트레스를 내려놓으면, 어떤 느낌인가? 그 느낌을 갖기 전과 후의 변화를 표현해본다. 후자의 상태를 유지하기 위해, 오늘 무엇을 하겠는가?

코칭 스킬 7
자기확신을 높여 변화의지 강화하기

모든 것은 마음먹기에 달렸다고 말하지만, 그 마음은 대개 사흘을 넘기지 못한다. 하지만 병이 있으면 약도 있는 법이다. 한번 먹은 마음을 지속시키는 데 결정적인 영향을 미치는 것은 스스로 생각하고 행동하려는 것에 대해 느끼는 자기확신이다.

사회심리학자들은 자기확신이 높은 사람일수록 현재와 미래의 일에 대해 긍정적인 시각을 갖고, 가능성에 대한 믿음이 높아진다는 연구결과를 발표하였다. 자기확신이 낮으면 목표와 꿈의 수준을 스스로 낮추고, 낮아진 수준에 자신을 맞춤으로써 잠재능력을 충분히 발휘하지 못하는 결과를 낳는다.

한 대기업의 마케팅 기획을 담당하고 있는 팀장을 코칭에서 만났다. 그는 국내에서 명문대학을 나왔고 현재의 직장에 다니던 중 미국 MBA 과정을 연수하고 학위도 취득하였다. 주위 사람으로부터 부러움을 받고 있으며 사내에서도 핵심인재로 관리되고 있다. 주위 사람들은 그가 비교적 조용하고 겸손하며 타인을 잘 배려하여 함께 일하는 데 문제는 없다고 생각한다. 코칭의 필요성에 대해 팀장으로서 치고 나갈 필요가 있을 때는 과감하게 선봉 역할을 하고, 강력한 리더십과 추진력을 보이길 기대하고 있다. 그러나 그는 지금 말할 수 없는 고민이 있다.

코치: 말씀하신 내용에 공감합니다. 요즘 자신에 대해 가장 만족하지 못하는 점이 있다면, 무엇입니까?

팀장: 제가 원하는 삶과 회사 일 간의 균형을 유지하지 못하는 생활을 하고 있다는 것입니다.

코치: 팀장님이 생각하시는 균형 잡힌 삶이란 어떤 모습입니까?

팀장: 경제적으로는 어느 정도 안정되어 있으면서 제가 중요하다고 생각하는 것을 즐길 수 있는 생활을 하는 것입니다.

코치: 중요하다고 생각하는 것은 무엇인가요?

팀장: 전원생활을 하는 것이죠. 그러나 현실적으로 불가능한 일입니다. 전원생활을 하려면 경제적으로 독립할 수 있어야 하는데 아직 여유가 없고. 회사 업무는 폭주해서 매일 늦은 저녁시간에 퇴근하니까. 불가능하죠.

코치: 그럼, 균형 있는 삶을 얻기 위해 지금 무엇을 하시겠습니까?

팀장: 글쎄요. 마땅히 없는데요. 맡은 일을 해서 돈을 버는 것 빼고는 없습니다.

코치: 균형 잡힌 삶을 원하지만, 회사 일 이외에 할 수 있는 것은 없다. 이 생각이 현재 회사 일에 어떤 영향을 미치고 있습니까?

팀장: 한마디로 말한다면, 재미가 없지요. 회사 일이라는 것이 대개 비슷한 일이 반복적으로 돌아가는 것이어서 제 나름대로 획기적인 기획안을 만들 수 있는 것도 아니고. 제가 하는 일은 여러 관련 부서에서 오는 자료를 취합하여 종합보고서를 만드는 것이기 때문에 특별히 달리할 것이 없습니다.

팀장의 말을 들으면서 직관적으로, 팀장이 과감하고 도전적인 목표를 설정하지 못하고 일상적인 업무를 처리하는 수준으로 목표를 잡고 일을 하면서 자신의 능력을 보는 눈도 낮추고 있다는 것을 느꼈다. 할 수 있다는 자기확신감이 낮다 보니, 현재 하는 일에 대한 기대수준도 점차 낮아지고 있었다.

코치: 팀장님 말씀을 들으면서 '내가 할 수 있는 것은 거의 없다'고 생

각한다는 느낌을 받았습니다. 어떻게 생각하십니까?

팀장: 사실이 그렇습니다. 지금으로서는 할 수 있는 것이 없습니다.

코치: 제가 질문을 하나 하겠습니다. 잘 생각해보고 말씀하십시오. '나 자신의 능력에 대해 어느 정도 확신하고 있나?' 100점 만점 척도로 해서, 0점은 '전혀 확신이 없다'이고, 점수가 커질수록 확신도가 높은 것입니다. 현재 자신에 대해 몇 점을 주시겠습니까?

팀장: 글쎄요. 한 40점.

코치: 균형 있는 삶을 만들어가기 위해서는 어느 정도의 확신이 필요하다고 생각하십니까?

팀장: 못해도 90점 이상이어야겠지요.

코치: 자기확신을 점수로 표현해보니 어떤 느낌이 드십니까?

팀장: 분명한데요. 창피하고 한심하다는 생각도 들고, 갈 길이 멀다는 생각도 들고.

코치: 갈 길이 멀다는 표현이 저한테는 지금 뭔가 해야겠다는 생각으로 들립니다. 현재 40점에서 50점으로 10점을 올리기 위해 무엇을 하시겠습니까?

팀장: 어떻게 하면 될까요? 제가 원하는 것을 얻기 위해서는 뭔가 하긴 해야죠. 그런데 뭘 해야 할지 잘 모르겠어요.

코치: 팀장님, 코치로서 이 말씀을 피드백으로 꼭 드리고 싶습니다. 지금이 팀장님에게 용기를 필요로 하는 때입니다. '내가 할 수 있는 것이 뭘까?'라고 생각하는 모습은 그동안 제가 팀장님에 대해 느낀 것과는 전혀 다른 모습입니다. 팀장의 지위에 오른 것은 우연이 아니라 팀장님의 능력과 노력의 결과입니다. 앞으로 '나

는 능력 있는 사람이다'라는 것을 입증할 수 있는 일이 무엇이라고 생각하십니까?

팀장: 아무래도 찾으면 있겠지요? 그런데…….

코치: 아니요. 팀장님은 지금 알고 있습니다. 생각해보세요. 무엇이라고 생각하십니까?

마침내 팀장은 도전적인 목표이면서 열정과 노력을 필요로 하는 일을 찾아냈다. 팀장 회의나 상사와의 업무 보고 자리에서 지금은 추진을 못하고 있지만, 분명히 해야 할 일이라고 논의된 것들이 있었다. 그 동안 자신이 해야 할 일이라고 생각도 하였지만, '누군가 하겠지'라고 그냥 흘러보낸 일들이다. 그는 그동안 논의된 것들의 목록을 작성하고 자신이 가장 중요하다고 판단되는 주제를 선정하였다.

팀장은 자신의 생활태도에도 근본적인 변화가 있어야겠다고 생각하였다. 지금이 그때인 것이 분명했다. 코칭이 진행되는 동안 몇 차례 시행착오는 있었지만, 변화 과제들을 성공적으로 추진함으로써 팀장은 자신의 능력에 대한 확신을 회복하고, 원하는 삶의 방향으로 더 나아갈 수 있었다.

자기확신이 낮은 사람은 목표 달성의 기대수준을 능력에 비해 낮게 설정한다. 그리고 '이 정도의 성과를 내는 것이 적정하다'는 자성예언을 한다. 일에 대한 적극성도 부족하고 달성하기 쉬운 업무목표를 설정하고 만족해한다. 자성예언의 사고에 묶이는 것이다. 주위 사람들의 피드백도 점차 부정적으로 변하게 되고, 결국

'나는 이 정도의 사람이다'라는 생각이 더욱더 고착화된다. 이로 인해 조직에서 성과를 내기도 어렵다.

자기확신은 변화를 촉진시킨다. 그렇다면, 어떻게 자기확신을 높일 것인가? 자기확신을 높이는 것도 전략과 스킬을 필요로 한다. 다음 10가지를 시도해본다.

1. 아침에 샤워 후 밝은 모습을 하고, 거울에 비친 자신에게 말을 걸어 본다. "야, 길동아! 넌 멋진 녀석이야. 오늘 고객과 중요한 계약을 상담하는 미팅이 있지? 넌 잘할 수 있어. 나는 너를 믿어." 이렇게 이야기해보자. 자신을 격려하고 지지하는 말을 한다.

2. 다른 사람과 대화할 때, 낙관적인 시각을 가지고 말한다. "저는 이번 일이 기대 이상으로 잘될 것이라고 믿습니다.", "멋진 결과가 기대됩니다."

3. 다른 사람의 말을 경청한다. 상대방의 말을 잘 들을 때, 좋은 질문을 할 수 있다. 경청과 질문은 대화를 활기차게 하고, 상대방을 대화에 끌어들임으로써 자신에게 긍정적인 피드백을 줄 수 있다. 경청을 방해하는 습관을 찾아 고쳐본다. "왜 저렇게 말이 많은 거야. 끝내기만 해봐라.", "이젠 내가 밀힐 차례인데." 등과 같이 미릿속으로 딴생각을 하는 것은 경청을 방해하는 주된 요인이다.

4. 타인에게 의기소침한 모습을 보이기보다 열정적인 모습을 보이도록 한다. "같이 도전해봅시다.", "함께 멋지게 만들어봅시다."라는 말을 자주한다.

5. 신뢰할 수 있는 사람이라는 모습을 보인다. 시간 약속 등 약속은 꼭

지킨다.

6. 타인과 논쟁하기보다는 같이 토의하는 습관을 기른다. 타인과의 대화를 통해 자신의 잠재된 능력과 스킬을 확인할 수 있다.

7. 타인을 인정하고, 칭찬하고, 지지한다. 그러면 타인도 당신을 그렇게 대할 것이다. 긍정적이고 열린 마음을 가지며 자기확신이 높은 사람일수록 타인의 긍정적인 모습을 인정하는 말을 한다.

8. 당면한 문제의 장애요인을 지적하고 강조하기보다, 어떻게 하면 해당 요인들을 극복하고 문제를 해결할 수 있는지 해법에 중점을 두고 긍정적인 방향으로 대화한다.

9. 자신과 타인을 비교하지 말고, 자신의 강점을 인식하고 끌어내려고 노력한다. "나는 역시 부족한 사람이야." 자신을 부성석으로 이름 붙이면, 그 덫에 걸려 그러한 사고의 포로가 되고 만다.

10. 자신의 모습을 있는 그대로 드러내려고 노력한다. 스스로 부족한 부분이라고 생각하는 것도 타인에게는 강점으로 보일 수 있다. 자신의 약점이라고 생각하는 것을 모두 적어보자. 그리고 주위 사람에게 자신의 강점이 무엇이라고 생각하는지 물어보자. 자신은 약점으로 보지만, 타인은 강점으로 보는 것을 확인해보자.

재구성(Reframe):
완전한 관점 전환과 위험 감수

이 단계에서 코칭 대상자는 새로운 준거 틀을 갖게 됨으로써 동일한 사건을 이전과는 다르게 해석한다. 새로운 관점에서 추론된 가정을 검증하는 과정에서 가정이 지지될수록 그 관점은 강화된다. 문제를 해결하는 과정이나 상황에 대한 통제 능력을 가지고 있다는 자신감을 갖는다. 이런 자신감을 통해 새로운 관점이 이전의 관점을 완전히 대체하고 내재화된다.

재구성 단계에서 코칭 대상자는 당면한 문제 해결을 위해 문제 상황을 제3의 시각에서 접근해본다. 코치는 새로운 관점을 사용하도록 자극하는 질문을 던져본다.

- 지금 상황을 달리 본다면, 어떤 해결책이 가능합니까?
- 지금 달리 해본다면, 무엇을 하겠습니까?
- 지금의 접근방법이 당면한 문제를 해결하고 원하는 결과를 가져다 줄 것으로 생각합니까?

이 과정에서 코칭 대상자는 타인이나 외부환경에 대한 자신의 관점을 새롭게 바꿀 뿐만 아니라 자신을 바라보는 관점도 근본적으로 변화시키게 된다.

- 이전에 알지 못하였던 당신의 강점은 무엇입니까?
- 다른 사람들이 당신의 변화된 모습에 대해 어떤 피드백을 주리라 예상하십니까?
- 지금 이 순간 구성원들이 당신에게 피드백을 한다면, 어떤 피드백을 줄 것으로 예상하십니까?

케이스 웨스턴 리저브(Case Western Reserve) 대학의 교수이며 경영컨설턴트로 활동하는 리처드 보야티스(Richard Boyatzis)는 1989년 자기발견과 재탄생을 위한 자기변화 프로세스를 제안하였다. 그는 개인의 감성리더십 역량을 함양시켜 리더십의 효과성을 높이고자 하였다. 감성지능이 높은 리더는 자기인식을 통해 자신의 감정을 모니터링하고 더 나은 방향으로 감정을 변화시킨다.

다음 5단계 과정은 감성지능이 높은 행동을 하도록 사람들의 뇌를 훈련시키는 프로그램이다. 질문에서 확인할 수 있듯이 미래의 자기와 현재의 자기를 찾아보고, 두 자기 간의 간극을 줄이기 위한 실행계획을 수립한다. 이어서 실행을 지속할 수 있는 도움집단을 만든다. 기업 현장에서 코치는 5단계 자기변화관리 프로세스를 활용하여 리더가 진정으로 원하는 모습을 갖추도록 도울 수 있다.

1. 나는 어떤 사람이 되기를 원하는가?
2. 나는 현재 어떤가?
3. 현재 이상적인 내가 되기 위한 방법은 무엇인가?
4. 어떻게 변화된 모습을 지속시킬 것인가?
5. 누가 나를 도울 것인가?

　　자기 자신이나 타인에 대해 긍정적인 관점을 취하면, 자존감도 커지고 자기확신도 높아진다. 새로운 관점이 수용되면, 자기효능감이 향상된다. 이를 기반으로 위험을 감수하는 과감한 도전을 하게 된다. 관점의 전환은 자기인식(self-awareness)의 통로가 확장되는 것을 의미한다. 자기인식은 다니엘 골만(Daniel Goleman)이 주장한 정서지능을 구성하는 한 요소로 자신의 정서, 강점, 부족한 점, 요구와 동기 등을 심층적으로 이해하는 수단이다. 자기인식 능력이 높은 사람은 낮은 사람보다 자기확신도가 높고 현실적이며, 현재의 자기(present self)를 보다 나은 자기(better self)로 만들고 싶은 열망이 크다.

재구성 단계에서 코칭 대상자는 자신의 한계에서 벗어나 새로운 관점을 토대로 과감하게 위험을 감수한다. 이를 통해 관점의 전환을 완성한다. 실제 코칭 사례들을 통해 재구성에 필요한 코칭 스킬을 살펴보자.

코칭 스킬 1
기존의 안전지대에서 벗어나기

코칭을 하다 보면, 적극적으로 참여하기보다 마치 연극을 보는 관객이나 평론가처럼 관찰자의 입장에서 대화하는 경우가 있다. 대기업의 한 연구개발 부서를 맡고 있는 박 상무가 그랬다. 그는 임원코칭에 참여하게 된 것이 맘에 내키지 않는 눈치였다. 국내 명문대를 졸업하고 지금의 회사에 입사한 이후 거의 25년 정도 같은 영역의 업무만 팀당하였고, 최근 임원으로 승진하였다.

인사부서는 그가 여러 연구개발 프로젝트를 독립적으로 수행하였지만, 이전보다 큰 규모의 인력관리와 경영적인 시각에서 조직관리를 한 경험이 없기 때문에 코칭이 도움이 될 거라고 판단하였다. 회사의 입장에서는 그가 중요한 기능의 책임을 맡게 되었고, 사업이 더 확장되기를 바라고 있어 그의 역할에 큰 기대를 하고 있다. 코치는 코칭의 목적을 설명하고 코칭에 참여한다는 연락을 받았을 때 느낀 첫 소감이 무엇인지를 물어보았다. 그의 대답은 처음부터 코칭에 대해 부정적이었다.

상무: 코치님, 지금까지 많은 교육을 받았고, 사실 몰라서 못하는 것이 아니라 실천을 안 하는 것일 뿐이지요.

코치는 그의 즉각적인 대답에서 또 교육을 받아야 하는 것에 대한 불만이 깔려 있다는 느낌을 받았다.

코치: 저한테는 어떤 점이 문제라고 말씀하시는 것 같습니다.
상무: 알면서도 안 한다는 것이지요.

이 대답은 임원 코칭을 하는 경우 가장 많이 듣는 말이다. 임원의 지위에 오를 때까지 얼마나 많은 교육을 받았겠는가. 직원에 대한 역량 교육을 많이 시키는 경우, 교육에 대해 거부감이 생긴다. 표정이나 말투에서 그의 속내를 읽을 수 있었다.

코치: 그렇군요. 알면서도 안 한다. 그럼 자신에 대해 정말 알고 있는 것은 무엇입니까?
상무: 무슨 말씀이시죠?

자신에 대해 정말 알고 있는 것은 무엇인가? 이 질문을 받으면 대답하기가 쉽지 않다. 그래서 많은 경우, 무슨 뜻인지 되묻곤 한다. 자기관찰과 자기성찰을 많이 하는 사람들은 쉽게 대답할 수 있다. 심오한 내용이 아니더라도 고민했던 생각이 떠오른다. 하지만 자신을 돌아볼 기회를 갖지 못한 사람에게는 질문의 범위가 매우 넓고 구체적이지 않기 때문에 질문의 방향을 쉽게 알아차리지 못한다. 특히 일 중심으로 회사생활을 한 사람의 경우에는 더 어렵게 느껴진다. 이 질문을 하는 의도는 상대방으로 하여금 자신을 객관적으로 바라보도록 통로를 열어주려는 것이다.

> 코치: 좀 다르게 질문해보겠습니다. 지금까지의 경험을 돌이켜보시면 도움이 됩니다. 상무님이 잘 알면서도 안 하는 경우가 있다면, 어떤 경우인지 말씀해주시겠습니까?
>
> 상무: 가장 먼저 드는 생각은 경영진 회의를 할 때입니다. 상황이 어떻게 돌아가는지는 알지만, 많은 경우 말을 하지 않습니다. 사실 논의 중인 안건에 대해 명확한 의견을 가지고 있지 않거나 확신이 없을 땐 말할 수 없지 않습니까?

코치는 그의 밑에서 알면서도 말하지 않는 데 영향을 미치는 것들은 자신의 의견이 어느 정도 명확한지, 자기확신의 정도, 말하기 전에 미리 판단하는 경향일 것이라 생각했다. 그러나 이를 확인해보기보다 알면서도 말하지 않는 사례들을 더 끌어내기 위해 같은 질문을 이어갔다.

코치: 또 어떤 경우가 있으십니까?

상무: 상사의 지시에 대해 다른 의견이 있더라도 말하지 않고 따르는 편입니다. 지시할 때는 이미 생각들이 많이 정리된 것이고, 설령 다른 의견을 낸다고 해서 달라질 것은 없습니다. 사실 많은 경우 그렇습니다.

코치: 가정에서는 어떻습니까? 아내와 대화할 때, 자녀와 대화할 때는 어떻습니까?

상무: 코치님도 자녀를 키우고 있으면 아시겠지만, 어떻게 하고 싶은 말을 다 할 수 있습니까? 요즘 아이들은 대화 코드를 맞추기가 쉽지 않아요.

코치는 이런 경우 가정에서는 어떤지를 물어본다. 가정에서의 대화 습관이 회사생활로 이어지기 때문이다. 또한 기타 사회생활에서 사람들과 대화하는 습관도 물어본다. 대화를 할 때, 타인에게 보이는 행동에 어떤 일관성이 있는지를 주목한다.

코치: 자세하게 말씀해주셔서 감사합니다. 상무님, 자신의 모습에 대한 관찰력이 뛰어나시군요. 대표적인 사례들을 소개하시면서, 자신에 대해 알게 된 것은 무엇입니까?

상무: 재미있네요. 내 경험인데도 관련된 것들을 말하다 보니 내 모습이 보입니다. 스스로 내키지 않으면, 말을 안 하는군요. 나 스스로 말하려는 것이 있어도 확신이 있을 때 주로 말을 합니다.

코치: 확신이 없으면서 생각을 말해야 한다면, 염려하는 것은 무엇입

니까?

상무: 평가죠. 나 자신에 대한 평가, 타인은 나를 어떻게 볼까에 대한 염려, 평가하는 것 같은 타인의 시선이 그런 것들입니다.

코치: 타인으로부터 어떤 평가를 받고 싶으십니까?

상무: 한마디로 임원에 걸맞은 역량을 갖춘 인물이라는 평가죠.

코치: 다른 사람은 상무님을 어떻게 보고 있을까요? 주위로부터 받은 객관적인 피드백이 있습니까? 인사평가 관련해서 피드백을 받으신 것도 있으실 것 같은데요.

상무: 네, 많이 있습니다. 상사나 동료, 부하직원들 모두 생각보다 긍정적인 피드백을 하고 있습니다. 회사에서 상반기와 하반기, 두 번을 조사하는데 지금까지 좋은 피드백을 받고 있습니다.

이 시점에서 코칭 대상자가 스스로에 대해 어떤 인식을 갖고 있는지 정리할 시간을 줄 필요가 있다. 자신이 코칭 프로그램에 참여하는 것을 단지 불편한 것으로 받아들이는 것이 아니라, 자기인식의 기회를 갖는 것으로 달리 생각한다면 얼마나 멋진 의식 전환인가? 그를 대화의 첫 장면으로 데려갔다.

코치: 처음 질문으로 돌아가 보겠습니다. 지금 자신에 대해 정말 알고 있는 것은 무엇입니까?

상무: (잠시 생각하다가) 자기확신이 부족하다는 것입니다. 다른 사람의 시선을 의식하고, 상황을 미리 판단하여 결정하고, 인정받고 싶고…… 이 모두가 자기확신이 부족해서입니다.

자기확신이 부족하면, 기존에 안정적이라고 느낀 사고와 행동의 범위에서만 적극성을 보일 가능성이 높다. 자신이 안전지대라고 판단하는 선을 넘으려 하지 않는다. 그 경계의 선을 넘는 것은 당사자에게 엄청난 도전이다.

코치: 상무님, 지금 어떤 느낌이 드세요?

상무: 뭐라고 할까, 나 자신과 만나고, 그래서 많은 것이 정리되고 편안합니다. 솔직히 뭔가 숨기고 있다가 들킨 것도 같고. 그러나 좋습니다.

코치: 저에게는 자신을 담대하게 객관적으로 보고 말씀하시는 것이 울림으로 다가옵니다. 시금 이 순간의 편안한 느낌을 더 느껴보시기 바랍니다. 느낌이 오는 대로 자세를 취해보십시오.

그는 의자에 앉아 별다른 자세를 취하지 않았지만, 그의 자세나 표정에서 편안함을 깊게 느끼고 있음을 알 수 있었다.

코치: 지금 어떤 생각을 하십니까?

상무: 뭐랄까…… 지금 많은 일들이 일어나고 있는데, 지금과 같은 편안함이 평소 도움이 되겠다고 생각했습니다.

코치: 그러니까, 지금의 편안함이 중요한 에너지원이 되었군요. 상무님, 상무로 승진하면서 어떤 변화를 느끼셨습니까? 그 변화는 자기확신과 어떤 관련이 있습니까?

상무: 승진하면서 가장 크게 느낀 점은 경영에 대한 책임감이 커졌다

는 것이죠. 회사가 변화하고 있는 모습이 이전보다 더 크게 느껴지고, 이러한 변화를 조직 구성원들에게 어떻게 전달할지 고민합니다. 직원들과 소통하던 기존 방식이 과연 효과적일까 의문이 들지요. 과연 나에게 필요한 리더십이 무엇인가에 대해 고민하게 되고. 오늘 대화를 나누면서 내가 먼저 확신을 가져야겠다는 생각을 새롭게 하였습니다.

코치: 최근 자기확신이 필요하다고 생각한 경우를 떠올려본다면, 어떤 때입니까?

그는 자기확신이 필요한 경우를 정리해보았다. 어떻게 해야겠다고 생각은 했지만, 정작 그렇게 행동하지 못했던 상황들을 곰곰이 생각하였다. 그는 다시 그 상황이 온다면, 자기확신에 찬 모습을 보여야겠다고 다짐하였다. 그가 정리한 내용은 다음과 같다.

- 부서 전체를 이끌기 위해 당당함과 카리스마를 보여야겠다.
- 목표의식을 더 확실하게 해야겠다.
- 시간관리를 이전보다 더 철저하게 해야겠다.
- 업무에 대해 개인적인 선호보나 역할을 더 우선시해야겠다.
- 직원의 능력을 믿고, 가능한 업무를 위임하겠다.
- 직원들이 잘하고 못하는 일을 구별하고 적시에 피드백하겠다.
- 직원이나 타인과의 관계에서 공과 사를 분명히 구분하겠다.

코치: 정리하시면서 어떤 생각을 하셨습니까?

상무: 나 자신과의 약속이 필요하겠다 생각하였습니다. 이런 생각을 하였다고 해도, 실천하지 않으면 아무 소용이 없지 않겠습니까? 오늘 말씀을 나누면서 내 생각에서 벗어나 나를 객관적으로 볼 필요가 있고, 지금이 바로 그때라고 생각했습니다.

코칭 스킬 2
질책형 리더에서 코치형 리더로

"자네는 지금 생각이 있는 거야, 없는 거야?"

한 임원이 보고서 내용에 문제가 있는 것을 발견하고 보고서를 작성한 김 차장에게 호통을 친다. 좀더 깊이 생각하고 치밀하게 보고서를 작성했다면, 이런 문제는 생기지 않았을 것이라고 질책한다. 이 대화를 잘 살펴보면, 상사가 직원에게 '김 차장, 생각 좀 해. 머리를 쓰라고'라는 질책의 메시지를 전달한다. 그럼 상사는 직원이 일을 할 때 생각할 수 있는 기회나 여건을 충분히 만들어 주었을까?

책임을 추궁하고 질책하는 대화 방식으로는 깊이 생각하는 능력을 키워주지 못한다. 탁월한 성과를 원하면서도 그 결과를 만들어내는 데 필요한 직원의 잠재능력을 무력화시킬 뿐이다. 일터에서 직원을 대하는 데 있어 상사가 한 가지만 바꾸어도 직원의 일하는 방식에 엄청난 변화를 줄 수 있다. 그 한 가지는 바로 호기심을 갖는 것이다.

직원이 문제가 있는 보고서를 보고하면서 그 문제점을 미처 발견하지 못하는 까닭은 뭘까? 먼저 상사가 직원에 대해 호기심을 가져보면 어떨까? 호기심을 가지고 있는 상사는 이렇게 묻는다.

"김 차장, 보고서 준비하느라 수고하였네. 보고서를 준비하면서 가장 어려웠던 점이 무엇인가?"

보고서의 완성도가 낮은 원인을 찾고자 하는 상사는 직원이 보고서를 작성하면서 겪었을 어려움과 과정에 대해 호기심을 갖는다. 만일 상사가 일의 결과에 대해 책임을 추궁하려는 입장이라면, "이것을 보고서라고 작성했나? 이런저런 문제점도 안 보이나? 자네, 보고서를 검토하기나 했나? 내가 보기엔 그냥 들고 왔구먼. 그렇지?"라고 질타를 퍼부을 것이다.

리더가 코칭 마인드를 가져야 하는 이유가 바로 여기에 있다. 코치는 사람은 본래 창의적이고 무한한 잠재성을 가지고 있고 당면한 문제에 대한 해답을 가지고 있다고 생각한다. 또한 코치는 호기심을 갖고 코칭 대상자에게 질문하고 스스로 당면한 문제에 대한 답을 찾도록 도와주고 이끈다.

신사업 부문 책임을 맡은 한 임원은 속이 타는 마음에 사업계획서를 준비하고 있는 김 팀장을 다그친다.

"김 팀장, 자네 일을 할 거야, 말 거야?"

흔히 주위에서 늘을 수 있는 말이다. 성과지향적인 리더라면 이 말을 친숙하게 느낄 것이다. 임원은 자기중심적으로 대화를 하고 있다. 김 팀장에 대해 호기심을 보인다면, 아마 이런 대화를 하게 될 것이다.

"김 팀장, 자네가 주저하는 이유가 뭔지 궁금하군. 얘기해보게."

김 팀장이 주저하는 모습에 대해 질책 마인드를 가진 임원과 코칭 마인드를 가진 임원의 대화는 다르다. 책임을 추궁하고 질책하는 대화를 하면, 김 팀장은 점점 방어적인 태도로 응대할 가능성이 높다. 자신의 행동에 대해 변명하거나 자기합리화를 하게 될 것이다. 임원이 직원과 코칭 대화를 하게 되면, 직원이 주저하는 이유를 찾아 분석하고 일을 성공적으로 마무리할 수 있는 방안에 대해 대화를 나누게 된다.

어떤 대화가 바람직한지는 자명하다. 회사의 비전이 매력 있고, 사업 아이템이 좋고, 인사시스템이 선진적이며 인적자원이 우수하다고 해도, 리더와 직원이 어떤 대화를 하느냐에 따라 일의 성과는 다르게 나타난다.

조직관리 방식으로 성과주의가 도입되고 경쟁이 심화되면서 경영층이나 리더들의 사고는 알게 모르게 성과주의에 길들여졌다. "성과 중심의 사고로 인해 내가 잃고 있는 것은 무엇인가?" 리더들은 이 질문에 대해 신중히 생각하고 그 답을 찾아보아야 한다.

나는 그 답 중 하나가 '함께 일하는 직원에 대한 호기심'이라고 생각한다. 이 관점에서 본다면, 리더가 해결해야 할 과제는 두 가지이다.

1. 성과와 호기심을 어떻게 배분할 것인가?
2. 조직 구성원들이 호기심을 갖도록 하는 방법은 무엇일까?

임원 코칭에서 만난 한 임원은 성과와 호기심을 100% 대 0%에서 60% 대 40%로 배분하여 관리하는 것을 코칭 목표로 정하였다. 이 목표를 달성하기 위해 직원이 자신을 찾아오면, 먼저 "오늘 내가 뭘 도와주면 좋겠습니까?"라고 묻는다. 상대방에게 주의를 기울이면서 대화를 준비한다. 두 번째 과제와 관련하여 한 대기업은 모든 임원을 대상으로 한 체계적인 코칭 교육 실시와 임원들의 코치 자격 취득을 목표로 설정하였다.

우리 조직의 호기심 역량은 어느 수준일까? 조직의 리더라면, 질문해볼 만하지 않은가?

코칭 스킬 3
현미경 리더에서 망원경 리더로

코칭을 하다 보면, 업무의 세세한 부분들까지 신경쓰느라 원래 얻고자 하는 것이 무엇인지를 놓치는 리더들을 만난다. 흔히 목표를 효과적으로 관리하려면 "큰 목표를 관리할 수 있는 작은 목표들로 나누어보라"고 말하기도 한다. 하지만 이러한 방법이 항상 도움이 될까?

『제5경영(The Fifth Discipline)』의 저자 피터 셍게(Peter Senge)는 이 질문에 대해 명쾌한 답을 제시하였다.

우리는 어린 시절부터 복잡한 문제들을 관리할 수 있을 만큼 작은 것으로 나누는 것을 배웠습니다. 처음에는 이 방법이 좋아 보입니다. 그러나 이렇게 하다 보니 다른 문제를 만나게 됩니다. 작은 목표를 달성하기 위해 우리가 하는 행동들이 서로 어떻게 엮이는지를 보지 못하는 것입니다. 부분들이 모여 어떻게 전체를 구성하는지를 더 이상 보지 못하는 것이지요.

그러면 작은 목표를 성공적으로 수행하면서도 어떻게 하면 큰 목표를 놓치지 않을 수 있을까? 큰 목표와 작은 목표가 어떻게 유기적으로 연계되어 있는지를 생각하면서 문제를 해결하는 능력이 필요하다.

리더는 직원들에게 그들이 수행하는 작은 업무들이 모여 어떻게 큰 업무가 되는지를 알려주어야 한다. 직원들에게 팀이나 회사 차원의 시각을 갖고 담당 직무를 수행할 수 있도록 이해시키는 것은 리더가 맡고 있는 중요한 책임 중 하나이다.

이러한 책임을 수행하기 위해 리더는 누 가지 시각을 가져야 한다. 하나는 망원경 시각이고, 다른 하나는 현미경 시각이다. 망원경으로 큰 그림을 보되, 현미경으로 큰 그림이 현장에서 어떻게 구체적으로 실행되는지를 살펴야 한다.

다음은 한 대기업의 임원을 코칭한 경우이다.

코치: 상무님, 직원과의 대화 방식이 바뀔 필요가 있다고 말씀하셨는데, 무슨 뜻이지요?

임원: 저는 직원들과의 대화를 주로 이메일을 통해 하고 있습니다. 주요 사항은 회의를 통해 전달하지만, 간단한 공유 사항이나 업무지시 등은 대개 이메일을 사용합니다.

코치: 직원과 의사소통을 하는 데 이메일을 사용하는 비율이 어느 정도 라고 보십니까?

임원: 80%쯤 되는 것 같습니다. 지금은 효과적인 방법이 아니라고 생각합니다.

코치: 효과적인 방법이 아니라고 하셨는데, '효과적'이란 어떤 의미로 말씀하신 것입니까?

임원: 커뮤니케이션은 이루어지지만, 성과가 없는 것 같습니다.

코치: 지금의 대화 방법으로는 성과를 내지 못한다는 말씀이시군요.

임원: 그렇습니다.

코치: 구체적으로 어떤 문제가 있다고 생각하십니까?

임원: 제가 알고 있는 회사의 방침이나 사업방향에 대한 정보, 제가 생각하는 큰 그림들이 직원들에게 잘 전달되지 않고 있습니다.

코치: 그러니까 현재 진행되는 업무를 보는 관점이 서로 다를 수 있다는 말씀으로 이해됩니다.

임원: 그렇습니다.

코치: 그럼 실제로 상무님과 팀장들이 업무를 어떻게 보고 있는지 확인해보는 것이 도움이 되겠는데요. 예를 들어 상무님께서 생각하시는 업무를 중요도에 따라 나열할 때, 팀장들이 나열한 것과 같을까요? 어떻게 생각하십니까?

임원: 다를 것 같은데요.

코치: 한번 확인해보실까요?

그는 자신의 생각과 팀장들의 생각이 어떻게 다른지 알아보기 위해 설문조사를 실시하였다. 조사 결과, 예상대로 업무의 중요도에 대한 인식에서 상당한 시각 차이가 있었다. 이러한 차이의 원인을 알아내고 해소시키기 위해 그는 팀장들과 개인면담을 추진하였다. 이런 노력을 통해 시각 차이가 생긴 주된 원인을 찾았을 뿐만 아니라, 직원과의 대화가 절대적으로 부족하였음을 깨달았다.

코치: 상무님, 이번 조사를 통해 배운 것이 있다면, 무엇입니까?

임원: 저는 이메일을 통해 업무 지시를 하거나 관련 사항을 전달하면, 직원들이 충분히 이해하고 지시 내용을 따를 것으로 생각했습니다. 그러나 이메일을 받은 직원들이 메일 내용을 제 의도와는 다르게 해석하기도 한다는 사실을 알았습니다. 궁금한 사항을 저에게 질문하고 싶어도, 면대면이 아니다 보니 그냥 직원들끼리 서로 협의하여 처리하는 경향도 있었습니다. 저의 생각이 틀렸습니다. 저는 그동안 일이 안 되는 것을 직원들 탓이라 생각하였는데, 알고 보니 저에게 문제가 있었습니다.

코치: 의사소통이 이루어지는 모습을 객관적으로 알 수 있는 귀중한 시간을 가지셨군요. 상무님께서는 이미 해결 방안들을 생각해보셨을 것으로 생각합니다.

임원: 제 집무실 문을 열어두려고 합니다. 가끔 열려 있었지만, 이제는 언제든지 직원들이 찾아올 수 있도록 항상 개방해두겠습니다. 그리고 월간 직원회의와 주간 팀장회의를 보다 활성화할 생각입니다. 저의 이메일 사용 비율도 50% 이하로 떨어뜨리고, 가능하면 직원들을 찾아가 대화하도록 하겠습니다.

'내가 지시했다 = 직원에게 위임했다 = 직원이 잘할 것이다'

이 등식이 그대로 성립하지 않는다. 상사는 직원보다 더 많은 정보와 지식, 경험을 가지고 있다. 상사와 직원 간에는 정보의 불균형이 존재한다. 상사는 일의 추진 방향이나 내용에 대해 더 큰 그림을 가지고 있다. 이 정보를 직원과 공유하지 않으면, 위의 등식은 성립될 수 없다.

상사가 생각하는 큰 그림이 직원을 통해 직무성과로 나타나려면, 상사는 큰 그림을 구성하는 조각들을 어떻게 맞출지 직원과 많은 대화를 나누어야 한다. 직원과의 대화는 시간 소모가 아니라 일을 완성해가는 과정이다.

코칭 스킬 4
듣는 리더에서 경청하는 리더로

한 국내 대기업의 임원을 대상으로 섀도 코칭(shadow coaching)을 하였다. 섀도 코칭이란 말 그대로 그림자 코칭이다. 코치는 코칭 대상자가 일터에서 일하는 모습을 관찰하고 그가 당면하고 있는 문제 상황을 해결할 수 있도록 도와준다.

코치는 코칭 세션에서 코칭 대상자가 자신의 성격특성, 스타일, 문제 상황의 역동성 등을 사각하고 성찰하도록 도와준다. 이를 위해 코치는 일정 시간 고객을 관찰하고 그 내용을 활용하여 코칭을 한다. 섀도 코칭에서는 코치의 관찰과 고객의 자기성찰이 중요하다. 코칭 대상자가 의사소통에 문제가 있는 경우, 섀도 코칭 기법을 적용한다. 코치가 임원회의, 팀장회의 등을 관찰한 후 그들을 대상으로 대화 스타일, 회의 문화, 효과적인 회의를 위해 필요한 변화 등을 주제로 코칭 세션을 진행한다. 그들 스스로 회의 모습이 어떻다고 생각할까? 실제 대화하는 모습은 어떠했는가? 그들의 대화 모습에서 시급히 해결해야 할 것, 지속적인 개선이 필요한 것은 무엇일까?

회의에 참여한 임원의 모습을 관찰하면서, 코치는 그의 경청과 질문 습관에 주목한다. 듣고 있는가(hearing), 아니면 경청하고 있는가(listening)? 단순히 듣는 것은 물리적인 자극으로서 상대방의 말소리가 나의 감각기관을 통해 뇌에 전달되고 그 말의 뜻을 인식하는 것이다. 이와는 달리, 경청은 상대방과 심리적으로 연결되어 있는 상태에서 대화의 맥락과 대화의 내용을 포괄적으로 인지하는 것이다, 말하는 상대방과 연결되어 있는 대표적인 상내가 바로 공감이다.

임원으로서 당신은 어느 정도 경청하는가? 경청전문 코치인 브루스 윌슨(Bruce Wilson)은 스스로에게 다음과 같은 질문을 해보라고 제안한다. 그의 제안을 우리 현실에 맞게 각색해본다.

1. 임원으로서 대화를 할 때, 어느 정도 경청하고 있는가? 경청하려고 주의를 집중하는가?
2. 다른 사람의 말에 응답한 이후에, 자신이 경청을 얼마나 잘했는지 생각해보는가?
3. 경청 스킬을 높이기 위해 지금 어떤 노력을 하고 있는가? 요즘 경청이 나아지는가? 다른 사람의 말을 경청하고, 나 자신의 말도 경청하는가? 즉, 자기인식을 하는가?

4. 공감적 경청을 잘하기 위해 의도적으로 노력하는가? 매일, 적어도 일주일에 한 번 노력하는가? 상대방의 마음이 무엇인지를 깨닫는 '아하!'의 순간을 경험하는가?

5. 상사, 동료, 직원으로부터 다면 피드백을 받아보는가? 현재 일터에서 대화하는 나의 모습에 대해 주변 사람들로부터 충분한 피드백을 받고 있는가?

6. 타인과 자신에게 더 잘 귀를 기울일 수 있도록 코치의 도움을 받고 있는가? 현재 일터에서 소통 리더십을 발휘하는 데 있어 개선이 필요한 점이 무엇인지를 명확하게 파악하고 있는가?

코칭 스킬 5
부정적인 관점을 긍정적인 관점으로

사람들은 흔히 잘 되는 일보다는 안 풀리는 일에 민감하다. 이런 경험이 반복되다 보면, 안 풀리는 일에 대해 자신도 모르게 감정적으로 예민해진다. 비판적인 입장을 취하고, 조심스러워하고, 도전하기를 주저한다.

리더는 일반 직원들보다 더 낙관적인 관점을 가져야 한다. 낙관적인 관점을 가질수록 리더는 미래의 불확실성에 따른 위험을 기꺼이 감수하고 도전하려 한다. 미래의 불확실성보다 기회와 가능성을 본다. 그리고 숨겨진 가치요소를 찾아내어 사업화하려 한다. 직원들에게 꿈과 비전을 제시하려면, 리더가 먼저 미래를 낙관적으로 봐야 한다.

우리가 흔히 주위에서 만날 수 있는 사람들의 모습은 어떤가?

사례 1. 하던 일이 잘 안 풀릴 때, "아니, 요즘 왜 이렇게 재수가 없지? 일이 정말 안 풀리네. 안 좋은 일만 생기고", "일이 꼬이다 보니 끝이 없군" 등과 같이 중얼거린다. 매사에 환경이나 남의 탓을 하며, 부정적인 태도를 보인다.

사례 2. "김 차장, 그걸 아이디어라고 냈나? 이전에도 비슷한 제안을 하였던 것 같은데. 그 아이디어는 이미 경쟁사도 추진하는 것이고, 우리가 후발 주자라 사업성이 없다고 내부에서 의견이 정리되지 않았나?" 제안된 아이디어를 심층적으로 살펴보지 않고 단죄하듯 부정적인 피드백을 주는 터에 회의 분위기가 가라앉는다.

사례 3. 경영관리 실장인 최 상무는 해외 신규시장을 개척하는 것에 대해 부정적이다. 다음 달에 출시되는 신상품의 경쟁력에 대해서도 회의적이다. 원가, 시장경쟁력, 현지 관련 산업의 동향 등을 근거로 사업성이 없다는 입장을 취한다. 재무 경험이 있는 최 상무는 분석적이고 꼼꼼하여 위기관리에 뛰어난 반면, 가능성을 보고 도전하는 모습은 부족하다.

위의 사례들이 갖는 공통점은 무엇인가? 모두 낙관적인 관점이 부족하다. 관점이 부정적이고 회의적이다. 이러한 시각을 어떻게 변화시킬 수 있을 것인가?

사람들은 각자의 준거 틀을 통해 관찰한 현상에 의미를 부여한다. 문제는 이러한 틀에 묶이기 쉽다는 것이다. 흔히 상자 속의 사고를 하게 된다. 만일 부정적이고 비관적인 상자 속에 있다면, 어떻게 상자 밖으로 끌어낼 것인가? 어떻게 기존의 사고 틀(frame)에서 벗어나 새로운 관점에서 재구성(reframe)하도록 할 것인가? 코칭에서 가장 많이 접하는 코칭 주제가 바로 새로운 틀을 찾는 것이다.

새로운 틀을 찾는 코칭은 6단계로 진행된다. 위의 세 번째 사례를 대상으로 적용해본다.

단계 1. 해결하고 싶은 이슈에 이름을 붙인다

코치: 오늘 어떤 말씀 나누고 싶으십니까?

상무: 해외 신규시장 개척에 대한 의견 차이로 다른 임원과 갈등이 있습니다.

코치: 의견 차이가 이슈인가요, 아니면 갈등이 이슈인가요?

상무: 오늘은 의견 차이에 대해 말씀을 나누고 싶습니다.

코치: 그럼 상무님의 이슈를 한마디로 요약해보십시오.

상무: 해외 신규시장 개척에 대한 의견 차이입니다.

단계 2. 현재 가지고 있는 관점을 확인한다

코치: 해외 신규시장 개척에 대해 상무님의 의견은 무엇입니까?

상무: 저는 이미 검토한 사안이고, 추진한다고 해도 경쟁력이 없기 때

문에 사업 전망이 없다고 생각합니다.

코치: 사업 전망이 '비관적'이라고 말할 수 있네요.

상무: 그렇습니다.

단계 3. 유용하고 가치 있는지를 확인한다

코치: 상무님의 그러한 생각이 어느 정도 유용하다고 생각하십니까?

상무: 저는 이미 작년에 같은 제안이 있었을 때, 회사 차원에서 결정이 확실히 내려졌다고 생각합니다. 현실성이 없다고 보고, 추진하지 않는 것이 최선입니다. 그래야 회사의 잠재적 피해를 방지할 수 있습니다. 저는 무용하다고 생각합니다.

코치: 지금 말씀을 하시면서, 어떤 느낌을 갖습니까?

상무: 뭐, 담담합니다. 한편 짜증이 나기도 하고. 종종 있는 일이라서 저는 괜찮습니다.

코치는 이어서 최 상무에게 이후에 어떤 행동을 하였는지, 그 행동의 결과는 무엇이었는지, 그 결과에 어느 정도 만족하는지를 질문한다. 이러한 질문들을 통해 최 상무는 자신의 관점이 유용하고 가치 있다고 생각하는, 자신의 사고체계에 알게 된다.

단계 4. 다른 관점이 있을 수 있는지 찾고, 탐구한다

코치: 현재 상황이 당신에게 새로운 기회가 되도록 만들려면, 무엇이

필요합니까?

상무: 지금의 경영실적으로 보면, 저 개인보다 회사 차원에 변화가 필요한 것은 사실입니다. 지금까지 보수적인 경영전략으로 경쟁사에게 밀린다는 자성도 있고, 적어도 해외시장 개척에서 변화와 혁신의 사례를 만들어야 한다는 논의가 있습니다.

코치: 상무님의 말씀을 들으니, 새로운 도전을 무조건 반대하는 것은 아니시군요.

상무: 그렇습니다. 저는 해외시장을 선별하여 도전해보는 것도 한 방법이라고 생각합니다.

코치: 상무님이 생각하시는 선별의 기준은 무엇입니까?

상무: 잠재적인 시장 규모입니다.

이 단계에서는 최 상무가 생각한 '잠재적인 시장 규모'라는 새로운 관점을 찾고 이 관점의 유용성과 가치, 느낌, 행동 등을 탐구한다. 추가적인 관점을 찾기 위해 브레인스토밍을 해볼 수도 있다. 가능한 한 더 많은 관점을 찾고, 그것을 탐구한다.

단계 5. 탐색한 관점들을 리뷰하고 가상 유용한 관점을 선택한다

코치: 지금까지 저와 함께 살펴본 관점들을 간단히 돌이켜보겠습니다. (각 관점의 이름과 주요 내용을 리뷰한다.) 어떤 관점이 가장 유용하다고 생각하십니까?

상무: 아무래도 잠재적 시장 규모를 고려하는 것입니다.

단계 6. 선택한 관점을 실행하기 위한 방법과 계획을 수립한다

코치: 잠재적 시장 규모를 고려한 해외시장 개척을 위해, 무엇을 해보
시겠습니까? 언제까지 해보시겠습니까? 당신이 그렇게 하였다
는 것을 코치가 어떻게 알 수 있겠습니까?

코치는 단계별로 질문을 통해 코칭 대상자가 기존 관점에서 가
장 유용한 관점으로 전환하도록 도와준다. 아울러 새로운 관점에
따른 실행계획을 세우고 실천하도록 함으로써 관점 전환을 완성시
킨다. 코칭 대상자가 관점의 전환을 더 깊이 체험할 수 있도록 선
택한 관점에 따라 행농해야 할 것과 하지 말아야 할 것을 각각 3개
씩 작성하고 선언하게 한다.

코칭 스킬 6
리딩(reading)하는 리더 되기

조직을 이끌고 탁월한 성과를 창출하는 데 있어 방향타 역할을
하는 사람은 바로 리더이다. 리더가 그러한 역할을 훌륭히 수행해
내기 위해서는 어떤 능력들을 갖추어야 할까? 무엇보다 미래를 내
다볼 수 있어야 하고, 전략적이며 시스템적인 사고를 할 줄 알아
야 한다. 그리고 이해당사자들과 효과적인 의사소통을 할 줄 알아
야 한다. 어디 그뿐인가? 리더는 끊임없는 자기개발을 통해 기술
발전과 글로벌 환경의 변화에 효과적으로 대응할 수 있어야 한다.
나는 경영자 코칭을 하면서 대개 그들의 집무실을 방문한다. 집

무실 책상에는 여러 권의 책이 수북이 쌓여 있다. 최근 2~3년간 직장인들이 가장 많이 읽는 책이 리더십과 자기개발 관련 책이다. 주 5일제 근무가 시작되면서 주말에 자기개발을 위한 교육 프로그램에 참여하는 모습을 쉽게 본다. 나는 인적자원개발에 대한 전문성을 높이기 위해 대학원에 진학한 직장인들을 대상으로 저녁 시간에 강의를 하고 있으며, 다수의 임원들이 자발적으로 요구하여 일과 후 특강을 진행하기도 한다. 특히 코칭 교육에 대한 수요가 많다. 리더십의 영향력을 높이는 방법으로서 코칭을 알고 싶은 열의와 현실적인 필요성이 높기 때문이다.

지금 주위에 있는 사람에게 물어보라. "요즘 몇 시간 정도 공부하십니까?" 이 질문에 많은 사람들은 그에 대해 답하기보다, 공부하지 않는 자신의 모습을 책망하면서 "그러게요, 공부를 해야 하는데" 또는 "너무 바빠서 하고 싶어도 못합니다. 책도 몇 권 사고 교육 프로그램도 알아두기는 했지만……"이라고 말꼬리를 흐린다. 이들 답변이 갖는 공통점은 공부할 시간이 없다는 것이다. 그렇다면 정말 공부할 시간이 없는 것일까?

경영학의 대부 피터 드러커는 "시간 부족은 부족의 문제가 아니라 관리의 문제이다"라고 말했다. 하루는 24시간이나. 이는 물리적으로 주어진 시간이다. 그러나 이 시간은 우리가 어떻게 사용하느냐에 따라 더 짧아지기도 하고 더 길어지기도 한다. 그렇다면 물리적으로 주어진 시간을 어떻게 효과적으로 사용할 것인가? 시간을 만드는 것도 스킬이다. 다음 3가지 방법을 사용해보자.

시간을 고무줄처럼 늘려서 사용한다

시간을 늘린다는 것은 시간을 시, 분 단위로 쪼개어 사용하는 것이다. 길게는 인생설계를 하고, 중기적으로는 3~5년 계획을 세우고, 짧게는 하루 시간대별로 일정 계획을 세우는 것이다. 시간은 상세한 계획을 세우는 만큼 길어진다. 시간 계획을 세우는 데 주저한다면, 이 말을 되새겨보라. "내가 오늘 헛되이 보낸 하루는 어제 죽어간 사람이 그렇게 살고 싶어했던 내일이었다."

소중한 것을 먼저 한다

이전보다 더 많은 시간을 사용할 수 있도록 준비를 하였다면, 이제 그 시간에 가장 소중한 것을 먼저 하도록 한다. 소중한 것은 조직이나 개인의 가치 차원에서 필수적인 것이다. 하지 않으면 잠을 이루지 못할 만큼 가치 있는 것이다. '올해는 더 나아져야지' 라고 마음만 먹고 여러 해를 보내던 한 팀장은 시간관리 교육을 받고 난 후 삶의 변화에 대해 이렇게 표현하였다. "나는 드디어 내 인생의 보물지도를 발견하였다."

시간에 몰입한다

우리가 사용하는 시간은 물리적인 시간이 아니라 심리적인 시간이다. 3분이 3시간 같기도 하고, 3시간이 3분 같기도 하다. 시간이 없는 게 아니다. 주어진 시간에 얼마나 몰입하느냐에 따라 시간은 얼마든지 늘어날 수 있다. 『몰입』의 저자인 황농문 교수는 주어진 시간을 생산적으로 활용하는 비결은 몰입에 있다고 강조한다.

전진(Move Forward):
새로운 목표와 꿈을 향한 전진

이 단계에서 코칭 대상자는 기존의 사고와 대응방식에서 벗어나 성취감과 충만감을 느끼고 싶어 한다. 이전보다 더 나은 나(better self)에서 최고의 나(the best self)를 향해 나간다. 코치는 보다 적극적으로 코칭 대상자가 자신의 한계를 넘어서는 노력을 하도록 요청한다. 또한 코칭 대상자의 사고와 행동이 이전 상태로 복귀되지 않고 계속 전진하도록 주인의식과 책임감을 불어넣는다.

더 나은 방향으로 나아가는 노력을 방해하는 요인은 코칭 대상자의 내면에서 작동하는 자기방어기제이다. 그렘린(gremlin), 사보타주(sabotage), 경쟁 다짐(competing commitment) 등이 변화를 방해하는 대표적인 방어기제들이다.(자기방어기제 관련 개념들에 대해서는 3부에서 설명하고 있다.)

방어기제는 사람들이 변화를 계획하고 실천할 때, 변화를 거부하는 힘이다. 두 개의 힘이 경쟁하고 코칭 대상자는 대립 속에서 갈등한다. 코칭 대상자가 성공적으로 변화를 실천하도록 돕기 위해 코치는 심리학자의 역할을 수행한다. 그의 내면에 어떤 심리적 기제가 작동하는지를 분석하고 이에 대응하도록 돕는 것이다.

사람들은 새로운 목표와 꿈을 찾아가는 과정에서 발생하는 염려와 두려움을 극복하려고 하기보다 흔히 자기합리화를 통해 이를 우회하거나 현재 상태에 머무르려 한다. 안전지대에 머무르려 하는 것은 인간의 자연스러운 본성이다. 코치는 코칭 대상자에게

"다음 단계에서 무엇을 하겠습니까?"라고 질문하고 그가 답을 찾도록 도와준다.

3S-FORM 코칭 모델의 마지막 단계에서 만난 한 코칭 대상자에게 적용하였던 코칭 스킬을 살펴보자.

코칭 스킬 1
진정으로 원하는 것 찾기

"당신이 진정으로 원하는 것은 무엇입니까? 그것을 얻기 위해 이 기회를 어떻게 활용하겠습니까? 지금 무엇을 하겠습니까?" 코치는 코칭 대상자가 진정으로 원하는 것에 집중하고, 원하는 결과를 얻도록 돕는다. 꿈은 꺼내어 펼칠 때, 비로소 내 것이 된다.

어느 한여름날에 그를 처음 만났다. 그는 매우 위축되어 있었다. 전 세계에 불어닥친 국제 금융위기로 인해, 자신의 의지와는 달리 해외사업을 중단하고 귀국한 경험은 오랫동안 마음의 상처로 남아 있었다. 실패를 모르고 자란 그에게는 처절한 경험이었다. 그 당시 많은 기업들이 도산하고 실업자가 발생하였다. 이런 통제할 수 없는 환경 요인은 자신을 위안하거나 실패를 합리화하는 데 도움이 되었다. 극복하기 어려웠던 것은 신규 시장 개척에 실패한 패잔병이라는 인식이다. 이는 다른 사람이 아니라 본인 스스로 붙인 주홍글씨이다.

그 사건이 있는 이후, 그는 타인의 시선에 민감해지기 시작했다. 자신의 의견을 강하게 피력할 때는 너무 나선다는 시선을 느꼈고, 생각을 명확히 드러내지 않을 때는 소심하다는 피드백을 받지나 않을까 염려했다. 과연 어느 수준의 대화를 나누어야 하는지 막막했다. 조용히 혼자 일할 수 있는 자리는 천국과 같았다. 한 번의 실패 경험은 그에게 큰 울타리가 되었고, 그는 그 안에 갇혔다.

울타리를 벗어나려면 계기가 필요하다. 울타리를 벗어나기 위해서는 실패 원인을 철저하게 분석하고 새로운 기회를 포착할 준비를 해야 한다. 그러나 이런 대화는 에너지를 만들어내기가 쉽지 않다. 코칭 대화는 즐거워야 한다. 즐거움이라는 긍정적 감정은 숨겨진 가능성을 보게 한다. 그는 성장 과정에서 역경을 극복하면서 자신의 꿈을 펼쳤던 성공 경험들을 회상하면서 긍정적인 에너지가 내면에 형성되는 것을 느꼈다.

코치: 지금까지 살아오면서 자신의 의지대로 노력하고 성공을 경험한 적이 있다면, 언제입니까? 그때의 상황을 구체적으로 이야기해 주시겠습니까?

임원: (잠시 생각하다가) 대학에 진학하려고 공부할 때입니다. 원하는 대학을 가기 위해 밤낮으로 공부하였고, 그 결과 남들이 최고라고 하는 대학에 진학하였습니다.

코치: 그 경험을 통해 학습한 것이 있다면, 무엇입니까?

임원: 그땐 힘들었지만, 원하는 것을 얻으려고 노력할 때 역경은 장애물이 아니라 과정의 일부라고 생각했습니다. 장애물이라고 생각하였다면, 지치고 힘들어서 포기하였을지도 모르지요. 목표에 집중하는 것이 역경을 극복하는 효과적인 방법이라고 생각합니다.

그는 역경을 극복하는 방법을 이미 알고 있다. 그러나 그는 현재 긍정적 관점보다 부정적 관점에 사로잡혀 있다. 부정적인 관점을 가지면 내면의 답도 보이지 않는다. 관점을 바꾸는 것이 필요하다.

코치: 역경을 극복하고 당신이 얻은 것은 무엇입니까?
임원: 성장입니다. 어려움이 있기 전과 후, 달라진 것입니다. 역경을 극복한 후 더 성장해 있었습니다. 자신감도 생기고 원래 내성적인 성격인데 더 활동적으로 바뀌었습니다.
코치: 말씀하시는 목소리 톤에서도 힘이 느껴지는데요. 그때 역경을 극복한 경험은 지금 이 힘든 상황을 극복하는 데 어떤 시사점을 준다고 생각하십니까?

그는 잠시 창밖을 내다보았다. 뭔가 빠르게 그의 머리를 스치는 것 같았다. 그게 뭔지는 알 수 없지만, 그는 답을 찾은 듯한 표정을 지었다.

임원: 그렇군요. 정말 내가 원하는 것이 뭐지? 목표가 없군요. 지금 목표가 분명하지 않습니다.
코치: 저에겐 분명한 목표를 이미 가지고 있었다는 말씀으로 들립니다. 어떻습니까?
임원: 아니, 어떻게 아셨습니까? (웃으며) 저는 한 회사의 사장이 되고 싶습니다. 그게 제 꿈입니다. 지금은 접었지만……
코치: 저는 그동안 말씀을 나누면서 목표지향적인 마인드를 가지고 있

고 열정과 의지가 대단한 분이라고 생각하였습니다. 코치로서
이 피드백을 꼭 드리고 싶습니다.

임원: (웃으면서) 감사합니다.

나는 그가 웃을 때, 그 사람 자신이 가장 소망하고 중요하다고
생각하는 것에 대해 이야기하고 있다고 느꼈다. 그러나 그 웃음이
무엇을 의미하는지 묻지 않았다. 오히려 그가 더 자신의 목표에
대해 말하도록 대화를 전개하였다.

코치: 무엇 때문에 목표를 향해 나아가길 주저하십니까? 이 질문을 깊
이 생각해보십시오. 시간을 두고 생각해보는 성찰 질문입니다.
다음 코칭 미팅에서 생각하신 내용을 공유해주시겠습니까?

약 2주일이 지난 후 다시 그를 만났다. 코칭 과제로 던진 성찰
질문에 대해 그가 찾은 답은 바로 자기 자신이었다. 이 인식은 자
각과 통찰로 이어졌다. 그동안 다른 사람의 시선을 부정적으로 곡
해하고 대인관계에서 자신을 희생자로 만들고 죄인으로 만든 것도
모두 자기 자신이었다. 상황이 달라진 것은 없지만, 상황으로부터
스트레스를 받고 민감하게 대응한 것도 바로 자기 자신이었다.

그 깨달음이 있은 후, 그는 전혀 다른 모습을 보였다. 찡그리고
어두운 얼굴이 아닌 항상 밝고 미소 띤 얼굴, 수동적인 대화에서
능동적인 대화, 타인의 아픔을 지켜보는 사람에서 다가가서 코칭
해주고 도움을 주려는 사람, 자신의 아픔에만 묶여 있던 사람에서

다른 사람의 아픔을 공감하고 해결해주려는 배려 깊은 사람으로 변하였다. 이러한 변화는 대화가 절대적으로 부족하였던 자녀와의 관계, 냉랭한 부부간의 관계에도 긍정적인 영향을 미쳤다.

그는 이제 자신의 능력을 다시 확인하고자 새로운 도전을 시작하였다. 그는 코칭에서 약속한 대로 핵심부서가 아닌 지원부서의 팀장에 자원하였다. 실적이 저조했던 팀을 성장하는 팀으로 변모시키고 싶어했다. 지원부서의 팀장으로 발령을 받은 지 한 달 반이 지난 후, 그는 1조 이상의 매출 규모를 가진 사업본부의 팀장으로 발탁되었다. 불과 3개월 안에 엄청난 변화가 그에게 일어났다. 그는 코칭 초반에 경험한 통찰의 순간이 없었다면, 이러한 변화는 불가능하였을 것이라고 말했다.

이 코칭 대화를 마치고 6년 후, 그는 동종 업계의 한 외국회사 사장으로 부임하였다. 그가 이루고 싶은 꿈이 현실이 된 것이다.

코칭 스킬 2
가능한 자아 개발하기

세계 경제가 어려워지고, 직장 근무 연령이 40대로 낮아지면서 직장인들은 현재의 일자리에 불안감을 느끼고 있다. "내가 어느 정도 버틸 수 있을까?" 회사의 사업실적이 저조해지거나, 인사부서에서 뭔가 부산한 움직임이 있는 것으로 감지되거나, 상사의 지적이 이전과 달리 부정적이고 날카롭다고 생각될 때 퇴직에 대한 불안감은 더욱 커진다. 이러한 불안감을 갖는 사람들의 마음은 매우 복잡하다.

어떤 선택이 정말 도움이 되는 것일까? 흔히 "자신이 하고 싶은 일을 열심히 하면 돈은 저절로 따라옵니다. 돈을 보고 일하지 마십시오"라는 조언을 듣는다. 과연 이렇게 되는 사람이 몇이나 될까? 그럼 지금 하고 있는 일이 내가 하고 싶어 하는 일인가? 한 조사에 따르면, 기회가 되면 이직을 꿈꾼다는 직장인이 60%에 이른다. 그 이유가 무엇이든, 기회가 되면 현재 일과는 다른 일을 하고 싶어하는 사람이 많다.

그럼 이렇게 생각해보자. 나는 어떤 재능을 갖고 있나? 재능이 있다는 것을 알고 있나? 지금까지 개인생활과 직장생활에서 그 재능을 얼마나 실천하였나? 실천해보았다면, 자신이 어느 정도 경쟁력 있는 재능을 가지고 있다고 확신하는가? 확신의 정도를 0%~100%로 평가한다면, 몇 퍼센트인가?

코칭에서 만난 임원이나 중간 리더들의 응답을 보면, 50% 정도이다. 타인이나 조직이 요구하는 것을 해결하는 삶은 살아왔지만, 자신의 재능을 기반으로 독립적인 삶을 주도하는 경우는 드물다. 그러 다 보니, 정작 자신의 재능을 모르는 경우가 있다.

직장인을 대상으로 한 경력개발 워크숍에서 어떤 직무를 수행하는 것이 자신에게 적합한지를 알아보는 경력적합도 진단 보고서를 해석할 때, 일부 사람은 "내가 지금 하는 일과 전혀 다른 일을 하는 것이 더 적합하다는 진단이 나온 거 보니 역시 내가 좋아하고 잘할 수 있는 일은 따로 있구나"라고 말한다. 많은 경우 변화를 시도하지 않지만, 자신의 재능을 개발하고 그것을 활용해 새로운 일을 하려고 계획하는 사람도 있다.

한 대기업의 사장과 그의 경력개발에 대해 이야기를 나눈 적이 있다. 보다 객관적인 자료를 가지고 도움을 주기 위해 진단을 하였다. 나는 그의 진단 결과 보고서를 보고 당황하였다. 그의 흥미와 선호도를 볼 때, 가장 높게 나온 경력개발 분야가 현재 직무와는 너무 달랐다. 진단 결과를 근거로 가장 적합한 경력개발 분야는 스포츠와 음악이다. 나는 이와 관련된 활동을 하고 있는지 물었다. 그의 대답은 예상 밖이었다. 그는 이미 테니스 등 몇 가지 스포츠에 관심을 갖고 도전하였으며, 전문가 자격증을 취득하기도 하였다. 최근에는 어린 시절에 기초까지 배웠던 바이올린을 다시 배우고 있다고 말하였다.

코치: 바이올린을 다시 배워야겠다고 결심한 동기는 무엇입니까?

사장: 경제적으로도 안정이 되었고, 과연 내가 어떤 재능이 있는지를 알아보고 그 재능을 최대한 발휘해본다면 어느 수준까지 이를 수 있는지를 확인해보고 싶습니다. 이번 진단 결과에서 음악이 나의 적성과 맞는다니, 내 선택이 잘된 것이라 기분 좋습니다.

코치: 음악적 재능을 발휘해보는 것이 중요한 이유는 무엇입니까?

사장: 바이올린을 연주할 수 있다는 것은 회사생활을 하는 사장으로서가 아니라, 한 개인으로서 존재감을 느끼게 합니다. 연습할 때 즐거운 시간을 가지니 에너지도 생기고, 기분 좋게 회사에 나오니 일석이조이지요. 그렇지 않습니까?

지금 하고 있는 일과 연관지어 자신의 재능을 발휘할 수 있는 방법들을 찾아보자. 문학적인 재능이 있다면, 사내에 글을 기고하거나 자신의 재능을 발휘한 작품을 소개하는 블로그를 만들어 틈나는 대로 글을 공개한다. 프로젝트를 수행하고 보고서를 작성한다면, 자신의 문학적인 재능을 살려 간결하고 설득력 있는 보고서를 써본다. 자신의 재능을 진정으로 발휘해보는 일에 도전하고 싶은 생각을 가지고 있다면, 다음과 같이 노력해보자.

1. 자신의 재능을 발휘하고 싶은 분야가 지금 하고 있는 일과 완전히 다르다면, 자신의 삶 전체를 구상해본다.
2. 재능을 편하게 자신의 것으로 받아들인다. 재능을 발휘하면서 자신을 더 알아가는 과정을 즐긴다.
3. 재능을 발휘하는 삶을 지지하고 도와줄 사람을 찾는다. 그들과 함께 생각하고 고민하면서 삶의 방향을 잡아간다.
4. 자신에게 재능이 있다는 사실에 감사하고, 그 재능을 사회에 기부하는 활동에 참여한다.
5. 경력개발 전문가의 도움을 받아 삶의 방향을 단계적으로 설정한다. "인생은 속도가 아니라, 방향의 문제이다."

코칭 스킬 3
성장을 방해하는 요인 극복하기

국내 한 대기업 연구소의 보고서에 의하면, 우수한 직원이 직장을 떠나는 주된 이유가 개인의 성장 비전이 없을 때, 업무 과부하로 피로가 누적될 때, 구성원 간 보상이 불공정하다고 느낄 때, 감

■ 코칭 심리학 미래의 자아와 가능한 자아

사람들은 현재의 자아가 생래적인 것이며 변화하지 않을 것으로 생각하지만 자아를 연구하는 심리학자들은 자아가 지속적으로 변화한다고 주장한다. 사람들은 자기개념을 갖고 있으며 삶의 여정에서 계속 발전시키고 변화시킨다. 자기개념의 관점에서 보면, 사람들은 여러 가능한 자아를 만든다. 가능한 자아는 미래의 자아에 대한 이미지이다. 사람들은 새로운 경험, 타인의 피드백, 자기성찰 등을 통해 더 성숙한 새로운 자기를 만든다. '가능한 자아'가 우리의 사고와 행동에 미치는 영향은 다음과 같다.

1. 되고 싶은 자아(ideal self)는 사람들로 하여금 더 열심히 노력하도록 동기부여를 한다.
2. 나에 대한 자기지각과 타인이 바라보는 지각 간에 불일치가 나타난다. 나는 모든 가능한 자기를 보는 데 비해 타인은 현재의 나를 보고 판단하기 때문이다.
3. 현재의 자아(real self)와 되고 싶은 자아가 불일치할 때, 실망하고 좌절하며 심리적 상처를 경험한다.
4. 낙관적인 성향의 사람은 미래의 자기를 긍정적으로 보는데 비해 비관적인 성향의 사람은 부정적으로 본다.

인생에서 위기를 극복한 사람과 극복하지 못한 사람에게 현재의 자기를 묘사하도록 했다. 두 집단 모두 현재의 자기를 부정적으로 묘사했지만 미래의 자기에 대해서는 전자는 긍정적으로, 후자는 부정적으로 묘사했다. 가능한 자아의 수가 적은 사람은 많은 사람보다 자신의 목표에 대한 타인의 피드백에 대해 극단적으로 긍정적인 또는 부정적인 반응을 보였다. 현재의 자기가 인생의 마지막 모습이 아니며, 더 긍정적으로 변화할 수 있다고 믿는다.

성이 결여된 메마른 문화일 때, 리더와 갈등이 지속될 때 등인 것으로 나타났다.

리더와의 갈등은 우수 직원뿐만 아니라 일반 직원의 이직에도 결정적인 원인이다. 우수한 인재를 확보하고, 부하직원의 잠재력을 키워 성과로 나타나도록 코칭하고, 창의적이며 즐거운 일터로 조직문화를 만드는 것은 리더의 책무이다.

성공하는 리더와 실패하는 리더는 어떤 차이점이 있을까?

세계적인 리더십 전문 연구기관으로 유명한 창의적 리더십 연구센터의 마이클 맥콜(Michael McCall)과 로버트 롬바르도(Robert Lombardo)는 미국과 유럽의 선진기업에 근무하는 남녀 리더를 대상으로 성공 사례와 실패 사례를 조사 분석하였다. 이 조사에서 리더들이 지속적으로 성장하지 못하는 원인을 분석한 결과, 10개의 성장 장애 요인(derailment factor)이 밝혀졌다.

이 연구 결과에서 주목할 것은 리더의 성장을 방해하는 요인들에 공통점이 있다는 것이다. 그 요인들을 종합해보면 다음의 3가지로 요약할 수 있다.

- 목표관리 실패(지속적으로 성과를 내지 못함, 지나친 야망)
- 대인관계 스킬 부족(타인에 대한 배려 부족, 냉담하고 무관심하며 거만함, 신뢰 상실, 스타일이 다른 상사에 적응 실패, 멘토나 후원자에 지나치게 의존)
- 전략적 관리역량 부족(전략적 사고 부족, 효과적인 인력 구성에 실패, 과잉 관리)

가장 많은 실패 요인은 대인관계 스킬의 부족이다. 리더가 지속적으로 성장하려면 목표관리와 사업관리, 조직 운영도 중요하지만 원만한 대인관계를 형성하고 유지하는 스킬이 필요하다는 점을 인식해야 한다.

실패하는 리더의 특성은 시드니 핑켈스타인(Sydney Finkelstein)의 연구 결과에도 잘 나타나 있다. 그는 51개 글로벌 기업을 대상으로 실패 사례를 연구하였으며, 리더들을 대상으로 수많은 인터뷰를 실시하였고, 6년간 수집한 자료를 분석하여 기업의 실패 유형과 그 원인을 분석하였다.

그의 연구에 따르면, 기업의 실패는 신사업 전개의 실패, 혁신 및 조직변화의 실패, 기업인수 및 합병의 실패, 전략의 실패로 분류된다. 그리고 이러한 실패의 원인은 리더의 전략마인드 부족, 자의적인 현실 인식, 의사소통 시스템의 장애, 리더의 리더십 특성 등인 것으로 분석되었다. 여기서 실패 원인으로서 리더의 리더십 특성은 변화관리 실패(자신과 기업이 환경을 지배한다고 봄, 중요한 장애물을 저평가, 과거에 통했던 방식에 집착), 자신의 능력에 대한 과신(자신과 회사를 동일시, 자신이 모든 해답을 가지고 있다고 믿음, 자신이 회사를 대변한다고 생각), 인적자원을 효과적으로 활용하지 못하는 것으로 요약된다.

리더는 자신의 지위가 높아질수록 타인에게 미치는 영향력도 저절로 커진다고 생각하기 쉽다. 이전보다 더 높은 지위에 오르면, 타인들이 자신을 더 추종할 것이라고 생각한다. 그러나 현실은 그렇지 않다. 지위에 걸맞은 리더십을 효과적으로 발휘하지 못하는 리더는 보상과 처벌로 영향력을 행사한다. 즉, 자신의 요구에 따르는 사람에게는 보상을 주고, 그렇지 않은 사람에게는 처벌을 하는 방식이다.

그러나 이러한 방식에 익숙해지면 리더십을 효과적으로 발휘하는 방법에 대해 고민할 기회를 갖지 못한다. 보상과 처벌을 사용하는 리더는 보상과 처벌을 사용할 수 없는 새로운 지위로 자리이동을 하였을 때, 타인에 대한 영향력을 모두 잃는다. 지금 가지고 있는 권한과 힘에 의존하여 조직을 관리하는 리더는 그 권한과 힘에 종속되지 않도록 경계하여야 한다.

게리 유클(Gary Yukl)과 리처드 렙싱거(Richard Lepsinger)는 그들의 저서 『유연한 리더십(Flexible Leadership)』에서 리더에게 유연성을 키우라고 제안하였다. 리더는 영향력의 원천이 조직이 부여한 지위와 역할인지, 자신의 성품과 역량인지를 확인해야 한다. 지위와 역할에 의한 영향력은 그것이 달라질 때 한순간에 사라져버린다. 이 점을 인지하지 못할 경우, 리더는 자신만의 고유한 특성을 살릴 수 있는 리더십 스타일을 만들어낼 기회를 잃게 된다.

코칭 스킬 4
맥락적 경청을 통해 경영리더십 발휘하기

상대방의 마음을 움직이는 효과적인 방법은 경청이다. 어느 연령대와 이야기하더라도 상대방의 말을 주의 깊게 들어주면 대화가 활력이 있고 즐겁다. 경청은 특히 사회적 지위가 높은 조직의 리더에게 효과가 있다.

사장: 속히 시원합니다. 10년 묵은 체증이 쑥 내려갔어요.

코치: 무슨 말씀이시죠?

사장: 코치님, 그동안 회사를 경영하면서 하고 싶은 말이 많았지만 누구에게도 터놓고 말하기가 어려웠습니다. 그때마다 속에서 불이 났지요. 오늘 이렇게 다 말하고 나니 속이 다 후련합니다.

코치: 저는 오늘 말씀을 들어 드린 것밖에 없는데요.

사장: 그러니까 고맙다는 것입니다. 너무 혼자만 얘기해서 죄송합니다. 코치님을 보면서 정말 경청을 잘한다고 느꼈어요. 저한테 가장 부족한 점이지요. 코치님을 만나면, 저도 모르게 속마음을 다 털어놓게 된다니까요. 집에서도 안 하는 이야기까지 말입니다. 그 비법을 좀 알려주시지요.

다음 미팅 약속이 있어 대화를 중단시키고 싶었지만, 좀 더 듣기로 마음먹을 즈음이다. 사장은 힐끔 시계를 보고는 미안하다는 표정으로 양해를 구한다.

사장: 이거 죄송합니다. 외부 약속이 있어서 오늘 대화는 여기서 마쳐야겠습니다.

사장과의 대화는 정해진 시간을 넘기기 일쑤였다. 대화의 주제는 회사 일, 경영자로서의 리더십, 임원들과의 관계, 자식 농사 이야기, 부부 관계, 퇴직 이후의 삶 등 다양하였다. 매번 코칭 세션을 마치면서 다음과 같이 질문하였다.

코치: 오늘 코칭 대화를 통해 도움을 받으신 점이 있다면, 무엇입니까?

사장: 대화를 나누면서 생각이 정리되어 좋습니다. 그리고 동일한 주제를 여러 관점에서 생각해보도록 질문해주시는 것이 항상 도움이 됩니다.

그 사장은 임원 회의를 이끌면서 경청 리더십을 발휘하였다. 이전보다 더 중역들의 말을 귀담아 들으면서 그들이 말하고자 하는 것에 주의를 기울였다. 이러한 사장의 모습에 대해 카리스마가 부족하고 조직을 장악하고 이끄는 경영리더십이 부족하다는 피드백이 초기에 있었다. 그러나 시간이 지나면서 사장은 중역들의 마음을 움직였다. 사장의 대화 스타일과 경영 방식을 이해하면서 더 적극적으로 소통하고 주도적으로 일을 추진하는 모습을 보였다.

경청에는 한 가지 비밀이 있다. 경청을 하기 위해서는 상대방의 말에 관심과 주의를 기울여야 한다. 영어로 주의를 기울인다는 'pay attention to'이다. 주의를 기울이는 것은 대가를 지불해야 할 만큼 가치 있는 활동이다. 그러니까 코칭에서 코치가 고객의 말을 듣기 위해 집중하는 것은 그만한 대가를 받을 만한 일이다. 고객으로부터 대가를 받을 만큼 그의 말에 주의를 기울이기 위해서는 코치도 자신에게 주의를 기울여야 한다.

고객의 말을 들으려면, 코치 자신의 내면에서 나오는 소리를 잘 관리하고 통제할 수 있어야 한다. 고객의 말을 들으면서 "오늘도 똑같은 이야기를 하는군", "그래서 결론이 뭡니까?", "간단히 요점만 얘기하면 안 되나?" 등과 같은 생각을 한다면 고객의 말에 충분히 집중할 수 없다. 코치는 경청에 대한 대가를 받는 만큼 고객의 말에 주의를 집중하지만, 동시에 자기 내면의 소리가 작동하지 않도록 자기관리에도 주의를 기울여야 한다.

상대방의 말을 평가하거나 판단하지 않으며 자기 내면에서 나오는 소리를 효과적으로 통제하고 관리하는 정도에 따라 경청 수준이 결정된다. 경청은 크게 3가지로 구분된다. 어떤 경청이 이루어지는지는 어디에 주의를 기울이느냐에 달려 있다. 먼저 코치 자신의 내면의 소리에 집중하면서 경청이 이루어진다면, 자기중심의 경청이다. 이는 가장 낮은 수준이다. 고객의 말에 집중하며 경청이 이루어진다면, 상대방 중심의 경청이다. 코칭에서 가장 높은 수준의 경청이 이루어지려면, 나와 고객이 대화를 나누는 맥락을 읽어야 한다. 나는 이것을 맥락적 경청(context-based listening)이라고 부른다.

심리학자인 커트 레빈(Kurt Lewin)은 장 이론(field theory)을 통해 사람들의 사회적 관계와 역동성을 이해하기 위해서는 활동이 일어나는 장(field)의 영향을 고려해야 한다고 주장하였다. 여기서 장은 코칭 대화에서의 맥락과 같은 것이다. 다음과 같은 대화가 이루어진다면, 맥락적 경청이 이루어지고 있는 것이다.

"지금 내가 어떤 상황인지 알겠지? 내 마음 알지?"

"그걸 말이라고 해? 말하지 않아도 다 알아."

Effectiveness

Coaching

기업에서
효과성 코칭을
활용하는 방법

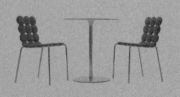

2부 개요

기업에서 개인, 팀, 조직의 효과성은 독립적으로 관리되어 왔으며 상호 연계시키는 시도는 미흡하였다. 효과성 코칭에서는 직급별 리더의 리더십 효과성을 팀, 조직 단위의 효과성과 연계시켜 관리한다. 2부에서는 강점 기반의 효과성 모델, 코칭 설계 및 주요 코칭 스킬을 활용해 개인 효과성, 팀 효과성 및 조직 효과성을 심층적이면서 통합적으로 개발하는 전략을 소개한다.

03

개인 효과성 향상 코칭

"자신이 안다고 생각하는 것에 대한 신뢰 수준을 절반으로 낮춰라.
당신이 무언가를 안다고 생각할 때, 더욱 자신을 낮추고 겸손해져라."

제프리 폭스Jeffrey, J. Fox, 폭스사 설립자

　이 장에서 개인 효과성은 리더십에 초점을 둔다. 성공하는 리더는 어떤 특성을 가지고 있을까? 워렌 베니스(Warren Bennis)와 버트 나누스(Burt Nanus)는 사회 각 분야에서 성공했다고 평가되는 90명의 리더들을 면담하고 그들의 특성을 분석하였다. 인터뷰 대상자에는 IBM의 루이 거스너, GE의 잭 웰치, 인텔의 앤드루 그로브 등과 같은 뛰어난 경영자뿐만 아니라 오케스트라 지휘자, 정부 조직의 장 등이 포함되었다.

　이러한 경험적인 접근을 통해 수집된 자료의 분석 결과는 사람들이 흔히 가지고 있는 통념과 큰 차이를 보였다. 그들은 선천적인 특성을 지니고 있는 인물이라기보다는 주위에서 흔히 볼 수 있는 평범한 인물들이었다. 그러나 성공하는 리더들은 공통적으로 조직 구성원에게 미래지향적인 비전을 제시하고, 이를 실현하기

위해 구성원들이 능력을 키우도록 임파워먼트를 하였고 효과적으로 의사소통하는 능력을 보였다.

리더십은 미래지향적으로 조직 구성원을 이끈다는 측면에서 관리자가 갖추어야 할 역량으로 주목을 받았다. 관리자가 리더십을 발휘하는 데 있어 권위주의적 태도를 보이는 것은 효과적이지 못하다. 리더십의 효과성은 상사와 직원 간에 신뢰를 근간으로 한 수평적 관계가 이루어질 때 높아진다. 특히 직원이 자기이해의 폭을 넓히고 자신의 장점과 부족한 점을 자각하여 스스로 성장하려고 노력할 때, 상사의 지원과 격려는 매우 효과적이다.

강점 기반의
리더십 효과성 모델

성과는 효과성의 핵심요소이다. 탁월한 성과를 내는 직원이 보통 수준의 성과를 내는 직원들과 근본적으로 다른 점은 무엇인가? 그들의 직무행동이 다른 것은 어디에서 비롯된 것인가? 심리학자인 데이비드 맥클랜드(David McClelland)는 1973년 미국 심리학회지 〈American Psychologist〉를 통해 지능 대비 역량의 우위성을 검증한 결과를 발표하였다. 그는 직무행동 분석을 통해 높은 성과를 내는 직원은 특정 지식, 스킬, 태도, 동기, 특질에서 보통 수준의 성과를 보이는 직원과 차이가 있음을 보고하였다. 이러한 성과 차이를 보이는 내적 특성이 역량(competency)이다. 역량은 전체

| 그림 4 | 강점 기반의 리더십 효과성 모델

조직 구성원에게 공통적으로 요구되는 기본 역량, 직무수행에 요구되는 직무 역량, 직책을 수행하는 데 요구되는 직책 역량, 즉 리더십 역량으로 구분된다. 역량 진단은 이러한 요소들을 과학적으로 측정하는 활동이다.

리더십 핵심역량

효과성 코칭에서 코치는 효과적 리더십 진단(ELA)을 사용하여 리더의 핵심역량을 진단한다. 이 진단은 온라인 다면 진단으로, 효과적 리더십 모델을 기반으로 만들어졌다. 효과적 리더십 모델을 구성하는 18가지 핵심역량들은 기능적 속성에 따라 3개의 역량군, 즉 인지 역량, 대인관계 역량, 전략적 관리 역량에 속한다. 이들 3개의 역량군은 각각 6개의 하위 역량들로 이루어져 있다.

18가지 핵심역량은 역량이 갖는 특성에 따라 내적 차원, 상호작용 차원, 성장촉진 차원에 속하게 된다. 내적 차원에 속하는 역량은 관리자가 내적으로 갖추어야 하는 특성으로, 셀프 리더십의 기초이다. 상호작용 차원에 속하는 역량은 내적 특성이 사회적 관계로 확장되면서 발휘되는 역량이다. 성장촉진 차원에 속하는 역량은 타인과 조직, 환경 등 외부 요인에 대응하면서 발휘되는 역량이다.

인지 역량

인지 역량은 개인이 외부 환경과 상호작용하는 과정에서 그 환경을 어떻게 지각하고 이해하며 수용할 것인지를 결정한다. 인지 역량은 개인의 창의성과 자기확신에서 시작된다. 창의성은 인지활동의 시작이며 자기확신은 창의적 활동의 결과물에 대한 외부의 피드백에 의해 형성된다. 창의적 활동의 결과가 긍정적이면 자기확신은 강해지고, 부정적이면 자기확신은 낮아진다. 자기확신의 정도에 따라 일의 추진력이 달라진다. 이러한 인지 역량은 환경변화에 대응하고, 문제를 해결하고, 거시적인 시각으로 사물을 이해하는 역량으로 확장된다.

인지 역량에 속하는 6개의 역량들은 독립된 것이 아니라 기능적으로 서로 연관되어 있다. 창의적 사고는 변화를 지각한다. 또 창의적 인지활동은 당면 문제를 해결하고, 경영목표에 기여하는 혁신을 이끌기도 한다. 리더십 역량이 뛰어난 관리자는 그렇지 못한 관리자보다 더 많은 인지 역량을 발휘한다.

대인관계 역량

대인관계 역량은 타인과의 관계에서 작용한다. 타인은 리더십의 대상이며 그 리더십 효과를 결정한다. 조직에서 개인의 지위가 올라가고 역할이 중요해질수록 인간관계가 차지하는 비중 역시 높아진다. 대인관계를 원만히 형성하고 유지하려면 정서관리와 대인감수성은 기본이다. 리더십이 뛰어난 관리자는 감정이입을 통해 타인을 이해하며 감정조절 능력이 우수하다.

감정이입과 정서관리가 이루어지지 못하면, 의사소통이나 갈등관리도 어렵다. 효과적으로 갈등을 관리하고 자유로운 의사소통이 이루어질 때, 고객 입장을 우선적으로 고려한 의사결정을 내릴 수 있고 합리적인 협상도 가능하다.

대인관계 역량에 속하는 역량들은 서로 밀접한 연관이 있다. 관리자의 리더십을 다면 진단했을 때, 공통적으로 나타나는 현상이 있다. 즉 정서관리 능력과 대인감수성이 낮은 관리자나 타인과의 의견 차이가 큰 관리자일수록 의사소통 수준도 낮았다. 이는 자기중심적 사고로 인해 타인의 피드백을 받아들이지 못하는 것이다. 대인관계 역량들의 균형 있는 발전은 리더십 효과성을 높이는 데 필수요소다.

전략적 관리 역량

오늘날 조직은 관리자에게 리더의 역할을 요구한다. 관리자는 단순한 관리 차원을 넘어 조직의 비전과 목표를 제시해야 한다. 또 결과지향적인 사고능력을 갖추어야 한다. 목표 달성을 위해 팀

워크를 구축하고, 팀원들을 지도하는 능력도 발휘해야 한다. 비전을 명확히 제시하는 관리자는 팀워크를 잘 활용하여 직원들의 잠재력을 최대한 발휘할 수 있도록 돕는다. 더불어 목표 달성을 위해 위험을 감수하는 추진력도 발휘해야 한다.

대인관계 역량과 전략적 관리 역량은 균형 있게 발휘되어야 한다. 관리자가 전략적 관리 역량을 발휘하는 데 치중하면 조직에서 좋은 성과를 낼지는 몰라도 직원들의 지지를 받기 어렵다. 이런 관리자는 타인과의 관계를 일 중심으로만 형성한다. 반면 관리자가 대인관계 역량에 치우치면 조직의 분위기가 부드러워지고 직원들에게 자율성이 부여되므로 분위기가 좋은 조직이 되지만, 일의 성과가 떨어질 수 있다. 두 역량군이 균형 있게 발휘되어야 리더십 효과성이 높아진다.

결정적 행동: 개인의 잠재성과 성과를 연계시키기

성장 잠재력이 우수하면 직무성과도 높다는 등식이 반드시 성립되진 않는다. 개인이 탁월한 성장잠재력을 가지고 있어도 직무요건이나 외부적인 요인에 의해 잠재력이 성과와 연계되지 못할 가능성이 있기 때문이다.

성장 잠재력인 역량과 성과 간의 연계성을 어떻게 높일 것인가? 이에 대한 답은 개인화이다. 리더는 그 어느 때보다 구성원 개인에 관심을 두고 역량개발과 성과관리를 해야 한다. 그리고 개인별 맞춤형으로 역량을 함양시켜 업무수행의 성과를 높여야 한다.

역량을 강화하는 전통적인 방식은 현재 취약하다고 판단되는 역량을 보완하고 키우는 데 집중하는 것이다. 팀이나 부서, 전사 차원에서 가장 부족하다고 분석된 역량을 찾아내고 이를 학습시킨다. 최근에는 강점의 극대화를 시도하고 있으며, 개인과 조직의 강점으로 나타난 역량에 초점을 맞춘다. 이 방법은 강점혁명, 긍정심리학 등과 관련 있으며, 개인의 부족한 부분을 끌어올리는 데 집중하기보다는 그것을 보완하는 데 그치면서 강점 부분을 더 발휘할 수 있도록 하는 것이다.

따라서 리더가 원하는 성과를 내기 위해서는 외부 환경과 경영의 요구에 대응하는 리더십과 개인별 잠재성을 끌어내는 리더십을 균형 있게 발휘하여야 한다. 이때 필요한 리더의 결정적 행동을 정리하면 다음과 같다.

경청과 질문을 통해 잠재성을 끌어낸다

기성세대의 리더들은 흔히 원하는 결과를 얻기 위해 조직 구성원이 어떻게 생각하고 행동하는 것이 바람직한지에 대한 모범답안을 만들어놓고 이를 전달한다. 이러한 주입식 접근은 조직 위주의 공급자적 시각에서 이루어지는 것이다.

하지만 사회문화적 변화에 따라 사람들은 집단적인 특성을 공유하기보다 개인적인 특성을 더 중시하게 되었다. 이러한 개별성을 끌어내어 원하는 결과를 얻는 인재육성 방식이 끌어내기식 접근이며, 대표적인 코칭 스킬은 경청과 질문이다.

잠재성을 탁월한 성과와 연계시킨다

조직이 지속적으로 성장하기 위해서는 조직 구성원들이 탁월한 성과를 올려야 한다. 직원이 아무리 능력 있고 잠재성이 뛰어나도 리더가 이를 효과적으로 끌어내어 원하는 결과로 연결시키지 못한다면 아무런 쓸모가 없다. 끌어내기식 리더십을 발휘하는 리더는 직원을 일방적으로 밀어붙이거나 지시하고 질책하지 않는다. 일을 수행하면서 직원이 겪는 어려움을 경청하고, 직원 스스로 난관을 극복할 수 있는 해결방안을 찾도록 질문을 던지고 결과 만들기에 몰입하게 한다. "지금 달리 할 수 있는 것은 무엇입니까?", "원하는 결과를 얻기 위해 무엇을 달리 해보겠습니까?" 현명한 리더는 직원들의 잠재성을 최대한 끌어내어 원하는 결과를 만드는 데 역량을 집중시킨다.

개인과 조직을 함께 성장시킨다

리더는 구성원의 잠재성을 끌어내어 탁월한 성과를 내고 그 과정에서 직원들을 성장시켜야 한다. 경영진은 직원들을 통해 경영방침과 전략, 전략 과제들을 성공적으로 수행해낸다. 중간 리더는 경영진과 직원의 요구사항을 충분히 이해하고, 경영진과 직원 간의 연결고리 역할을 해야 한다. "개인의 요구와 조직의 요구를 균형 있게 충족시키는 방법은 무엇입니까?", "어떤 환경이 조성되어야 개인과 조직이 함께 성장할 수 있겠습니까?" 현명한 리더는 직원들의 작은 요구에도 주의를 기울인다. 리더가 직원들에 대해 더 많은 관심을 가질수록 그들의 요구를 쉽게 파악할 수 있다.

리더십 효과성
향상을 위한 코칭 설계

자신의 입장을 강하게 주장하는 팀원 때문에 당혹스러워하는 팀장이 있다. 그 팀원을 이해시키려 하지만 쉽지 않다. 상황이 이렇다 보니, 팀장은 자신도 모르게 언성을 높이곤 했다. 감정관리에 실패한 것이다. 그 대화를 나눈 이후, 팀장은 자기주장이 강한 사람을 만나면 이전의 경험이 떠올라 가슴이 답답해진다고 하소연한다. 그런 경험을 되풀이하지 않기 위해, 팀장은 언제부터인가 자기주장이 강한 팀원의 입장을 먼저 수용하기 시작했다. 당면한 상황을 해결하기보다 그 상황을 피해가는 방법을 선택한 것이다.

어떻게 팀장을 도울 수 있을까? 먼저 안전한 대화공간을 조성해야 한다. 가장 기본은 상호 간의 신뢰이다. 열린 대화를 하려면 먼저 신뢰관계가 형성되어야 한다. 신뢰관계가 돈독해야 자신의 마음을 열고 깊이 있는 대화를 할 수 있다. 대화는 서로 신뢰하는 만큼 일어난다. 신뢰를 바탕으로 대화를 할 때, 팀장은 자신의 문제를 해결하는 데 보다 도전적이며 주도적인 모습을 보였다.

코칭은 체계적으로 구조화된 목표지향적인 대화이다. 코칭 대화가 구조화될 때 효과도 커진다. 코칭은 상대방으로 하여금 당면한 자신의 문제를 스스로 해결할 수 있도록 도와주는 활동이다. 이러한 활동은 경청과 질문을 기본으로 구조화된 대화로 구성된다.

리더십의 효과성을 높이기 위한 코칭 설계로서 5단계 대화 방법은 다음과 같다.

단계 1: 코칭 목표 설정

코칭이 효과적이기 위해서는 먼저 코칭 목표를 명확하게 설정해야 한다. 목표가 명확하면 대화의 방향이 잡히고, 대화의 범위도 명료해진다. 효과성 코칭에서 코치는 리더십 진단과 다면 인터뷰 등의 결과를 코칭 대상자에게 피드백하고, 그의 코칭 요구를 파악한다. 코치는 일련의 구조화된 질문을 통해 리더십 행동에서 변화가 필요한 점을 찾기도 한다. 코칭 대상자와 다음과 같이 대화를 시작한다.

- 코칭을 통해 가장 해결하고 싶은 것은 무엇입니까?
- 그 이슈가 해결될 때 궁극적으로 얻게 되는 것은 무엇입니까?
- 가장 관심을 가지고 있는 주제는 무엇이고, 그렇게 생각하는 까닭은 무엇입니까?
- 오늘 나누고 싶은 이야기는 무엇인지 구체적으로 말씀해주십시오.
- 이 시간을 유용하게 사용한다면, 무엇을 하겠습니까?

단계 2: 새로운 기회와 가능성 발견

코칭 대상자가 스스로 자신의 사고나 행동에 변화가 필요하다고 생각할 때, 코칭은 효과적이다. 타인과 대화하는 방식, 자신의 감정표현과 관리 등이 달라져야겠다고 구체적으로 생각할 때 코칭은 새로운 기회와 가능성을 찾는 데 도움이 된다. 코치는 현재 구체적으로 보이지는 않지만, 앞으로 어떤 일이 펼쳐질지 탐색한다.

- 이제 팀원과 대화하는 방법을 바꾸려 하는군요. 대화 방법을 바꾸었을 때, 달라지는 것은 무엇입니까?

이 질문은 행동변화의 결과를 구체적으로 생각하게 하는 질문이다. 자신의 기존 관점에 묶이지 않고 새로운 관점을 갖도록 자극한다. 이제 또 다른 질문을 통해 코칭 대상자가 새로운 관점에서 현재 자신의 대화법을 살펴보고 개선 내용을 찾을 수 있게 한다.

- 그 팀원과 다시 대화를 한다면, 무엇을 바꾸어보겠습니까?
- (팀장이 바꾸어보려는 행동을 말하면) 또 다른 방법은 없을까요?
- 다르게 해봄으로써 기대되는 것은 무엇입니까?
- 팀원과의 관계에서 새롭게 가능한 것은 무엇입니까?
- 원하는 결과를 얻기 위해 정말 달라져야 하는 것은 무엇입니까?

단계 3: 결정적 행동의 실행계획 수립

팀장은 자신의 입장을 강하게 주장하는 팀원과 대화할 때, '쉽게 포기하지 않고 주도적인 대화를 하겠다'고 결심했다. 이 단계에서 코치는 팀장이 실행계획을 작성하도록 도와준다. 변화시키고자 하는 행동을 구체화할 때, 결정적 행동을 찾을 수 있다. 맥락성, 예측성, 가치성이 높은 행동을 우선하게 한다. 또한 문제점보다는 기대하는 성과의 관점을 취하도록 한다. 실행할 행동을 구체화하고 실행계획을 수립하는 데 다음 질문이 도움된다.

- 쉽게 포기하지 않는다는 것은 어떤 의미입니까?
- 쉽게 포기하지 않기 위해 할 수 있는 것은 무엇입니까?
- 당당하고 주도적인 대화를 위한 구체적인 행동은 무엇입니까?
- 주도적이기 위해 필요한 것은 무엇입니까? 어떻게 하면 그것을 얻을 수 있습니까?
- 지금까지 작성한 것에서 빠진 것이 있다면, 무엇입니까?
- 언제까지 그러한 노력을 해보시겠습니까?

단계 4: 장애요인 파악 및 해결

실행계획이 결과로 나타나려면, 차질 없이 계획대로 진행되어야 한다. 계획을 수립하는 것에 중점을 두다 보면, 계획대로 실천을 하는 과정에서 전혀 예상치 못한 장애물을 만날 수 있다. 실행계획이 성공하려면, 잠재적인 장애요인까지도 충분히 파악하여 관리하는 치밀함이 요구된다. 다음과 같은 질문을 한다.

- 당당하고 주도적인 대화를 할 때, 가장 염려되는 것은 무엇입니까?
- 어떤 문제를 해결하면, 계획대로 추진할 수 있다고 생각합니까?
- 당신이 할 수 없는 부분은 무엇입니까?
- 무엇 때문에 주저하십니까? 지금 가장 힘든 점은 무엇입니까?

- 당신이 통제할 수 있는 것과 통제할 수 없는 것은 무엇입니까?

단계 5: 학습과 성찰

코칭의 근본적인 목적은 코칭 대상자의 성장을 도와주고 지속적으로 전진할 수 있도록 지원하고 격려하는 것이다. 코칭의 말미에 코칭 대상자에게 코칭을 통해 알게 된 것은 무엇이고, 다음 번 코칭 미팅을 위해 준비해야 할 것은 무엇인지 묻는다. 그리고 실행 계획에 대한 추진을 다짐 받는다. 코치는 코칭 대상자가 코칭 목표의 달성에 대한 다짐과 책임감을 잃지 않고 유지할 수 있도록 해야 한다. 다음과 같은 질문을 던진다.

- 오늘 배운 것이 있다면, 무엇입니까?
- 실천하기로 한 것은 무엇입니까? 그것은 누구의 선택입니까?
- 자신을 돌아볼 때, 달라지고 있는 것은 무엇입니까?
- 코치의 도움이 필요하다면, 어떤 것이 있습니까?
- 당신이 책임지고 계획대로 한다는 것을 어떻게 알 수 있을까요?

리더십 효과성
향상을 위한 코칭 스킬

관리자가 자신의 리더십을 효과적으로 발휘하는 것은 함께 일하는 직원 개인의 효과성을 높이는 데 기여한다. 관리자가 주입식 리더십에 의존하기보다 끌어내기식 리더십을 도입하고 단계적으로 그 비중을 높일 때, 관리자와 직원 모두 원하는 결과를 얻을 가능성이 높다. 끌어내기식 리더십이 조직에 뿌리 내리려면, 주입식 리더십에 의존하는 조직문화 또한 바뀌어야 한다.

코칭적 접근을 통해 기존의 리더십을 단계적으로 바꿔보자. 여기서는 끌어내기식 리더십을 발휘하는 데 필요한 대표적인 7개의 코칭 스킬을 소개한다.

코칭 스킬 1
직원의 관점 취하기

주위 사람들로부터 정말 대화하기 힘든 사람이라는 피드백을 받는 팀장이 있다. 어떤 사람이길래 그런 피드백을 받는 것일까? 사람들은 흔히 상대방과의 관점 차이를 좁히기 위해 노력했지만 결국 그 차이를 좁힐 수 없을 때 이렇게 푸념한다. "저 사람, 정말 답답해", "아니, 사람이 저렇게 꽉 막혀서 같이 일할 수 있겠나?" 이러한 표현은 상대방이 수용적인 모습을 보이지 않을 때 느끼는 답답한 심정을 표현한 말이다.

이런 부정적인 피드백을 받고 있는 팀장은 어떻게 하면 자신의 관점에서 벗어나 상대방의 관점을 택할 수 있을까?

자신의 관점을 버린다

자신의 관점을 버린다는 것은 먼저 평가하고 판단하고 심판하지 않는 것이다. 타인의 관점과 생각을 있는 그대로 받아들이는 마음의 준비를 하는 것이다. 자신에게 물어본다.

"다른 사람들과 대화할 때, 그들의 생각을 어느 정도 잘 파악하는가?"

점수를 매겨본다. 0점은 '전혀 파악하지 못한다'이고, 10점은 '아주 잘 파악한다'이다. 점수가 클수록 더 잘 파악하고 있는 것이다. 몇 점을 주었는가?

현재 점수가 6이라고 하자. 당신에게 6점은 어떤 의미인가? 어떤 상태를 말하는가? 지금까지 직원들과 대화할 때 자신의 모습을 돌이켜보자. 대화 스타일은 어떤가? 이제 앞으로 자신이 원하는 모습을 점수로 나타내보자. 만일 8점이라고 생각하였다면, 그 점수로 어떻게 갈 것인가? 어떤 노력이 필요한지를 생각해본다. 다음 질문은 자신의 관점을 파악하고 개선하는 데 도움이 된다.

- 팀원들과 대화할 때 내가 가장 힘들어하는 것은 무엇인가?
- 내가 팀원과의 대화에서 일관되게 피하려는 것이 있다면, 무엇인가?
- 팀원과의 대화에서 내가 주저하는 것은 무엇인가?
- 팀원의 말을 듣지 못하도록 방해하는 나의 습관은 무엇인가?
- 내가 대화하기 싫어하는 직원은 어떤 사람인가?
- 팀원과 이전보다 효과적인 대화를 하려면, 나의 어떤 부분을 바꾸어야 할까?

거울과 같은 존재가 된다

직원의 모습을 있는 그대로 바라보고 피드백을 준다. 이를 위해서는 팀장 자신의 관점이 아니라 직원의 관점에서 그가 말하고 느끼고 행동하는 것을 읽어야 한다. 자신의 관점을 내려놓을 때, 직원의 관점을 파악할 수 있는 정보를 더 많이 받아들일 수 있다.

사람들은 자신의 관점에서 세상을 본다. 이를 잘 나타내는 이야기가 있다. 오래 전에 만화 '광수 생각'에 소개되었던 내용이다. 어느 날 제화업체에 근무하는 두 명의 영업사원이 아프리카에 출장을 갔다. 출장의 목적은 최근 출시된 신발의 시장성을 파악하기 위한 것이다. 일주일이 지난 후 본사에 이들로부터 팩스가 날아들었다.

영업직원 1: 이 지역에서는 신발을 신지 않습니다. 판매 가능성 0%

영업직원 2: 이 지역에서는 신발을 신지 않습니다. 판매 가능성 100%

동일한 지역을 시장 조사한 두 영업직원이 상황을 보는 시각은 매우 달랐다. 이 차이는 어디에서 왔을까? 그 해답 가운데 하나는 준거 틀, 즉 세상을 보는 관점의 차이다. 두 영업직원이 본 아프리카의 생활상은 사실이다. 그 사실에 어떤 의미를 부여할지는 개인의 관점에 따라 달라진다. 사람들이 사실에 어떤 의미를 부여하는지에 따라서 그 가치가 달라지게 된다.

고대 그리스의 철학자 에픽테토스(Epictetos)는 "사람을 고통스럽고 힘들게 하는 것은 사건이 아니라, 그 사건에 대한 우리들의 관점 취하기는 당면한 상황을 자기 자신의 관점만이 아니라 다른 사람의 관점에서도 인식할 수 있는 능력이다. 이러한 능력은 사회적 존재로서 인간의 적응력을 높여준다. 연구에 따르면, 상대방의 관점을 취하도록 하였을 때 자존감이 높은 사람은 낮은 사람보다 상대방의 애정을 더 긍정적으로 지각하였다.

관점 취하기를 어렵게 하는 요인은 협의적 사고이다. 협의적 사고를 하면 당면한 갈등이나 문제를 효과적으로 해결하는 것을 어렵게 한다. 이에 대한 해결책은 관점을 확대하는 것이다. 사람들은 다양한 관점에서 문제를 해결하도록 하였을 때, 자신의 의사결정에 대해 더 강한 확신을 가졌고 만족감을 느꼈다.

다른 해결책은 긍정적 정서를 느끼는 상황에서 문제를 해결하도록 하는 것이다(Galinsky 등, 2008). 긍정적 정서의 체험이 있을 때, 실험 참가자들은 인지적으로 유연하고, 혁신적이며, 창의적이고, 협력적인 문제해결 전략을 취하는 경향을 보였다. 또한 완전히 문제가 해결되지 않은 상황에서도 갈등을 매듭짓고 서로가 만족하는 포괄적인 합의를 도출하였다. 부정적인 정서를 체험할 때는 당면한 문제의 원인과 오류를 찾았고, 협의적이고 세세하게 분석하였다(Carnevale & Isen, 1986).

메타뷰(meta-view)를 통해 당면한 문제를 거시적이며 종합적인 시각에서 보는 것도 문제를 효과적으로 해결하는 한 방법이다. 이러한 접근을 헬리콥터의 시각 또는 매의 시각이라고도 한다. 문제 상황에서 물러나 큰 그림의 시각에서 해당 상황을 보는 것이 핵심이다. 이러한 관점을 취하면, 자의식이 확대되고 자기개발에도 도움이 된다. 또한 심리학자들은 공감(empathy)이 대인관계 문제를 해결하는 데 효과적이라 보고 있다(Batson 등, 1997). 코치는 인지적인 시각에서 여러 관점을 취하는 것과 함께 정서적인 공감을 갖도록 함으로써 코칭 대상자의 관점을 종합적으로 전환시킬 수 있다.

생각이다"라고 말하였다. 사건에 대해 생각한다는 것은 곧 의미를 부여하는 과정이다. 그리고 이 과정을 통해 그 사건을 경험하게 된다. 의미를 부여하지 않고는 경험할 수 없다.

타인의 의견에 대한 수용성이 낮고 자기주장이 강한 고객을 대하는 데 큰 어려움을 겪은 영업직원을 생각해보자. 그 영업직원은 유사한 대화 스타일을 보이는 다른 고객들과도 주도적으로 대화하기 어렵다. 고객과의 대화를 피하거나 수용적인 대화를 하기 쉽다. 가능하면 속히 대화를 마무리 지으려고 할 것이다. 신발을 신지 않는 아프리카 주민을 보고 신발을 판매할 가능성이 0%라고 생각하는 영업직원처럼, 까다로운 고객과 효과적인 대화를 할 가능성은 0%라고 미리 판단하기 쉽다. 영업직원의 관점을 파악하는 데 다음과 같은 질문이 도움이 된다.

- 고객과 대화할 때, 당신이 가장 힘들어하는 것은 무엇입니까?
- 당신의 관점에 대해 다른 사람이 피드백을 한다면, 뭐라고 할 것 같습니까?
- 하늘을 나는 매의 눈으로 자신의 모습을 본다면, 무엇이 보입니까?
- 지금의 상황을 긍정적으로 본다면, 무엇이 보입니까?
- 지금의 상황을 부정적으로 본다면, 무엇이 보입니까?

상대방의 입장을 취한다

상대방의 입장을 취하는 것은 그의 관점을 공감하는 적극적인 방법이다. 팀원들과 대화를 하면서 팀원이 가지고 있는 관점을 전

환시키거나 당면한 상황에서 팀원과의 시각 차이를 좁힐 필요가
있을 때, '입장 바꾸어보기' 코칭 스킬을 활용할 수 있다. 입장 바
꾸어보기에 대한 구체적인 내용은 1부 2장 '피드백: 발견과 통찰'
에 소개되어 있다.

코칭 스킬 2
먼저 듣고 난 다음에 말하기

다른 사람들이 자신의 말을 잘 이해하지 못한다고 생각하다 보
면, 업무회의나 개인면담 등에서 무슨 말을 해야 할지 고민하게
된다. "나는 참 말재주가 없어. 기가 막히게 말을 잘했으면 소원이
없겠어." 관리자들과 대화를 나누어보면 이와 같은 의견을 내는
경우가 많다. 과연 말재주가 없는 것일까? 아니면, 다른 사람과 대
화할 때 상황에 맞는 말을 할 줄 몰라서 그런 것일까? 말의 영향력
이 약하거나 말재주가 없다고 생각하는 리더는 먼저 자신의 듣기
태도와 행동을 자세히 관찰해본다. 말을 할 줄 모르는 것이 아니
라, 듣는 태도와 행동이 부적절해서 무슨 말을 하는 것이 적절한
지 판단하지 못하기 때문일 수 있다. 다음과 같이 해본다.

먼저 상대방의 말을 끝까지 듣는다

상대방의 말을 듣기 위해서는 기다릴 줄 알아야 한다. 상대방보
다 직무경험, 지식, 스킬, 각종 정보가 많을수록 기다리기가 쉽지
않다. 구성원의 말에 논리가 없고 문제해결에 도움이 될 때, 바로
수정해주고 싶은 것이 리더의 마음이다. 한마디 해주면 바로 고칠

수 있다는 생각에 상대방의 말을 끝까지 듣지 않고 곧바로 자신의 생각을 말한다. 다음과 같이 자문해본다.

"기다리지 않고 바로 대응함으로써 내가 잃는 것은 무엇인가?"

리더는 많은 것을 잃고 있다. 앞으로 구성원은 자기 생각을 말하지 않을 가능성이 높다. 자기 의견을 말하기보다 리더의 지시를 따르기만 하는 것이 오히려 마음 편하다고 생각할 것이다. 이로 인해 리더는 구성원의 창의적인 생각을 끌어내고 활용할 수 있는 기회를 놓치게 된다. 결국 창의적으로 생각하지 않는 조직 분위기가 생겨난다. 조직 전체가 창의적으로 개선점을 찾아내고 문제를 해결하는 능력을 잃어버린다. 리더 자신도 자기이해의 폭이 좁아져서 자신도 모르게 즉흥적이 되고, 다급한 성격의 소유자로 변해간다. 구성원의 이야기를 포용할 수 있는 마음의 여유가 없는 리더가 되고, 성숙한 품성으로 구성원을 이끌 수 없게 된다.

상대방의 말을 잘 듣고 있다는 반응을 보인다

기다린 만큼 상대방의 말이 들리는 법이다. 상대방의 말을 듣고 난 후 그의 말을 요약하여 되돌려 말한다. 고개를 끄덕이거나 눈을 마주지고, 시선을 상대방에게 집중하는 것도 상대방의 말을 잘 듣고 있음을 보여주는 효과적인 방법이다. 상대방의 말을 잘 듣고 있다는 것을 보여주고 적절하게 반복적으로 질문하다 보면, 서로 이해할 수 있는 소통의 가능성이 높다. 스스로 말주변이 부족하다고 생각한다면, 먼저 상대방의 말을 얼마나 잘 듣고 있는지 점검해본다.

상황에 맞게 자신의 생각을 말한다

리더가 구성원의 성장을 도와주는 데만 열중하다 보면, 자신의 말로 인해 구성원이 상처 받을 수 있다는 생각을 미처 하지 못한다. "내가 당신에게 상처 주려고 일부러 이러는지 알아요?", "김 과장, 자네 말을 듣고 보니 몹시 섭섭하네. 내 말의 진의를 오해하고 말이야", "자네의 약점을 지적했다고 얼굴 찡그리지 말게. 다 자네를 위해서 하는 말이야." 이런 표현들에는 공통점이 있다. 말하는 사람은 자신의 생각을 솔직하게 표현했는데, 상대방이 자신의 진심을 몰라준다는 생각이다. 상대방을 염려하고 도와주는 마음은 리더에게 꼭 필요하다. 하지만 그것을 어떻게 전달하느냐는 스킬이다.

고객과 상담 중이던 팀원의 대화를 듣고 있던 팀장이 통화가 끝나자마자 문제점을 지적한다. "김 과장님, 고객이 원하는 것을 확인만 하지 말고, 고객의 마음을 읽고 공감하는 대화를 해주세요. 우리는 전화로 영업하니까, 고객의 감정 변화를 읽고 공감해주면 고객이 훨씬 더 감동할 거 아닙니까? 도대체 몇 번을 말해야 해요?" 팀장은 다른 팀원들에게도 다 들릴 만큼 큰 목소리로 피드백을 한다. 이 경우 김 과장은 팀장의 피드백을 편한 마음으로 받아들이기 어렵다. 팀장의 원래 의도는 '솔직하고 정확한 피드백을 즉시 전달한다'는 피드백의 원칙에 따라 김 과장을 도와주려 한 것이었다. 그러나 결과는 의도와는 정반대로 나타날 수 있다. 자신의 생각을 솔직하게 전달하는 것도 중요하지만, 상황을 고려하면서 전달한다면 그 효과는 배가된다.

직원의 능력을 신뢰하고 인정하기

할 일이 너무 많아 늘 시간이 부족하다고 하소연하는 관리자가 있다. 그러다 보니 회사에서 밤늦게 퇴근하는 경우가 흔하다. 정해진 시간에 퇴근하는 직원을 보면 부럽기도 하지만, 한편으로는 한심하기도 하다. 맡은 일을 충실히 해내려면 일찍 퇴근하기가 쉽지 않고, 일에 대한 책임감이 부족한 사람이 일찍 퇴근을 한다고 생각한다. 그래서 내일 그 직원의 업무처리 현황을 체크해보기로 한다. 그 관리자는 자신이 늘 바쁜 까닭은 열심히 일하지 않고 퇴근시간만 챙기는 직원들 때문이라고 생각한다. 그리고 함께 일하는 직원들을 격려하고 도와주기보다 평가하고 심판하는 시선으로 대한다. 그는 이제 능력 있는 직원과 일해보고 싶다. 이 관리자에게는 어떤 변화가 필요할까?

직원의 잠재성을 신뢰한다

일은 혼자보다는 여럿이 함께할 때 힘도 덜 들고 목표 달성 가능성도 높아진다. 여럿이 함께 일하기 위해서는 각각의 구성원들이 갖고 있는 다양성을 받아들여야 한다. 능력이 많은 사람, 처음에는 몰입하다가 차츰 산만해지는 사람, 꼼꼼한 사람, 계획성 있는 사람, 그와 정반대인 사람도 있다. 팀을 이끌고 구성원들과 함께 일하기 위해서는 그들의 강점에 주목해야 하며, 최대한 강점을 끌어내어 활용해야 한다. 만일 구성원의 부족한 점에 주목한다면, 일을 믿고 맡길 수 없다. 성과를 내야 하는 관리자의 관점에서 보면, 후자의 입장을 취하는 것이 당연하다. 그러나 현명한 관리자의 시각은 아니다.

현명하게 리더십을 발휘하는 관리자는 직원의 잠재성을 신뢰한다. 직원에게 무한한 능력이 있고 그 능력을 발휘하도록 환경을 조성해준다면, 당면한 문제를 주도적으로 해결할 수 있다고 믿는다. 직원을 긍정적으로 보기 때문이다. 이러한 시각을 가진 관리자는 직원의 강점을 볼 줄 안다. 직원이 가진 독특한 능력을 대단하게 생각하고, 어떤 일이든 해낼 거라는 믿음을 갖는다. 이러한 이해와 확신은 직원들에게 말과 행동을 통해 그대로 전달된다. 직원들의 표정은 밝고, 어떤 일이든 할 수 있을 것처럼 사기가 충천한다. 관리자가 직원을 신뢰하면, 직원도 관리자를 믿고 따른다.

능력이 부족한 직원이 가진 강점에 주목한다

"김 대리, 아니 지금 뭐 하는 건가?" 김 대리가 하는 일이 기대에 못 미칠 때, 상사의 입에서 나오는 말이다. 상사의 관심은 성과를 내는 데 있으므로 직원의 능력이 발휘되었는지에 주의를 기울이는 것은 당연하다. 그러나 성과에 묶이다 보면, 직원을 다르게 볼 수 있는 기회를 놓치게 된다. 직원의 강점을 알기 위해서는 새로운 시각이 필요하다. 직원을 장기적인 관점에서 파트너로 여기고, 직원의 역량을 향상시켰을 때 얻게 되는 기회와 가능성에 주목할 필요가 있다. 현재 관점에서 보면 직원을 능력이 있느냐, 없느냐의 차원에서만 보게 될 가능성이 높다.

함께 일하는 팀원을 생각해보자. 일이 서툴고 자주 지적을 받았던 직원을 떠올려보자. 어떤 직원이 떠오르는가? 그 직원은 어떤 강점을 가지고 있는가? 지금 그 직원을 코칭한다면, 어떤 점을 인정해줄 것인가? 인정해줄 수 있는 방법을 생각하고 카드에 적어본다. 카드 작성을 마친 후, 빠른 시간 내에 그 직원에게 전해준다. 카드를 전해 받은 직원은 어떤 기분이 들까? 그 직원과의 관계는 어떻게 달라질까? 이러한 관계 변화는 곧 팀원의 강점을 보게 될 가능성을 높여준다.

인정하기를 반복한다

직원의 잠재성을 읽어내고 인정해주는 것도 스킬이다. 예를 들면, 김 대리가 고객의 불편사항을 주의 깊게 듣고 그것을 해결해주려고 애쓸 때, "김 대리, 경청능력이 대단해. 고객의 말을 한마디도 놓치지 않고 문제를 해결해주려고 노력하는 것을 보니 고객 마인드도 아주 훌륭해"라고 피드백을 해준다. 직원에게 그의 내면에 있는 잠재성을 자각할 수 있도록 알려주는 것이다. 피드백을 할 때는 적시에 진심으로 말해주어야 한다. 바람직한 행동은 무엇인지, 기여한 점은 무엇인지, 이전과 비교해서 개선된 점은 무엇인지 구체적으로 말해주는 것이 효과적이다.

인정을 해주는 것도 중요하지만, 직원들로 하여금 인정을 제대로 받아들이도록 지도할 필요가 있다. "김 대리, 밤늦게까지 일해줘서 고맙네. 자넨 책임감이 대단해", "김 대리, 일정에 맞추어 보고서를 작성하느라 수고했어. 이번 과제를 마무리하는 데 자네 공이 크네. 책임감과 업무능력을 확실하게 보여주었어"라고 피드백을 해주었다고 하자. 많은 경우 직원들은 겸손해하며 다른 사람에게 공을 돌린다. 물론 김 대리가 다른 직원들에게 공을 돌리는 것은 세련된 처신이다. 그러나 상사의 인정을 진심으로 편하게 받아들이는 것도 아주 중요하다. 직원이 자기 내면의 잠재성을 자각하고 수용할 때, 개인과 조직의 경쟁력이 강화된다.

코칭 스킬 4
직원의 존재감 높이기

1970년대 산업화를 거치는 동안 '잘 살아 보세'라는 구호는 사람들의 성장 욕구를 자극했다. '빨리 빨리' 문화도 정보사회를 거치면서 우리의 삶에 더 깊이 뿌리를 내리고 있다. 이는 일에 대한 우리의 사고와 행동양식을 대변하는 것들이다.

하지만 "김 대리, 빨리 서두르지 않고 뭘 해?", "박 과장, 사람이 왜 그리 느린가? 좀더 빠르게 처리할 수 없어?"와 같이 잘해보자는 생각으로 리더가 무심코 던지는 말들은 상대방의 마음에 상처를 주고 조직에 부정적인 영향을 미칠 수 있다.

이런 말을 들은 직원의 자긍심과 체면은 손상된다. 그는 무력감을 느끼고, 존중 받지 못하고 있다고 생각한다. 조직 내에서 서로에 대한 신뢰와 타인에 대한 존중, 배려가 사라진다. 일의 성과를 내서 흡족하고 성취감을 느끼지만, 내면의 자아는 충만감을 느끼지 못한다. 충만감은 일의 결과에 대한 평가로부터 체험되는 것이 아니라, 그 일을 만들어낸 사람이 어떤 존재인지에 대한 체험으로부터 오기 때문이다.

"김 과장, 지난 주 보고서, 아주 좋았네"라고 말하는 것보다 "김 과장, 지난 주 보고서를 보니 전문성이 아주 탁월하더군. 어디 그뿐인가. 일에 대한 책임감도 아주 높다는 걸 확실히 느꼈네. 정말 잘했어"라고 말하는 것이 더 큰 충만감 느끼게 한다.

일의 성취에만 관심 있는 리더는 직원이 한 일에 대해서만 피드백을 할 뿐 직원 스스로 존재감을 느낄 수 있는 피드백을 하지 못한다. 작은 실패에도 민감해지고, 질책하거나 무시하는 말을 하기 쉽다. 그럼 직원이 성공할 때는 어떨까? 성공은 당연하다고 생각하기 쉽다. 리더는 성공과 실패의 패러다임으로부터 벗어나 새로운 관점에서 직원을 대할 필요가 있다. 성과뿐만 아니라 직원의 삶과 존재를 함께 바라보는 균형 감각이 필요하다.

코칭 스킬 5
직원의 꿈에 대해 이야기하기

당신이 리더라면, 스스로에게 이렇게 물어보자. "나는 함께 일하는 직원들이 어떤 꿈을 가지고 있는지 알고 있는가? 몇 명이나 알고 있는가?" 최근 리더십 모델에 획기적인 패러다임 전환이 진행 중이다. 리더가 모범답안을 제공하는 방식에서 직원 스스로 자신의 잠재성과 강점을 발견하고 활용하도록 하는 끌어내기식 리더십이 새로운 리더십 모델로 각광 받고 있다. 바로 코칭 리더십이다. 코칭 리더십을 발휘하는 리더는 직원의 꿈에 대해 이야기한다. 직원이 진정으로 이루고 싶은 것이 무엇인지 질문해보고, 직원의 꿈과 일의 목표를 연결시킬 수 있도록 도와준다. 즉, 직원이 원하는 것과 조직이 원하는 것 사이에 접점이 생기도록 한다.

조직의 관점에서 개인의 잠재성과 강점을 보는 것이 아니라, 직원 스스로 조직 속에서 자신의 꿈을 실현시킬 수 있는 방법을 찾을 수 있도록 여건을 조성해준다. 이 과정에서 직원은 자신의 잠재성을 자발적으로 끌어내고, 과감하게 도전하고 시련도 극복하게 된다. 일에 대한 성취는 바로 존재감을 높이는 에너지원이다.

직원의 경력계획을 물어본다

"김 대리, 앞으로 3년 후에 어떤 사람이 되고 싶나요? 5년 후에는 어떤 사람이 되고 싶습니까?" 이러한 질문은 상대방을 당혹하게 할 수도 있지만, 상대방으로 하여금 자신의 성장에 대해 깊이 생각해볼 수 있는 기회를 준다. 직원에게 자신의 성장과정에 대해 들려주고, 어떤 시사점을 얻었는지 물어본다. 직원의 미래의 삶에 관심을 보일수록 직원과의 관계가 돈독해지고 신뢰관계가 쌓인다. 이 과정에서 직원의 대답을 통해 직원이 원하는 것이 무엇이고, 현재 어떤 상황에 처해 있는지를 정확히 알 수 있다.

직장생활에서 나이가 서른다섯 살쯤 되면 자신의 진로에 대해 심각하게 고민하게 된다. 그전까지는 직무를 이해하고 조직에 적응하는 데 열정과 에너지를 집중하지만, 사회생활을 시작한 지 5~6년이 지나면 직무 이해능력이 상당한 수준에 이르고 자신의 삶을 돌아볼 수 있는 시간도 생긴다. 이때부터 경력관리에 대한 고민이 시작된다. 직장 상사이자 사회 선배로서 먼저 직원에게 다가가 이야기를 나누어보자.

직원이 원하는 미래 모습에 대해 알아본다

직원에게 "현재의 삶이 중요한 이유는 무엇인가?"라고 질문한다. 그리고 답한 내용에 대해 "왜?"라고 다시 질문한다. 중요한 이유를 반복해서 묻는 것은 그가 원하는 것을 통해 실현하려는 가치를 파악할 수 있기 때문이다. 이제 마지막 질문을 한다. "그 가치를 실현할 수 있게 하는 일은 무엇인가? 무슨 일을 할 때 그 가치가 실현될 수 있겠는가?" 이 질문을 통해 직원이 하고 싶어 하는 일과 되고 싶은 미래의 모습을 알 수 있다.

직원의 현재 모습을 객관적으로 파악한다

직원의 현재 상태를 객관적으로 점검하는 것이 중요하다. 이를 위해 성격, 역량, 직업 흥미도 등을 파악할 수 있는 검사를 받아보게 한다. 주위로부터의 피드백도 도움이 될 수 있다. 현재 자신이 갖고 있는 것을 파악할 때 자신의 강점에 주목하게 된다. 많은 경우, 사람들은 먼저 자신의 부족한 점을 보완하려고 한다. 하지만 부족한 점에 매달리다 보면 자신의 성장기회를 놓치기 쉽다.

격차를 줄이는 계획을 세우고 실천하게 한다

직원의 현재 모습도 알고 있고, 그가 원하는 미래 모습도 알게 되었다면, 그 격차를 줄이는 방법을 생각해볼 수 있다. 실행목표를 수립할 때는 SMART 원칙을 따른다. 목표를 정할 때는 구체성(Specific), 측정 가능성(Measurable), 획득성(Attainable), 관련성(Relevant), 한시성(Time-limited)을 고려한다. 실행계획을 추진하는 데 있어 장애요소가 무엇인지를 명확하게 파악한다면 실행력을 높일 수 있다.

성찰을 통해 리더십 영향력 키우기

어떻게 하면 탁월한 성과를 내면서 지속적으로 성장할 수 있을까? 글로벌 기업의 최고경영자나 경영컨설턴트들은 이구동성으로 그 해답이 리더십에 있다고 말한다. 또한 리더십 연구의 대부로 불리는 워렌 베니스(Warren Bennis)는 "리더십은 학습될 수 있다"고 주장하였다.

리더십 학습될 수 있다는 이 견해는 희망적이다. 하지만, 구체적으로 무엇을 어떻게 해야 리더십을 학습할 수 있는지에 대한 답을 찾기는 쉽지 않다. 그래서 진정한 리더가 되기 위해서는 무엇보다 자기자신의 존재에 대해 지속적으로 성찰하고 자각하는 노력이 필요하다. 리더십의 효과성은 리더십 역량이나 스킬을 함양하는 데에서 나오는 것이 아니라, 리더 자신의 인간다움에서 나오기 때문이다.

임상심리학자 토니 험프리스(Tony Humphreys)는 현장 경험을 바탕으로 리더들에게 자신의 내면을 먼저 들여다보고 성찰할 것을 제안한다. "나는 누구인가?", "여기서 무엇을 하고 있는가?", "어떤 일을 해야 내 존재감을 충족시킬 수 있으며 조직에 공헌할 수 있을까?"라는 질문은 본래의 모습을 이해하는 데 도움이 된다. 내면을 탐구할수록 리더십을 효과적으로 발휘하지 못하게 하는 장애물을 발견하게 된다. 사람들이 보이는 방어 행동이 그 대표적인 예이다. 타인을 비난하고, 속임수를 쓰고, 결정적인 순간에 수동적인 행동을 보이거나 타인에게 지나치게 의존하는 것도 모두 방어 행동이다. 리더는 이러한 행동 그 자체에 대응하기보다는 방어 행동에 숨겨진 동기나 요구를 읽어내야 한다. 자기 자신과 타인에 대한 인식을 깊게 하고 폭을 넓힐수록 리더십을 효과적으로 발휘할 수 있다.

직원의 심리상태를 이해하지 못하는 리더는 방어 행동에 영향을 미치는 외부요인을 관리하는 데 치중한다. 반면, 자신에 대한 인식수준이 높은 리더는 관찰과 피드백을 통해 방어 행동을 촉발시키는 심리적인 근본원인을 찾아 관리한다(Humphreys, 2008). 강력한 리더십은 바로 이런 내적인 힘에서 나온다. 그리고 비전과 열망을 실천하는 능력은 자신을 이해하고 관리하는 수준에 따라 달라진다.

리더가 보이는 대표적인 방어 행동은 자기 내면의 소리를 들으려 하지 않는 것이다. 내면에 두려움이 있다면 방어적인 의사소통을 하게 되고 타인과 열린 대화를 하기 어렵다. 자신을 이해하지 않고는 타인을 알지 못하고 공감적 경청과 갈등관리를 하기 어렵다. 나아가 건강한 조직문화를 만드는 데도 실패한다.

리더는 확고한 자기 이해를 통해서만 직원과의 관계를 발전시킬 수 있다. "나는 어떤 두려움을 가지고 있으며, 어떤 마음의 장벽을 가지고 있는가?" 이러한 성찰질문을 통해 자신을 이해하고, 열린 눈으로 주위 사람들을 대할 때 리더십의 효과성은 배가될 것이다.

역량육성과 업적평가 균형 잡기

인사평가는 일정 기간 수행한 일의 결과를 평가하는 업적평가와 인재의 잠재성을 평가하는 역량평가로 구성된다. 문제는 인사평가가 업적평가 중심으로 이루어진다는 점이다. 평가자는 역량의 개념을 이해하지만, 실제로 어떻게 평가해야 하는지 어렵다고 호소한다. 또한 분기별로 실적이 관리되는 기업문화에서 개인의 잠재성과 미래 성장 가능성을 다루는 역량은 덜 고려되기 마련이다.

평가기간이 되면, 기업들은 인사평가를 맡은 관리자를 위한 평가교육을 실시한다. 자사의 평가시스템을 정확하게 이해시키려는 목적도 있지만, 어떻게 하면 공정한 평가를 할 수 있을 것인가에 대해 교육한다. 인사평가를 실시한 이후에 진행되는 평가면담도 중요하다. 평가면담을 통해 인사평가 결과를 직원의 성장과 연계시켜야 한다. 한 대기업에서는 평가면담을 케어(care) 면담이라고 부른다. 평가면담이 직원의 관심과 성장을 지원하는 활동일 때, 그 효과성이 높을 수 있음을 보여주는 예이다.

조직 구성원의 직무동기를 관리한다

사회심리학자들의 연구에 따르면, 성공하는 조직은 자신의 책무를 주의 깊게 수행하며 일에 몰두하려는 의지인 직무동기가 보통 조직보다 높다. 그렇다면 어떻게 직무동기를 높일 것인가? 직무동기를 높이는 활동은 인사평가 활동과 밀접한 관련이 있다.

첫째 인사평가 대상인 목표를 명확하게 설정하는 것은 직무동기

를 높여준다. 둘째 자신이 일한 결과에 대한 대가를 받아들이는
데 있어 지각된 공정성이 영향을 미친다. 자신의 노력 대비 보상
의 비율을 타인의 것과 비교할 때, 두 개의 비율이 거의 동일할수
록 공정하다고 본다. 누구나 동일한 보상을 받는 것(균등성)보다
일한 만큼 보상을 받는다(형평성)고 생각할 때 직무동기가 높아진
다. 그린버그(Greenberg)의 연구결과를 보면, 형평성이 확보되지
않을 때, 조직 구성원들이 회사물품을 사적 용도로 사용하거나 도
둑질하는 빈도가 높아진다. 형평성을 스스로 해결하려고 하기 때
문이다(Greenberg, 1990).

업무에 집중하도록 도와준다

직원이 업무 실수, 지각, 결근 등의 모습을 자주 보인다면, 조속
히 그 근본적인 원인을 찾아본다. 근본 원인을 찾기 위해 이런 질
문들을 던져볼 수 있다.

- 지금 이런 모습을 보이는 까닭은 무엇입니까?
- 그렇게 함으로써 얻고자 하는 것은 무엇입니까?
- 어떻게 하면 업무에 집중할 수 있겠습니까?
- 다른 직원들과 원만한 관계를 갖기 위해 당신이 할 수 있는 것은
  무엇입니까?

개인생활이나 일터에서 자신이 원하는 것이 충족되지 않을 때,
다른 것에 관심이나 주의를 기울이기 어렵다. 직원에게 물어보자.

"당신이 진정으로 원하는 것이 무엇인가?"

직원의 업무 집중력과 추진력을 효과적으로 끌어내는 리더는 직원 개개인이 원하는 것이 무엇인지를 잘 파악한다. 이를 위해 리더는 직원들과 허심탄회하게 의견을 교환하면서 그들이 원하는 것이 무엇인지를 파악한다. 직원들과 자주 대화하는 기회를 만드는 것이 기본적으로 필요하지만, 대화 기회를 자주 갖는다고 해서 직원이 원하는 것을 파악할 수 있는 것은 아니다. 먼저 직원이 스스로 말할 수 있는 분위기를 만들어주는 것이 중요하다.

인사평가의 공정성을 확보한다

조직 구성원들은 직장에서 공정하게 대우받고 업무에 집중할 수 있다고 느낄 때 직무동기가 높아진다. 인사평가의 공정성을 높이기 위해 선진 인사시스템을 도입하는 것도 중요하지만, 그 시스템을 활용할 수 있는 관리자의 인사평가 역량과 스킬을 키우는 것이 더 중요하다. 다음과 같은 방법이 도움이 될 수 있다.

첫째, 인사평가에 도움이 되는 자료를 기록으로 남긴다. 관리자는 평가기간 중에 직원에게 부여한 핵심적인 업무가 어떻게 수행되고 있는지를 지속적으로 관찰하고 기록해야 한다. 관리자가 평가면담을 할 때 자신감을 갖지 못하는 주된 이유는 자신의 말을 뒷받침하는 객관적인 자료가 없기 때문이다. 특히 낮은 등급의 평가를 할 때, 객관적인 자료의 중요성은 더 커진다.

둘째, 역량과 업적을 연계시키는 평가면담을 한다. 평가면담을 할 때, 관리자는 지금보다 더 탁월한 성과를 만들기 위해 육성시켜야 할 역량과 기회가 무엇인지를 찾아야 한다. 직원의 잠재력 수준을 판단하고 이를 끌어내어 성과로 연결시키는 코칭 능력은 이제 관리자의 필수역량이 되었다. 인재의 역량을 직무성과로 연결시키는 것이 인사평가 리더십의 핵심이다.

셋째, 조직과 개인의 성장을 함께 고려한다. 인사평가는 조직과 개인이 모두 원원할 수 있는 방안을 모색하는 활동이다. 관리자는 직원의 실적을 평가할 뿐만 아니라 직원의 중장기적인 성장 문제와 경력개발에 대해서도 고민하고 논의해야 한다. 조직 구성원들이 존중 받고 있고, 성장 가능성이 있다고 느낄수록 평가의 공정성은 높게 지각되고 직무동기도 높아진다.

04

팀 효과성 향상 코칭

"그저 관심만 보이는 사람을 육성하지 마라.
헌신하는 사람을 육성하라. 헌신 없이 성공할 수 없다."
켄 블랜차드Ken Blanchard, 경영컨설턴트

　　신임 팀장은 사업목표를 달성하기 위해 일정 규모의 조직과 인력을 운영하도록 역할과 책무를 부여 받는다. 팀장은 조직의 가장 기본적인 직무기능을 담당하며 성과의 시작을 책임진다. 팀장이 어떤 리더십을 발휘하느냐에 따라 팀의 성과뿐만 아니라 팀의 분위기, 팀원들의 응집력과 직무몰입이 달라진다. 이런 점에서 팀장은 자신의 리더십이 팀에 어떤 영향을 미치는지 주목해야 한다.

　　시장경쟁이 첨예할수록 경영층은 적은 수의 인원으로 탁월한 성과를 만드는 새로운 방법을 찾는다. 팀 효과성을 향상시키는 것은 팀장과 사업부장의 최우선 관심이다. 팀 효과성은 팀장과 팀원들이 함께 만들어낸다. 원하는 결과를 얻기 위해 팀장이 발휘해야 하는 리더십과 관리 능력은 무엇인가?

　　생산성과 긍정성의 균형 관리가 가장 중요하다고 본다. 생산성 관리 위주의 리더십을 발휘하는 팀장은 목표로 하는 성과를 달성하지만 팀원들의 에너지를 고갈시킬 가능성이 높다. 반면 긍정성 관리에 치중하는 팀장은 팀 분위기는 좋지만 원하는 결과를 만들지 못할 수 있다.

성과 압박을 받는 팀장은 단기적으로 생산성 관리에 집중하는 전략을 펼친다. 이러한 시도로 목표를 달성했어도 그 과정에서 더 풀기 어려운 과제를 안게 된다. 바로 팀원들의 스트레스와 정서관리이다. 이들 요인은 타인과 환경에 대응하는 개인의 심리적 전략을 포함한다. 이 전략은 학습을 동반하기 때문에 한번 학습되면 쉽게 바뀌지 않는다. 스트레스와 정서관리의 실패는 팀원의 일에 대한 열정과 주인의식을 고갈시키고 마음의 문을 닫게 만든다. 또한 주도적으로 일하기보다 수동적인 입장에서 지시 받은 일을 하고, 사실에 근거한 대화를 하기보다 감정에 기반한 대화를 하기 때문에 자기방어적인 대화가 전개되기 쉽다. 따라서 대화가 비생산적이 된다. 이러한 이유로 팀장은 생산성 관리뿐만 아니라 일하는 환경에 대한 긍정성 관리도 중요하게 다루어야 한다.

팀장이 성과 중심의 리더십을 발휘하는 데만 열중한다면 팀원의 마음을 잃기 쉽다. 그들의 심리적 전략을 간과하기 때문이다. 마이클 포터는 "리더는 직원의 머리(head)를 사지 말고 마음(mind)을 사야 한다"고 말했다. 나는 이 말을 리더가 긍정성 관리에도 주의를 기울여야 한다는 뜻으로 해석한다. 이 장에서는 팀 효과성을 성공적으로 관리하는 데 유용한 강점 기반의 팀 효과성 모델, 코칭 설계, 코칭 스킬을 소개한다.

강점 기반의
팀 효과성 모델

포춘 500대 기업의 대부분이 다양한 형태의 팀제를 도입하였으며 인력의 약 80%가 팀에 소속되어 있다. 기능적으로도 팀은 조직의 기본 단위이다. 팀제가 도입된 후 직무가 크게 증가하였고 조직 구조도 복잡해졌다. 기업환경은 극한의 경쟁, 세계화, 국가를 초월한 경쟁으로 변화되고 있다. 이러한 변화는 가속화되고 심화되고 있다. 이러한 상황에서 팀의 효과성을 높이는 것은 조직의 기본 단위를 견실하게 만들고 대외 경쟁력을 높이는 강력한 방법이다.

팀 효과성은 팀이 원하는 결과를 얻는 정도이다. 어떤 요인들이 효과적으로 작동해야 팀이 원하는 것을 얻을 수 있을까? 나는 두 가지 관점에서 보았다. 하나는 팀이 얼마나 생산적이냐고, 다른 하나는 팀이 결과를 만들어내는 문화를 가지고 있느냐다. 팀이 원하는 결과를 얻기 위해서는 생산적이어야 하지만, 원하는 결과를 만들어내는 문화를 가지고 있지 않다면, 그것을 얻기 어렵다. 팀 성과가 강조되고 팀 규모가 커지면서 팀원의 개인적인 특성, 인정과 존중, 신뢰 등은 쉽게 간과되거나 무시된다. 그 결과 팀 구성원의 상호관계와 역동성도 약화된다.

긍정심리학, 살아 있는 시스템(living system)으로서의 조직, 시스템적 사고, 그리고 팀 역동성과 성과의 관계에 대한 연구에서 밝혀진 긍정성 요인과 생산성 요인 간의 역동적인 인과관계를 구

| 그림 5 | 강점 기반의 팀 효과성 모델

조적으로 보여주는 것이 강점 기반의 팀 효과성 모델이다. 팀의 긍정성과 생산성을 구성하는 총 12가지 강점 요인들은 결정적 행동을 통해 원하는 결과를 얻는 데 영향을 미친다. 주요 변수인 강점 요인, 결정적 행동, 원하는 결과에 대한 정의는 다음과 같다.

1. 강점 요인: 팀 효과성에 영향을 미치는 정도가 큰 요인
2. 결정적 행동: 원하는 결과를 얻을 가능성을 차별적으로 높이는 행동
3. 원하는 결과: 경영 성과에 대한 기여도가 높은 결과

팀 효과성에 대한 영향 요인의 중심축

우리 팀은 노력한 결과와 과정을 생각할 때 어느 정도 효율적인가? 우리 팀은 원하는 결과를 만들어낼 수 있는 팀 문화를 가지고 있는가? 이들 두 질문에 대한 답은 팀 효과성에 영향을 미치는 요인들을 개념화하는 데 중요한 틀을 제공한다.

첫 번째 질문에 대한 답은 팀이 어느 정도 생산적으로 일하고 있는지를 알려준다. 원하는 결과를 만들지 못하면, 그 원인은 어디에 있는지를 분석해본다. 원하는 결과를 만들고 있다면, 그보다 더 큰 결과를 만들 수 있는 가능성과 방법을 찾아본다. 두 번째 질문에 대한 답은 생산적으로 일할 수 있는 환경인지를 말해준다. 이와 같이 팀 효과성에 영향을 미치는 요인들은 크게 긍정성과 생산성으로 구분된다.

긍정성

긍정성은 낙관적이며 미래지향적인 시각에서 당면한 상황을 인식하고 가능성을 발견하며 더 나은 상황과 결과를 만들도록 이끄는 요인이다. 팀 효과성에서 긍정성 요인은 6가지이다.

스트레스 내성과 정서관리는 팀 구성원의 내적 차원에서 작동하는 요소다. 팀 구성원의 긍정적 관점과 태도는 높은 수준의 스트레스 내성과 효과적인 정서관리에서 나온다.

팀 구성원들 간의 역동적인 관계는 다양성에 대한 수용과 상호신뢰에서 나온다. 팀 구성원 간의 상호신뢰는 서로의 일하는 방식, 선호도와 관심, 사고방식이 서로 다름을 인정하고 다양성의 관점에서 수용하면서 형성된다. 다름을 잘못된 것으로 평가할 때, 팀의 긍정성이 약화된다.

팀이 외부환경에 대응하는 과정에서 개방적이면서 안정적인 팀 정체성을 가지고 있을 때, 기회와 가능성을 쉽게 인지한다. 팀이 개방적일 때, 협동과 상호협력이 촉진된다. 팀 정체성이 명확하고 긍정적이면, 팀의 응집력이 커지고 팀 목표를 달성하려는 동기가 높아져 탁월한 성과를 만들어낼 수 있다.

생산성

생산성은 원하는 결과를 얻기 위한 능력과 과정이 예상된 결과를 만들어내는 정도를 의미한다. 팀이 원하는 결과를 만드는 능력과 과정의 관점에서 6가지 요인이 생산성을 결정한다.

주도성과 주인의식은 결과지향적인 태도의 기본이다. 일에 대한 주인의식이 높을 때, 자신의 활동에 대한 확신이 높고 대범해진다. 팀 구성원들 간에 필요한 자원을 조달하여 서로 지원하고, 더 나은 결과를 만들 수 있도록 피드백을 해주는 것도 생산성을 높여준다. 또한 팀의 목표와 전략이 명확하고, 상위 조직의 목표와 한 방향 정렬이 되었을 때, 팀이 원하는 결과를 얻을 가능성이 높아진다.

결정적 행동: 원하는 결과를 얻을 가능성 높이기

결정적 행동은 원하는 결과를 얻을 가능성에 직접적인 영향을 미치는 행동이다. 이 행동은 팀이 지금까지 보여준 여러 행동들에 포함되어 있을 수 있다. 그러나 그 행동을 면밀히 관찰하고 분석하지 않으면 쉽게 파악되지 않는다. 리더는 연구를 하듯이 지속적으로 결정적 행동을 찾아내야 한다. 결정적 행동은 원하는 성과를 만들어내는 열쇠이다. 이 책의 1부에 소개했듯이, 결정적 행동은

긍정성을 지지하는 개념들

사람들의 사고와 행동에 영향을 미치는 긍정성은 심리학자들이 연구한 여러 개념에 포함된 기본적인 심리로, 다양한 상황에서 폭넓게 작용하는 것으로 검증되었다. 긍정성을 포함하는 대표적인 개념들은 다음과 같다.

- **플라시보 효과.** 전문가가 환자에게 심리적 효과를 주기 위해 치료에 전혀 도움이 되지 않는 가짜 약제(플라시보)를 제공하지만, 전문가의 처방을 믿는 환자에게 신체적으로나 정서적으로 개선이 일어난다.
- **피그말리온 효과.** 학생에 대한 교사의 기대와 이미지가 그 학생의 학업 성과에 긍정적인 영향을 미친다. 리더의 긍정적 기대가 구성원의 학습활동을 촉진시키고 팀 성과 향상에 영향을 미친다.
- **긍정적 태도와 특질.** 주위 상황에서 긍정적인 요소를 찾는 태도와 성향은 환경을 통제할 수 없지만, 그 환경에 대해 긍정적으로 대응할 수 있게 한다. 긍정적인 정서와 사고, 특질(예를 들면, 낙관성, 행복감, 자기결정력, 회복탄력성)은 학습, 의사결정, 문제해결 등에 필요한 능력을 향상시킨다.
- **긍정적 능력.** 현재나 과거의 성공 경험, 잠재성과 강점에 선택적으로 주목하여 가능성을 이끌어내는 능력이다. 긍정적인 상상을 하고 실패보다 성공에 대해 주의를 기울이고 자기관리를 할 때, 운동경기 등에서 능력이 향상된다.
- **강점 혁명.** 개인은 자신의 재능과 강점(한 가지 일을 완벽에 가까울 만큼 일관되게 처리할 수 있는 능력)을 발견할 수 있고, 기업은 이를 통해 최고의 성과를 끌어낼 수 있다.

맥락성, 예측성, 가치성이 높은 행동이다.

효과성 코칭에서 만난 한 팀장은 자신의 팀이 목표 수준의 성과를 만들어내지 못하자 팀원들과 팀 워크숍, 간담회, 개인면담 등을 실시하였다. 그는 개선될 필요가 있는 많은 문제행동을 파악했지만, 과연 어떤 행동에 집중해야 할지 몰랐다. 그는 효과성 코칭에서 결정적 행동의 개념을 처음 접하게 되었다. 그는 국내 영업팀을 책임지고 있었는데, 그의 팀이 판매하는 제품은 그가 영업을 맡기 전에 신제품 개발팀을 이끌면서 만든 것이었다. 제품은 생산되었지만 회사 내에 기술적 전문성을 갖고 영업을 책임질 사람이 없었기에 영업을 직접 해보고 싶었던 그가 영업팀장을 맡게 된 것이다.

영업팀의 팀장이 되었지만 실제 운영은 생각처럼 되지 않았다. 팀이 급조되었기 때문에 영업 경험을 가진 인력은 두 명에 불과하였고, 나머지 인력은 영업과 무관한 부서 출신이었다. 팀장 자신도 제품을 개발하였지만, 영업 경험은 대리 시절에 1년 정도 한 것이 전부였다. 팀원들을 개별적으로 보면, 각자 기본 역량은 갖추고 있었다. 그들은 지시 받은 일을 안정적으로 수행하지만, 창의적으로 일을 만들고 추진하지는 못했다.

어떻게 하면 성과를 낼 수 있을까? 그는 생각만 해도 머리가 아팠다. 점차 영업실적을 요구하는 경영진의 압박도 거세지고, 팀장의 역할과 리더십에 대해서도 문제제기가 있었다. 일부 팀원은 이직하겠다는 의사를 공개적으로 드러냈다. 이젠 막을 수도 없다. 팀장의 입장에서 보면, 뭔가 팀이 돌아가는 것 같은 데 성과가 나

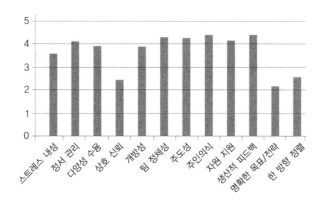

| 그림 6 | **팀 효과성 진단의 주요 결과(코칭 전)**

오질 않았다.

코칭에서 처음 만났을 때, 그는 많이 지쳐 있었다. 팀을 대상으로 팀 효과성 진단을 하였다. 진단의 주요 결과는 다음과 같다.

- 긍정성 요인을 보면, 팀 정체성이 높고 상호신뢰가 가장 낮았다.
- 생산성 요인에서는 명확한 목표와 한 방향 정렬이 가장 낮았다.

이 결과를 토대로 반나절 동안 팀 효과성 향상 워크숍이 진행되었다. 워크숍의 목적은 영업팀의 결정적 행동을 찾는 것이었다.

팀장과 팀원은 먼저 팀이 가장 원하는 결과가 무엇인지를 정하였다. 연초에 세운 사업계획서 상의 팀 목표들을 포함해 경영기여도가 가장 높은 목표를 정하는 것이다. 팀은 토의를 통해 OO제품의 판매실적을 연초 목표 대비 120% 향상시키는 것으로 설정하였다.(사실 연말까지 달성이 불가능해 보이는 매출 목표였다.) 이어 팀 효과성 진단 결과를 해석하고 시사점을 찾아 정리하였다.

코치는 두 가지 질문을 하였다.

- 원하는 결과를 만들어내기 위해 팀이 보여야 할 결정적 행동은 무엇입니까?
- 그 행동을 보일 때 원하는 결과를 얻는다면, 그 행동을 보여야 하는 결정적 순간은 언제입니까?

이 질문들에 대해 토의한 결과, 영업정보를 가진 현장 인력과 영업 인력 간의 소통 부재가 드러났다. 팀에게 필요한 결정적 행동은 영업정보를 앉아서 기다리는 것이 아니라 직접 찾아 나서는 것이다. 영업 인력이 현장 인력에게 먼저 전화를 해야 한다. 이 이외에도 팀 효과성 진단에서 낮은 점수를 보인 상호신뢰, 명확한 목표와 전략, 한 방향 정렬에 있어서 개선해야 할 행동들을 정리하였다. 팀의 강점으로 나타난 팀 정체성, 주인의식, 생산적 피드백을 강화하기 위한 행동들도 도출하였다. 주요 토의 결과는 다음과 같다.

결정적 행동
- 선제적으로 영업정보를 찾는다.
- 수집된 정보는 퇴근하기 전에 내부 직원과 공유한다.

두 가지 결정적 행동을 실천하기 위해 각각의 행동들을 더 이상 하지 말아야 할 행동(stop), 새로 시작할 행동(begin), 지속할 행동 (continue)으로 세분화하여 정리하였다. 이어서 팀이 성공적인 사업과제 관리를 위한 실천행동과 긍정적인 팀 문화를 만들기 위한 실천행동을 논의하고 합의하였다.

성공적인 사업과제 관리를 위한 실천행동

- 팀 목표와 연관된 개인별 2개의 주요 업무를 명확하게 정한다.
- 팀의 핵심 업무와 수시 업무에 대한 팀장과 팀원 간의 인식 차이를 줄인다.
- 주요 업무이 신헹 내용을 팀 회의에서 집중적으로 다룬다.
- (특히 문제해결 과정에서) 상대방의 전문성을 인정한다.
- 질책이나 비난을 하기보다 답을 찾는 데 초점을 두고 대화한다.
- 업무 연관성을 고려하여 영업정보와 개선의견을 먼저 제공한다.

긍정적인 팀 문화를 만들기 위한 실천행동

- 서로간의 약속은 반드시 지킨다.
- 팀이 존중할 만한 팀 가치를 만들고 행동의 준거로 삼는다.
- 팀에 대해 대안 없는 비난은 하지 않는다.
- 일과 대화에서 긍정적인 관점(기회와 가능성 발견)을 취한다.
- 각자 듣고 싶은 말과 듣기 싫은 말을 조사하여 대화에 활용한다.
- 먼저 다가가서 대화한다.

팀 효과성
향상을 위한 코칭 설계

팀 효과성 코칭에서 코치는 팀의 현재 모습을 객관적으로 볼 수 있도록 팀 효과성 진단(TEA)을 실시한 후, 그 결과를 피드백한다. 팀 효과성은 목표지향적인 개념이다. 효과성 코칭에서는 모든 팀 구성원이 원하는 결과를 얻어낼 가능성을 높이는 결정적 행동을 찾을 수 있도록 돕는다. 특히 결정적 행동을 실천하는 데 방해가 되는 요인들을 사전에 규명하여 그 영향을 최소화한다. 또한 실행을 강화하기 위해 필요한 지식, 스킬 및 태도에 대한 정보를 파악한다. 후자에 대한 정보는 팀원 대상의 육성계획을 세우는 데 활용한다.

단계 1: 팀 효과성의 수준 진단

팀 효과성 진단을 통해서 정량적인 측면에서 팀 효과성 수준을 진단하고, 팀 효과성에 영향을 미치는 12가지 요인들의 상대적 중요도에 대한 팀장과 팀원 간 인식 차이를 진단한다. 응답자들은 정성적인 측면에서 팀의 강점과 개발 필요점을 묻는 주관식 항목에 대해 자유롭게 각자의 의견을 작성한다. 이 진단은 온라인으로 진행된다. 이 자료에 대한 추가 정보가 필요한 경우, 다면 인터뷰를 실시하여 보완할 수 있다.

단계 2: 팀이 원하는 결과 정의

팀이 달성해야 하는 결과는 경영기여도가 높은 업무성과이다. "팀이 가장 원하는 업무성과를 생각해보십시오. 우리 팀이 반드시 이루고 싶은 업무성과는 무엇입니까?" 이 질문은 현재의 목표를 도전이라는 관점에서 다시 검토하도록 이끈다.

"업무성과를 이루면, 달라지는 것은 무엇입니까? 그 성과가 우리 팀과 팀원에게 중요한 이유는 무엇입니까?" 이러한 질문에 답하면서 개인과 팀의 연계성을 높인다. 이어서 긍정성에 대해 질문한다. "우리 팀이 원하는 결과를 얻는 데 바람직한 팀 문화를 생각해보십시오. 가장 바람직한 팀 문화는 어떤 모습입니까?"

원하는 팀 문화를 찾기 위해 팀의 현재 모습을 정의하고, 바람직한 모습을 떠올려보게 한다. 코치는 팀 구성원들이 현재 모습으로부터 바람직한 모습으로 변화하기 위한 방안을 브레인스토밍하고, 최종 합의된 결론을 도출하도록 요청한다.

단계 3: 결정적 행동의 명확화

탁월한 업무성과는 팀의 생산성과 긍정성이 균형 있게 관리될 때 가능하다. 팀이 지금까지 상상해보지 못한 결과를 만들어내려면, 팀원들이 공유하고 있는 생각과 태도, 신념, 행동에 대해 종합적으로 되돌아봐야 한다.

"원하는 업무성과를 달성하려면, 무엇을 달리해야 할 것인가?"

단순히 이전과 달리하는 것이 아니라 그 행동을 실천함으로써 원하는 결과를 얻을 가능성이 높아져야 한다. 과연 그 행동은 무엇일까? 결정적 행동은 지금까지 반복되었던 행동일 수도 있고 완전히 다른 행동일 수 있다. 지금까지 반복된 행동이라도 그 행동이 요구되는 상황을 구체화하고 행동을 명료화한다면 결정적 행동이 된다.

결정적 행동을 도출하기 위해서는 팀 코칭이나 팀 워크숍에서 브레인스토밍 기법을 활용하여 실행이 필요하다고 판단되는 행동 목록을 개발한다. 이어서 각 행동에 대해 결정적 행동의 속성인 맥락성, 예측성, 가치성 면에서 가장 높게 평가된 것을 선정한다. 최종 평가는 리커트(Likert) 척도를 이용하거나 각 행동에 투표하는 방식을 적용할 수 있다.

단계 4: 결정적 행동의 실행계획 수립

결정적 행동이 도출되면 이를 실행하기 위한 팀 차원의 실행계획을 수립한다. 각각의 행동에 대해 역할과 책무를 구분하여 정한다. 팀장으로서 해야 할 것과 업무와 관련하여 특정 팀원이 담당해야 할 것으로 상세하게 정한다. 이 역할과 책무에 대한 분담은 팀원과의 합의를 통해 결정되어야 한다. 실행계획이 기대했던 결과를 얻으려면, 실행을 촉진하는 데 영향을 미치는 요인과 방해요인에 대한 심도 있는 토의가 필요하다. 계획을 수립하는 것에 중점을 두다 보면, 실행 과정에서 만나는 장애물을 예상하지 못할 가능성이 높다. 성공적인 실행을 위해서는 실행을 촉진시키는 요인을 효과적으로 활용하고, 방해요인에 대해서는 미리 대응할 준비를 하고 그러한 방해요인이 작동할 수 있는 환경을 사전에 제거하여야 한다.

단계 5: 실행에 필요한 KSA 향상

결정적 행동을 통해 원하는 결과를 얻을 가능성을 높이기 위해서는 행동변화를 실천하는 데 도움이 되는 지식(knowledge), 스킬(skill), 태도(attitude)를 찾아 정리한다. 팀장이 필요로 하는 것과 팀원이 필요로 하는 것을 구분하여 작성한다. 수집된 정보들을 종합하여 팀의 역량 강화를 위한 교육프로그램을 준비하거나, 당해 연도 사업을 추진하면서 수시로 업무능력을 향상시키고 팀에 필요한 업무환경을 조성하는 데 기초 자료로 활용한다.

팀 효과성
향상을 위한 코칭 스킬

팀 효과성 진단에서 나타난 팀 이슈에 따라서 차별화된 코칭을 전개한다. 긍정성과 생산성 중에 변화가 필요한 영역은 어디인가? 내적 차원, 상호작용 차원, 성장촉진 차원 중 어디에 코칭 이슈가 있느냐에 따라서 코칭 주제는 달라진다. 내적 차원에서 가장 변화가 필요한 공통 주제는 자기중심성이다. 자기라는 상자 속에 갇히지 않고 관점을 확대해야 타인과의 관계가 형성되고, 신뢰를 기반으로 서로에게 긍정적인 영향을 미칠 수 있다. 팀이 외부환경의 변화에 대응하면서 지속적으로 성장하려면, 안전지대에 머무르려고 하는 방어적인 심리에서 벗어나 혁신을 추구해야 한다. 각 차원별로 적합한 코칭 주제는 다음 표에 요약되어 있다.

구분		내적 차원	상호작용 차원	성장촉진 차원
강점 요인		스트레스 내성, 정서관리, 주도성, 주인의식	다양성 수용, 상호신뢰, 자원지원, 생산적 피드백	개방성, 팀 정체성, 명확한 목표/전략, 한 방향 정렬
코칭 주제	긍정성	현실 자아	사회적 관계	이상 자아
	생산성	역할	영향력	혁신 추구
돌파점		자기중심성	고착된 신뢰	현상유지 경향

| 표 1 | 팀 효과성 향상을 위한 차별화된 코칭 주제

코칭 스킬 1
차별화된 코칭 주제 취하기

현실 자아

현실 자아(real self)와 지각된 자아(perceived self)는 다를 수 있다. 지각된 자아는 타인이 보는 자기, 또는 자기 자신이 본 자기에 대한 인식이다. 현실 자아는 원래의 모습이다. 현실 자아를 정확히 알 수 없기 때문에 지각된 자아를 통해 자기를 본다. 지각된 자아에 민감하고, 그것을 자신의 모습으로 수용하면, 자기의 독특성을 잃기 쉽다. 코치는 코칭 대상자가 객관적으로 자신을 볼 수 있도록 질문을 던진다.

- 팀원으로서 나는 누구인가?
- 팀원으로서 내가 가장 힘들어하는 것은 무엇인가?
- 무엇 때문에 화를 내는가?
- 내가 주저하는 이유는 무엇인가?
- 나다움을 보여준다면, 무엇인가?

현재의 자신을 있는 그대로 살피도록 해야 한다. 현재의 자기 자신을 객관적으로 볼 때, 타인과의 관계 속에서 현실 자아를 일관되고 안정적으로 관리할 수 있다.

사회적 관계

팀 구성원들이 원만한 사회적 관계를 가질 때 팀 효과성은 높아진다. 따라서 먼저 어떤 관계를 만들 것인지에 대한 성찰과 합의가 있어야 한다.

- 팀원으로서 당신은 다른 사람과 어떤 관계를 만들고 싶습니까?
- 바람직한 관계란 어떤 것입니까?
- 그 관계를 만들기 위해 지금 할 수 있는 것은 무엇입니까?
- 지금 그것을 실행한다면, 달라질 수 있는 것은 무엇입니까?

사회적 관계형성은 개인의 성장과 상호작용한다. 따라서 사회적 관계 속에서 각자 자신의 모습을 객관적으로 보는 것이 중요하다.

- 다른 사람이 당신을 어떻게 봐주기를 기대합니까?
- 다른 사람의 피드백으로부터 당신이 알지 못했던 것을 알게 되었다면, 그것은 무엇입니까?
- 그때 어떤 느낌이 들었습니까?
- 당신은 어떤 사람이 되고 싶습니까?

코치는 독립적인 존재로서 개인적 자아(personal self)가 사회적 자아(social self)로 확장되면서 경험하는 자기변화의 과정과 내용을 코칭한다.

이상 자아

팀원으로서 이상적인 모습을 찾아가도록 도와준다. 이상 자아(ideal self)는 현실 자아와 달리 오랜 동안 본인과 주위 사람들의 피드백을 통해 형성된다.

- 당신이 가장 원하는 모습은 무엇입니까?
- 다른 사람이 당신에게 기대하는 모습은 무엇입니까?

팀 효과성을 높이기 위해서는 팀 구성원이 기존의 사고와 행동 패러다임에서 벗어나 새로운 것을 받아들일 수 있어야 한다. 다시 말해, 자아를 확장시키는 것이다. 팀 정체성을 내재화하여 개인 정체성과 조화를 이루도록 해야 한다. "우리 팀은 어떤 팀인가?"라는 질문에 대한 답을 통해 자신과 팀을 동일시하는 정도와 팀 정체성의 내재화 정도를 확인할 수 있다.

역할

팀 내에서의 역할은 자기인식의 기본이다. "당신의 역할은 무엇입니까?"라는 간단한 질문은 역할의 준거에 대해 생각하게 한다.

리더는 역할을 수행할 때 자신의 성향을 배제시켜야 한다. 안정적인 조직관리를 선호하고 갈등보다 화합을 중시하는 성향의 리더는 문제가 발생할 가능성이 있는 원인을 사전에 파악하여 조율하거나 해결하는 리더십을 보인다. 하지만 새로 맡은 역할이 조정이나 관리가 아니라 도전적이며 선제적으로 다른 리더들을 이끌어가야 하는 것이라면, 그는 어떤 문제에 직면하게 될까? 상급자가 문제를 발생시키는 원인이라면, 어떻게 할 것인가? 역할보다 성향을 앞세우면, 상급자는 그를 추진력과 조직 장악력이 약하며 보신하는 사람으로 볼 가능성이 높다.

영향력

팀 내에서 영향력은 자신의 이해관계를 떠나 타인에게 도움을 주고 팀의 성과에 기여할 수 있는 힘이다. 팀에서 당신의 영향력을 생각해보라. 그 영향력을 한 단계 더 확장하려면, 달라져야 하는 것은 무엇인가?

개인적으로는 우수한 성과를 내고 있지만 팀의 일원으로서 팀 기여자의 모습을 보이지 않는 경우가 있다. 스티븐 코비(Steven Covey)가 주장한 것처럼 개인적인 관심의 원에 머무르지 않고 영향력의 원을 키우는 것이 필요하다. 영향력의 원에 초점을 맞추면, 타인의 요청이 없더라도 주도적으로 타인에게 도움이 되는 일을 찾고 책임질 수 있는 일을 더 맡는다. 팀 구성원들이 자신의 이해관계에만 집착하면 협력을 통한 시너지를 만들어내지 못한다. 일을 성공적으로 수행하는 데 필요한 도움과 자원을 자발적으로 제공하고, 지식과 경험을 공유할 때 팀의 성과가 더 탁월해진다.

혁신 추구

팀 효과성이 높아지기 위해서는 탁월한 성과와 일에 대한 만족뿐만 아니라 지속적인 학습과 성장, 그리고 혁신 활동이 있어야 한다. 팀 차원에서 새로운 변화를 추구하고 이전보다 더 나아지도록 노력해야 한다.

코치는 다음과 같은 질문을 통해 현재에 머무르지 않고 업무 방식과 행동 습관, 제도 등을 개선하게 함으로써 팀 효과성을 높이는 것을 도울 수 있다.

- 지금 새롭게 할 수 있는 것은 무엇입니까?
- 무엇을 바꾸면 이전보다 더 나아지겠습니까?
- 지금까지 일하던 방식에 변화를 준다면, 가능한 것은 무엇입니까?

돌파점 극복을 통해 팀 기여자 만들기

팀 효과성에 영향을 미치는 강점요인들이 가지고 있는 영향의 한계를 돌파하려면, 돌파점(break-through point)을 통과해야 한다. 이 점을 통과하려면 기존의 팀 구성원의 사고와 행동이 근본적으로 달라져야 한다. 제트기가 마하의 속도를 내려면, 엔진 성능과 비행체의 재질이 근본적으로 달라져야 하는 것과 같다. 팀 효과성 요인들이 각 차원별로 갖는 돌파점은 다음과 같다.

자기중심성

스트레스 내성, 정서관리, 주도성, 주인의식은 모두 자기관리와 관련 있다. 자기관리의 중심에는 자기중심성(ego-centrism)이 있다. 자기중심성은 다른 사람의 관점을 취하지 못하고 자신의 관점에 묶여 있는 상태로, 자신의 관점을 다른 사람의 관점보다 우선시하는 것이다. 아동기에 나타나는 두드러진 특성으로 청년기를 지나면서 쇠퇴하지만, 성인에게서도 나타난다(Frankenberger, 2000). 자신의 관점과 다른 관점의 차이를 구별하거나 이해하지 못한다. 자신의 관점, 입장, 필요에 따라 행동하는 경향이 높다. 소통을 목적으로 하기보다는 자신의 생각을 표현하는 데 중점을 둔다. 따라서 자신의 말과 행동이 타인에게 어떻게 전달될지에 대해 관심이 적고, 타인의 반응을 이해하지 못한다.

이 경우 자신을 객관적인 입장, 관찰자의 관점에서 살펴보도록 이끄는 질문이 도움된다.

- 나는 어디에 묶여 있나?
- 지금 이 순간 내가 놓치고 있는 것은 무엇인가?
- 이 대화의 목적이 무엇인가?

내적 차원에서 작동하는 강점요인들이 팀 효과성에 긍정적인 영향을 미치려면, 먼저 자기중심성이 극복되어야 한다. 자기중심성에서 벗어나 다른 사람과 원만한 관계를 가지면서 영향력을 확대할수록 팀 기여도는 커진다. 팀 구성원들이 탈중심성을 보일수록 팀 효과성은 높아진다.

고착된 신뢰

상호작용 차원에서 작동하는 다양성 존중, 상호신뢰, 자원 지원, 생산적 피드백은 모두 나와 타인과의 관계에 대한 관리이다. 관계의 기본은 신뢰이다. 로저 메이어(Roger Mayer)와 동료들은 상대방을 신뢰할 수 있는 인물로 지각하는 상태를 신뢰성(trustworthiness)으로 정의하였다. 신뢰성은 역량(competency)과 성품(character)으로 구성되어 있다. 역량은 주어진 일을 완수할 수 있는 지식과 스킬이다. 성품은 타인에 대한 배려와 시원, 소통의 개방성을 보여주는 호의성, 일의 처리에 있어서 공정성과 일관성, 약속을 이행하는 정직성을 뜻한다(Mayer 등, 1995).

"우리는 서로 어떻게 바라보며 일하고 있나? 신뢰할 때와 신뢰하지 않을 때, 어떤 차이가 있는가? 생각과 느낌은 무엇인가? 어떻게 행동하고 그 결과는 무엇인가?"

자신과 타인에 대한 신뢰성을 되돌아보는 것이 필요하다. 코치는 신뢰성이 낮을 때, 자기 자신과 타인, 팀에 미치는 영향과 결과를 확인하도록 이끈다. 팀원 간의 신뢰는 서로의 성장을 도와줄 뿐만 아니라 팀의 목표를 달성하기 위한 역량의 기반을 형성한다.

"서로 신뢰하지 않는다면, 무엇 때문입니까? 두 사람 간에 신뢰가 깨졌다면, 무엇 때문입니까? 신뢰를 잃게 하는 3가지 결정적인 요인은 무엇입니까?"

한 대기업의 팀장들을 대상으로 신뢰 회복을 위한 팀 코칭에서 신뢰를 쌓는 데 도움이 되는 대표적인 행동을 찾았다. 주요 내용은 다음과 같다. 이 행동목록 중에서 팀의 관점에서 우선적으로 요구되는 실천행동들을 선정하고 실행을 약속한다.

- 다른 사람을 존중하고, 열린 대화를 한다.
- 나쁜 소식은 빨리 보고한다.
- 서로의 자존감을 존중하고 상처를 주지 않는다.
- 모르는 것이면, 모른다고 말한다.
- 기밀성을 존중하고 지킨다.
- 팀원을 지지하고 지원한다.
- 방어적인 태도와 행동을 보이지 않는다.
- 필요하다면, 나서서 행동한다.
- 다양성을 존중한다.
- 윤리에 맞게 행동하려고 한다.
- 비난하기보다 해결해야 할 문제에 초점을 맞춘다.

- 언행을 일치시킨다.
- 진행되는 일을 계속 팔로업한다.
- 팀이 나아갈 방향에 대해 팀원과 공유한다.
- 뒷담화를 하지 않는다.

현상 유지 경향

이상 자아와 혁신을 추구하도록 팀원을 이끌기 위해서는 그들이 현재 상태에 머무르지 않고 앞으로 나아가도록 도와줘야 한다. 사람들은 자기방어 논리를 통해 안전지대를 벗어나지 않으려고 애쓴다. 현상유지 경향을 보여주는 대표적인 모습은 자신에게 부여된 역할과 책무에 속한 일만 하는 것이다. 하지만 환경이 급변하거나 새로운 사업들을 추진하는 상황에서는, 기존의 역할과 책무로는 해결할 수 없는 사업영역과 과제가 생긴다. 팀의 관점에서 더 과감하고 미래 가치를 창출하는 노력을 누군가 해야 하는 것이다. 팀이 지속적으로 성장하기 위해서는 구성원들이 개인 차원을 넘어 팀 차원에서 사고하고 행동하도록 하는 것이 중요하다.

코치는 팀원 모두가 지금보다 더 높은 가치를 추구하고 도전하도록 자극하고 도와준다. 이를 통해 익숙해진 안전지대에서 나와 과감하게 새로운 세상에 도전하도록 한다.

- 팀원으로서 진정으로 이루고 싶은 것은 무엇입니까?
- 그것을 이루기 위해 과감하게 도전한다면, 무엇을 하겠습니까?
- 그것을 할 때 염려되는 것은 무엇입니까?

자기중심성은 사회생활 속에서 쉽게 관찰할 수 있다. 사람들의 사회적 행동을 연구하는 심리학자들은 동일한 행동에 대해 그 행위자와 관찰자가 해석하는 방식이 다르다는 것을 밝혔다. 행위자는 자신의 행동 원인을 외부 환경에서 찾았으나, 관찰자는 행위자의 내적 특성에서 찾는다. 길을 가다 넘어지는 경우, 넘어진 사람은 길이 울퉁불퉁하거나 미끄러운 도로 사정에 원인이 있다고 보는 반면, 관찰자는 조심성이 없기 때문이라고 보는 경향이 있다. 동일한 행동을 다르게 해석하는 이러한 행위자와 관찰자의 비대칭성(actor-observer asymmetry)은 자기중심성에서 비롯된다.

자아중심 이론에 따르면, 사람들은 본래 자기의 내적 세계에 묶여 있는 경향을 보인다. 자신의 생각과 입장을 가장 중요하게 생각하며, 이러한 경향은 모든 연령층에서 나타난다.

코칭 스킬 3
상호협력 끌어내기

코치는 코칭 관점과 돌파점을 고려하여 코칭 스킬을 선택한다. 효과성 코칭에서는 팀 구성원으로서의 긍정적 자기지각을 중요하게 다룬다. 코치는 자기 피드백이나 타인의 피드백으로부터 자존감을 체험하고 강화하도록 돕는다. 상호협력은 상호의존성에 대한 인식이 높아지고, 공동의 목표를 달성하고자 할 때 발휘된다.

긍정적 자기인식 강화
코치는 팀원들이 각자 긍정적인 자기인식을 갖도록 하는 데 초점을 맞추고, 객관적으로 자신을 바라보도록 돕는다. 자기 자신을 조망하는 과정에서 자기 피드백이나 타인의 피드백으로부터 자존감을 체험하고 강화하도록 돕는다. 현재의 자기인식을 확장시켜 상자 안의 사고에서 벗어나 상자 밖의 사고를 하도록 돕는다. 자기중심성에서 벗어나 자신과 환경을 통제할 수 있는 자기결정능력을 가지고 있다는 긍정적 인식을 갖게 한다. 이를 통해 팀의 성과목표에 대한 주인의식을 갖고 주도적으로 업무를 수행하게 한다.

코치는 팀 코칭 워크숍을 통해 자기제한적 신념 극복하기, 상호인정, 성찰질문, 관점 전환, 재구조화 등과 같은 팀 활동 과제를 수행하게 함으로써 팀원들의 긍정적 자기인식을 강화시킨다.

상호의존성 높이기

팀 효과성이 향상되기 위해서는 팀 구성원들이 업무수행에서 상호의존적이며 협력적인 의식을 갖고 협동의 비중을 높여야 한다. 코치는 상호의존성이 높은 관계를 구축하는 데 초점을 두고 팀 성과에 기여할 수 있는 팀원이 되도록 코칭한다. 상호의존성을 높이기 위해서는 자기중심성에서 벗어나 타인의 관점을 소중하게 생각하고, 타인이 지각하는 나 자신에 대한 인상과 피드백을 중요하게 인식하여야 한다.

코치는 상호의존성을 높이기 위해 팀 코칭 워크숍에서 타인의 관점 갖기, 공감적 경청, 다양성 수용, 상호의존성에 대한 자각, 관점 전환 등의 팀 활동을 수행하게 한다.

공동 목표 추구

공동의 목표가 주어질 때, 팀원들이 상호협력을 추구할 가능성이 높다. 코치는 공동 목표에 대해 팀원들이 명확하게 이해하고 있는지, 개인별 목표가 중복되지 않으면서 포괄적으로 세분화되어 있는지, 각 팀원의 개인 역량에 맞게 직무와 역할이 배분되어 있는지를 확인하도록 요청한다.

팀의 공동 목표에 대한 팀원들의 이해가 부족하면, 팀원들이 팀 차원의 이슈를 선제적으로 파악하기 어렵다. 특히 인사평가 시스템이 개인별 성과 중심으로 운영되는 경우, 팀 목표의 달성에 대한 팀원들의 관심이 낮아진다. 코치는 팀원들의 관심을 팀 목표에 집중시키는 방안으로 팀 코칭 워크숍을 통해 상호협력을 촉진시키는 요인과 방해하는 요인을 분석하고 대응방안을 모색하게 한다.

상호협력을 촉진시키는 요인

- 업무수행 과정에서 취득하는 정보와 직무 경험에 대한 공유
- 팀 목표를 달성하는 과정에서 직면하는 이슈들에 대한 상호 협의
- 다양한 의견의 수렴과 일치 끌어내기
- 소통을 통해 속마음을 공유하고, 팀 차원에서 해소시키기
- 팀워크를 통해 개인의 잠재력을 팀 차원에서 발휘시키기
- 팀원들 간에 상호규범의 원칙에 따라 도움 주고받기

상호협력을 방해하는 요인

- 팀원들이 서로 무관심하고 소통이 부족

- 이기주의적인 사고와 행동, 타인에 대한 배려가 부족한 모습
- 인과응보적인 대응으로 경직되고 대립적인 관계
- 상호불신으로 이해관계와 거래적 관계에 민감
- 도움을 주고받기보다, 오로지 이득만 취하려 하기

코칭 스킬 4
급격하고 극적인 변화 끌어내기

급변하는 조직 안팎의 요인들로 인해 리더에게는 점진적인 변화보다 극적인 변화가 요구될 때가 있다. 한 대기업의 대표는 사업부 총괄임원에 대한 코칭을 의뢰하면서 "손바닥을 뒤집는 것 같은 변화를 끌어내주십시오"라고 요청하였다. 그의 짧은 말 한마디가 치열한 경쟁 시기에 기업이 요구하는 리더의 모습을 단적으로 표현해주고 있다. 이러한 변화 요구는 팀장과 팀원 모두에게 적용된다. 여기서 소개하는 코칭 스킬은 개인 코칭이나 팀 코칭, 팀 워크숍에서 활용할 수 있다.

바람직한 행동이 일어날 때 보상한다

변혁적 코칭에서는 사람들이 결성직인 순간에 적합한 경험을 할경우 급격하고 극적인 변화를 할 수 있다고 주장한다(Harrison, 1999). 습관화된 행동이 반복적으로 일어나는 순간, 뇌에서는 그 행동을 하게 만드는 고착화된 기억이 작동한다. 코칭은 습관화된 행동과 고착화된 기억의 견고한 고리를 끊는 것이다. 가장 효과적인 방법은 습관화된 행동이 일어날 때 새로운 경험을 할 수 있는

자존감은 어떤 조건 속에서 자기 자신을 의식하는 개념이다. 다음과 같은 자의식을 가지고 있다고 하자. "나는 성공하였고, 그 결과 나의 자존감이 높아졌다." 이 경우 높은 자존감을 체험하려면, 그 체험을 가능하게 하는 조건이 마련되어야 한다. 우리 사회에서 그 조건은 무엇인가? 바로 성공이다. 성공은 자존감을 높여준다. 높은 자존감을 체험하는 조건을 만들기 위한 우리의 삶은 어떠한가? 타인과의 경쟁 속에서 서로 상처를 주고받는다. 그 과정에서 스트레스와 갈등, 고뇌를 경험한다. 이러한 경험은 사람들의 심리적 건강을 해친다.

자기수용은 있는 그대로의 나를 받아들이는 것이다. 사람들은 동전의 양면처럼 긍정적인 것과 부정적인 것, 강점과 부족한 점 등을 모두 가지고 있다. 자기수용은 이러한 현재의 자기 자신을 온전한 존재로 받아들이는 것이다. 사람은 지속적으로 성장하고 진화하면서 변화를 만들어낼 수 있다. 따라서 부족한 점이 있다고 해서 뭔가 잘못된 것은 아니다.

앨버트 엘리스(Albert Ellis)는 정신적으로 건강하려면 자기수용, 타인수용, 그리고 삶의 수용이 필요하다고 강조했다. 있는 그대로를 받아들이는 것이다. 그는 사람들이 '~해야 한다'는 비이성적 신념을 가질 때, 심리적 불편함을 느끼고 정신적 건강을 잃게 된다고 보았다. 따라서 건강한 이성적 신념으로 바뀌어야 한다. 그가 지적한 대표적인 비이성적 신념은 다음과 같다.

- 나는 언제나 어떤 조건에서나 맡은 일을 잘해내야 하며, 중요한 주위 사람들로부터 인정 받아야 한다.
- 나와 관련 있는 사람들은 언제나 어떤 조건에서나 나에게 친절하고, 사려 깊고, 공정해야 한다.
- 내가 살고 있는 현재 상황은 언제나 어떤 조건에서나 우호적이고 안전하며, 골치 아프지 않고 즉각적으로 즐길 수 있어야 한다.

환경을 조성하고 그 환경 속에서 바람직한 행동을 하도록 이끄는 것이다. 행동 조성 이론이 제안하듯이, 습관화된 행동이 일어나는 상황에서 바람직한 새로운 행동을 보일 때 보상을 해주는 것이다.

예를 들어, 팀장이 바람직하지 않은 행동을 하는 팀원에 대한 교정적 피드백을 주저한다면, 코치는 그 순간에 바로 피드백을 하도록 요청한다. 이어서 팀장이 약속한 바대로 피드백을 하였을 때의 느낌과 영향, 결과를 공유한다. 코치는 팀장이 팀원에게 단호함을 보이고 약속을 지킨 실행력을 인정한다. 인정은 팀원의 바람직하지 않은 행동과 팀장의 신속한 교정적 피드백 간의 연결을 강화시키는 데 효과적이다.

행동변화를 지속할 동기를 찾는다

당근과 채찍이 동기부여의 한 방법으로 사용되어왔지만, 심리학자들은 개인을 움직이는 진정한 힘은 자기 자신의 필요를 충족시키고자 하는 내적 요구에 있음을 밝혀냈다. 코치는 개인 코칭이나 워크숍을 통해 정리한 '원하는 결과' 및 '결정적 행동'과 팀장과 팀원 개개인의 내적 동기 간에 어떤 연관성이 있는지를 토론하도록 요청한다. 각 개인의 내면에 있는 동기와 연결시켜봄으로써 행동의 실천의지와 실행력을 높이고, 토론을 통해 상대방의 내면을 이해하는 기회를 갖게 한다.

다니엘 핑크(Daniel Pink, 2011)는 내적 동기를 구성하는 요소를 목적(purpose), 숙련(mastery), 자율성(autonomy)으로 보았다. 목적은 자신보다 더 큰 무엇, 의미를 위해 일하려고 하는 욕구이다.

	결정적 행동	원하는 결과
내적 동기		
목적		
숙련		
자율성		

| 표 2 | 결정적 행동 및 원하는 결과와 내적 동기의 연관성

의미 있는 삶을 살고자 하는 것이 대표적이다. 숙련은 중요하다고 생각하는 것을 더 잘하려는 욕구이다. 숙련은 일에 몰입하는 통로 역할을 한다. 숙련될수록 능력이 향상되고 있다는 믿음을 갖게 되고, 실행도 점차 정교해진다. 또한 숙련 과정에서 즐거움을 얻을 수도 있다. 마지막으로는 자율성은 자신이 삶을 주도하겠다는 욕구를 나타낸다.

변화 노력과 결과에 대해 피드백한다

변화는 일련의 과정을 수반한다. 변화 노력을 지원하기 위해서는 변화과정을 관찰하고 목표에 도달하는 데 필요한 피드백을 제공해야 한다. 베리(Berry)는 2가지 유형의 피드백을 제안하였다. 긍정적 피드백은 행동(behavior), 영향(effect), 인정(recognition)으로 구성된다. 코치는 변화과정에서 코칭 대상자가 보이는 행동 중에 바람직한 것을 알려준다. 각 행동이 팀 효과성에 미치는 긍정적인 영향에 대해 피드백한다. 마지막으로 책임감, 주인의식과 바람직한 행동에 대해 인정을 해준다.

　부정적 피드백은 행동(behavior), 영향(effect), 기대(expectation), 결과(result)로 구성된다. 행동은 변화과정 중에 보이는 여러 행동 중에서 바람직한 것과 바람직하지 않은 것을 알려준다. 각 행동이 팀 효과성에 미치는 부정적인 영향에 대해 피드백한다. 이어서 변화되기를 기대하는 것이 무엇인지 명확하게 알려준다. 마지막으로 기대한 변화가 성공적으로 이루어졌을 때, 예상되는 결과에 대해 말해준다.

05

조직 효과성 향상 코칭

"우량기업으로 가는 최고의 방법은 직원을 몰입의 상태로 이끄는 것이다."
미하이 칙센트미하이(Mihaly Csikszentmihalyi)

조직의 리더는 담대한 경영목표를 제시하고 그 목표를 달성하는 데 적합한 조직환경을 만들어야 한다. 경영목표 위주로 조직을 운영하는 경우, 사업성과는 나타나지만 영혼이 없는 조직이 되기 쉽다. 조직 구성원들은 거래적 관계에서 사고하고 행동함으로써 장기간 지속되는 열정과 보람을 체험하지 못한다. 거래적 관계에 기반한 조직은 구성원들이 일하도록 하는 유인정책을 끊임없이 개발해야 한다. 구성원들은 일을 통한 진정한 기쁨과 만족을 체험하지 못한다. '왜 이 일을 하는가?'라는 질문에 가치지향적인 답을 하기 어렵기 때문이다.

휴렛팩커드의 HP Way, 존슨앤존슨의 Credo(신조)는 창립자의 경영철학과 회사의 우선 순위, 헌신에 대한 원칙을 담고 있다. 이들 기업의 구성원들은 오랫동안 기업문화와 가치에 의해 영감을 받아왔다. 이 과정에서 구성원들은 조직의 철학과 신념, 가치를 자연스럽게 수용하고 내재화한다. 그들의 사고와 행동 역시 기업의 신조 및 가치체계에 부합하게 된다. 국내 주요 기업들도 이와 같은 웨이(Way)를 선포하고 경영활동의 기본으로 삼고 있다.

나는 조직 가치와 개인 가치를 동일시할 때 영혼이 있는 조직이 된다고 믿는다. 조직 효과성은 성과 향상에만 목적을 둔 개념이 아니다. 그것은 조직의 가치를 내재화하고 조직과의 동일시를 추구함으로써 조직이 원하는 결과를 얻을 수 있는 가능성을 높인다. 효과성 코칭은 담대한 목표를 이루는 데 필요한 조직문화를 기반으로 그러한 목표를 달성하도록 돕는다. 건강하고 역동적인 조직문화를 가진 조직의 구성원들은 생산적이며 낙관적인 관점을 갖는다. 그들은 자발적으로 직무에 몰입하며 가치를 추구하는 사고와 행동을 한다. 이러한 직원의 인식과 행동은 직원몰입으로 나타나며, 경영전략을 실행하는 힘이 되고, 궁극적으로 탁월한 성과를 만들어낸다.

강점 기반의
조직 효과성 모델

조직 효과성은 조직이 원하는 목표를 달성한 정도이다. 조직이 원하는 결과를 얻는 전 과정에 영향을 미치는 요인들은 긍정성 요인과 생산성 요인으로 구분된다. 효과성에 대한 개념적 접근은 팀

| 그림 7 | 강점 기반의 조직 효과성 모델

효과성과 같다. 팀 효과성과 조직 효과성에 영향을 미치는 요인들은 중심 특성(긍정성, 생산성)과 그 요인들이 작동하는 차원(내적 차원, 상호작용 차원, 성장촉진 차원)으로 범주화된다.

팀 효과성과 조직 효과성의 주된 차이점은 효과성에 영향을 미치는 요인에 있다. 팀 리더와 조직 리더의 역할과 책임 및 권한의 차이에 따른 관리 요인의 차이가 반영된다. 또한 팀과 조직의 핵심 기능, 그에 따른 구조와 제도의 차이로 인해서도 효과성에 영향을 미치는 요인이 달라진다.

조직 리더는 원하는 결과를 얻기 위해 목표를 명확하게 수립하고, 이를 달성하기 위한 경영전략과 업무 프로세스를 체계화하며, 그 프로세스가 작동할 수 있는 환경을 조성해야 한다. 강점 기반의 조직 효과성 모델은 조직이 원하는 결과를 얻기 위한 실행전략을 수립하는 데 유용하다. 이 모델에 근거한 조직 효과성 진단(OEA)을 통해 조직의 현재 모습을 객관적으로 확인할 수 있다.

조직 효과성에 대한 영향 요인의 중심축

조직 효과성에 영향을 미치는 요인들의 특성을 구조화시킴으로써 차별화된 조직경영을 할 수 있다. "우리 조직은 어떤 강점을 가지고 있는가? 어떤 점이 개발되어야 할 것인가?"

총 12개의 강점 요인은 2의 중심축(긍정성, 생산성)과 3개의 차원(내적 차원, 상호작용 차원, 성장촉진 차원)에 의해 만들어진 6개 그룹에 속하게 되며, 각 그룹별로 강점과 개발 필요점이 도출된다.

긍정성

긍정성은 조직 효과성을 극대화하는 긍정적인 조직문화와 관련된 특성이다. 긍정성에 속하는 요인은 조직 구성원들의 성과 창출에 적합한 일터를 만드는 데 영향을 미치며, 모두 6개이다. 생산성 요인들이 원하는 결과를 만드는 데 기여하기 위해서는 먼저 긍정성 요인들이 작동하여 적합한 환경을 제공해야 한다.

긍정성은 또한 독립된 인격체로서 서로에 대한 존중, 더 나은 성과를 위한 성취동기의 자극과 관련 있다. 그리고 이에 대한 구성원들의 느낌과 인식을 다룬다. 의사소통, 학습, 성장 요인은 다른 구성원과의 관계에서 작동하는 요인들이다. 상사, 동료, 부하직원과의 대화에서 어느 정도 열린 소통을 하는지, 일을 통해 학습과 성장이 일어나는지를 살펴본다.

마지막으로 긍정성은 구성원들이 외부환경의 변화에 대응하는 과정에서 "우리 조직은 어떤 조직이며, 어떤 가치를 추구하는가?"

에 대한 답을 얻을 수 있는지와 관련 있다. 조직의 가치와 정체성은 구성원 자신의 존재감을 강화시킨다. 조직의 가치와 정체성이 명확할수록 구성원들이 조직과 자신을 동일시하고 조직의 가치를 내재화할 가능성이 높아진다.

생산성

생산성은 "우리 조직은 어느 정도 생산적인가?"에 대한 답을 찾기 위해 고려하는 6개 요인들의 공통 특성이다. 목표를 달성할 수 있는 수행능력에 대한 구성원들의 인식과 그 목표를 달성하는 데 있어 자신의 역할을 넘어 적극적이며 과감하게 업무수행을 할 준비가 되어 있는지를 본다.

생산성은 업무수행 능력과 태도에 대한 구성원 자신의 인식과 관련 있다. 역량과 성취동기가 뛰어난 인재는 일에 몰입하고 성과에 대해 적합한 인정과 보상을 기대한다. 또한 자신의 수행 결과에 대한 타인의 피드백을 통해 수행 방향과 내용을 수정한다.

조직 리더는 다양한 이해관계자들과의 관계에서 작용하는 두 요소, 즉 긍정성과 생산성을 목표 관점에서 관리함으로써 원하는 결과를 얻을 수 있다.

결정적 행동: 직원몰입 끌어내기

직원몰입은 다양하게 정의된다. 일반적으로는 개인이 자신이 속한 조직과 일, 동료에 대해 갖는 긍정적 또는 부정적인 애착 상태를 의미한다. 일터에서 직원몰입이 중요한 이유는 직원몰입이 높을수록 생산성과 성과가 높아지기 때문이다.

조직에서 직원몰입에 대한 관리는 개인에게 달려 있다. 그러나 리더는 직원들이 높은 수준의 몰입 상태를 유지할 수 있도록 관심을 가져야 한다. 경영층은 최고 수준의 몰입을 요구한다. 조직 효과성은 어느 정도 직원몰입을 끌어내는가에 달렸다. 따라서 리더는 직원몰입의 심리적 특성과 작동 원리를 알아야 한다.

직원몰입의 핵심 구성 요소

직원몰입을 구성하는 3가지 요소는 인식, 감정, 행동이다. 몰입도가 높은 사람은 낮은 사람에 비해 조직의 주인이 바로 나라고 인식하며, 조직의 비전과 목표를 달성하기 위해 해야 할 일을 분명히 알고 있다. 또한 자신이 일한 만큼 평가와 보상을 받는 것을 당연시하며, 주위 사람에게 영향을 미치는 것을 가치 있는 활동으로 여긴다. 자기개발이나 경력개발에 대해 잘 알고 실천한다.

직원몰입은 조직과 일, 다른 구성원에 대한 정서적 애착이다. 높은 몰입을 하는 사람은 낮은 몰입을 하는 사람보다 업무 목표 달성에 대한 더 큰 확신과 열정을 가지고 있다. 일이 시작되면, 시간 가는 줄 모르고 집중한다. 일을 할 때, 자신이 가지고 있는 모든 에너지를 쏟아붓는다. 이로 인해 높은 수준의 몰입 상태에서 에너지가 완전 소진되기 쉽다. 그러나 일정한 시간이 경과하면 다시 에너지가 충전된다.

직원몰입의 마지막 핵심 구성요소는 행동이다. 몰입도가 높은 사람은 낮은 사람보다 자신의 역할을 수행할 방법을 더 능동적으로 찾으며, 일이 마무리될 때까지 집요하게 매달린다. 일을 수행하면서 자신의 역할 범위에 제한 받지 않고, 필요한 경우 그 범위를 넘어서 활동한다. 누구의 지시가 없더라도 자율적으로 일하며, 일할 자유를 가지고 있다고 생각한다. 일을 찾아서 하기 때문에 상황의 변화를 쉽게 감지하고 선제적으로 대응한다.

유사 개념과의 차이점

직원몰입은 개인의 정서 상태와 행동 경향이라는 두 가지 측면을 갖고 있다. 유사한 특성을 가진 개념으로 사기, 직원만족, 관여(commitment)가 있다. 사기는 집단의 정서 상태인 점에서 직원몰입과 구분된다. 직원만족은 긍정적인 정서 상태로 직원몰입과 유사하지만, 몰입이 가지고 있는 두 번째 특징인 행동 경향을 포함하지 않는다. 행동 경향은 내적인 에너지로서 몰입이 행동으로 표출되는 것을 의미한다. 직원만족에는 특정 행위에 깊이 관여하는 행동 에너지가 없는 반면, 직원몰입에는 목표지향적인 행동 에너지가 있다.

관여는 정서 상태이며 행동 경향을 가지고 있다는 점에서 몰입과 유사하다. 주된 차이점은 애착(attachment)의 수동성과 능동성에 있다. 관여는 수동적인 애착이라면, 몰입은 능동적인 애착이다. 윌리엄 메이시(William Macey, 2009)는 관여와 몰입의 차이를 이렇게 정의하였다. "몰입은 열정, 긴박성, 강도와 같은 능동적 애

착의 특성을 가지고 있으나, 관여는 그와 같은 능동적 특성을 가
지고 있지 않다."

직원몰입의 심리적 기제

직무 현장에서 관여와 몰입을 구분하기는 쉽지 않다. 높은 관여
나 몰입을 보이는 직원들은 모두 자신들이 해야 할 일을 알고 있
으며, 그들이 하는 일은 조직의 목표와 밀접히 연관되어 있다.

몰입과 관여의 주된 차이는, 몰입도가 높은 직원은 관여가 높은
직원에 비해 목표를 '자기 것으로 전환'(buy-in)시킨다는 데 있다.
이 심리상태는 조직 효과성을 관리하는 데 중요한 의미를 갖는다.
자기 것으로 전환시키는 것은 동일시를 통한 내재화와 같다. 경영
자들은 구성원들이 주인의식을 갖고 조직의 목표를 내재화시키는
것처럼, 조직의 정체성을 내재화시키길 원한다.

효과성 코칭은 생산성과 긍정성의 균형 관리를 중시한다. 생산
성을 극대화하려면 몰입을 통해 조직의 비전과 목표를 내재화시키
고, 긍정성을 극대화하려면 동일시를 통해 조직의 정체성을 내재
화시켜야 한다. 이런 점에서 직원몰입과 동일시는 조직의 강점 요
인을 원하는 결과로 연계시키는 매개 변인이라 할 수 있다.

직원몰입을 통한 전략 실행

리더로서 조직 목표를 달성하기 위한 전략을 어떻게 실행시킬
것인가? 어떻게 하면 원하는 결과를 얻을 것인가? 전략과 결과를
얼마나 효과적으로 연계시키느냐는 리더십 경험과 역량에 달려 있

다. 효과성 코칭은 조직 구성원의 몰입을 통해 전략과 결과가 연계될 수 있도록 돕는다.

창의적 리더십센터(Center for Creative Leadership)의 연구에 의하면, 실패한 리더는 자기중심성이 강하고 대인관계 문제가 크다고 한다. 자기중심성은 자신의 눈으로만 세상을 보려고 하는 것이다. 자신의 성공 논리에서 벗어나지 못한다. 리더로서의 역할을 확대하고 리더십을 효과적으로 발휘하여야 하지만, 상자 안의 사고를 벗어나지 못한다. 자신을 제외한 외부 자원, 특히 함께 일하는 구성원들의 잠재성과 상호협력을 끌어내는 데 실패한다.

리더는 스스로 전략을 실행하려 하지 말고, 구성원들에게 전략을 실행하는 방법과 수단을 제공하여야 한다. 선략 실행에 있어 리더가 선택할 수 있는 최상의 방법은 바로 직원몰입이다.

직원몰입 수준을 높이는 효과적인 방법

구글은 엔지니어에게 업무시간의 20%를 자신이 가장 관심 갖고 열광하는 일에 투자하도록 허용한다. '20 Percent Time'이라는 제도를 통해 각자의 관심 사항을 시도해보게 하고 이를 통해 다양한 혁신적 아이디어를 개발하도록 한다. 이 제도가 성공적으로 정착되고 지속되려면, 조직과 엔지니어들 간에 신뢰가 있어야 한다. 조직의 관점에서 신뢰는 구성원들이 경영목표와 연계된 일을 수행하되 자율성을 갖고 일하게 하는 것이다. 구글은 전적으로 엔지니어들을 신뢰한다.

신뢰는 직원몰입의 기본이다. 신뢰는 경영자와 구성원 간에 존재하는 무형의 가치다. 구성원을 신뢰할 때, 신뢰는 조직의 목표를 내재화하고 그 목표를 달성하기 위한 일에 몰입하도록 이끈다. 직원몰입을 향상시키는 효과적인 방법은 다음과 같다.

- 리더가 더 세심하게 직원을 대한다.
- 구성원들이 자신의 일에 영향을 미치는 문제에 대해 의견을 말하게 한다.
- 통제하기보다 일의 과정에 관심을 갖고, 필요한 개선을 한다.
- 구성원들이 주도적으로 일을 수행하도록 안정감과 자유를 느끼게 한다.
- 구성원들이 조직의 일원으로서 존중 받는다고 느끼게 한다.
- 역량이 향상될 때마다 피드백을 하고 계속해서 도전할 수 있는 기회를 준다.
- 조직의 비전과 목표에 부합하는 문화를 만든다.

조직 효과성 향상을 위한 코칭 설계

조직 구성원의 사고와 행동이 변화하기 위해서는 조직 목표가 명확하고 담대해야 한다. 목표가 담대할수록 결정적 행동을 찾기 위한 구성원들의 노력이 활발해진다. 구성원들 간의 대화가 창의적이고 미래지향적인 관점에서 이루어질 때 그들의 잠재성과 역량이 최대한 발휘될 수 있는 기회가 생긴다. 이 과정에서 그들은 변화되어가는 자신의 모습을 볼 수 있다.

조직 리더는 변화하는 구성원의 사고와 행동이 담대한 목표와 연관되도록 방향을 잡아주고 정렬시켜야 한다. 구성원들의 내면적인 변화와 에너지를 직원몰입으로 이끌어야 한다. 조직 효과성 코칭의 핵심은 직원몰입을 통해 경영전략을 실행시키는 데 있다. 따라서 직원몰입을 촉진하는 조직문화와 환경의 조성은 조직 효과성 향상을 위한 코칭 설계의 중요한 구성요소이다.

단계 1: 담대한 목표 설정

코칭 목표로는 달성이 불가능하다고 생각되는 목표를 설정한다. 조직 리더는 불가능하다고 판단되는 목표를 성취하지 않고는 경쟁에서 살아남을 수 없다는 사실을 잘 알고 있다. 문제는 불가능의 정도이다. 담대한 목표는 근본적인 패러다임의 변화가 있을 때 달성할 수 있는 목표이다. 조직 구조와 일하는 방식이 완전히 바뀌고, 조직원이 자신의 한계상황을 극복할 때만 달성이 가능한 목표이다(Hargrove, 2003).

조직을 맡은 초기에는 담대한 목표를 세우지만, 시간이 지나면서 현실적인 목표로 퇴보하는 경우가 있다. 초기의 담대한 목표가 조직 구조와 구성원의 특성, 업무의 특성, 사업환경 등의 영향으로 수정되고, 점차 경영진의 지원을 받지 못하면서 최종적으로 실패하고 만다. 열정을 갖고 도전하려던 목표가 현실의 벽에 부딪치면서 타협하기도 한다. 처음부터 담대한 목표에 도전하는 것 자체가 불가능하다고 여기고, 현실적인 목표를 설정하기도 한다. 하지만 이러한 목표는 조직 리더나 구성원 모두에게 열정을 불러일으키지 못한다.

코치의 역할은 조직 리더가 이루고 싶은 담대한 목표를 설정하고, 도전하도록 자극하고, 그 실행을 돕는 것이다. 처음 시도되는 목표라면, 목표에 영향을 미칠 수 있는 요인들에 대해 다각도로 점검을 수행한다. 목표는 전사 차원의 비전 및 목표와 연계되고, 한 방향으로 정렬되어야 한다. 전사 차원의 경영방침과 조직 운영의 연계성, 경영목표 달성을 위한 혁신 활동, 성과지향적인 조직 운영 방법, 조직 리더의 리더십 개발, 조직문화의 조성 등은 조직 리더가 도움 받고 싶은 대표적인 코칭 주제들이다.

단계 2: 목표와 정렬된 리더십 개발

리더는 자신이 원하는 결과를 얻는 데 필요한 전략적 성과 리더십을 발휘하고 있는지를 확인하여야 한다. 효과성 코칭은 조직 효과성 진단(OEA)을 통해 리더와 구성원이 지각하는 조직의 역동성을 파악한다. 이 진단은 조직이 원하는 결과를 얻는 데 어느 정도 생산적인가(생산성)와, 원하는 결과를 만들어내는 데 어느 정도 적합한 환경인가(긍정성)를 측정한다. 리더는 조직의 생산성과 긍정성을 관리하여 구성원의 몰입을 끌어내야 한다. 리더의 주된 역할은 직원몰입을 통해 경영전략을 성공적으로 실행시키는 것이다.

이러한 관점에서 코치는 경영목표와 전략 — 리더십 발휘 — 직원몰입 — 원하는 결과 간의 연계 수준을 분석하고, 리더가 바람직한 성과 리더십을 발휘하도록 도와준다. 효과성 코칭에서 코치는 리더십 다면 진단을 통해 리더의 리더십 수준을 객관적으로 진단하고, 다면 인터뷰 등을 통해 정성적인 측면에서도 리더십을 파악한다. 효과성 코칭은 다음과 같은 리더십 개발 원칙을 따른다.

리더 스스로 먼저 변화하기

조직 효과성 향상을 위한 리더십 개발의 원칙은 리더가 먼저 변화하는 모습을 보여주는 것이다. 성찰을 일상화하고, 원하는 결과를 얻지 못한 원인을 외부가 아니라 자신의 내부에서 찾아야 한다. 그래야 리더로서의 진정성이 확보되고 영향력도 커진다. 러시아의 대문호 톨스토이는 "사람들은 세계를 변화시키겠다고 말하지만, 정작 자기 자신을 변화시키려는 사람은 없다"고 말하였다. 조직을 변화시키려면, 먼저 개인의 마음 자세와 행동의 변화가 있어야 한다.

강점을 더 발휘하고 약점은 적정 수준 보완

리더십의 개발 방향은 강점을 더 발휘하면서, 원하는 결과를 얻는 데 방해되지 않도록 부족한 점을 보완하는 것이다. 강점을 더 발휘하는 데 있어 함정은 리더의 성공을 이끈 강점이 미래의 성공에 방해요인이 되기도 한다는 것이다. 리더는 자신이 가진 성공논리의 함정에 빠지지 않도록 경계해야 한다. 따라서 현재의 역할을 성공적으로 수행하는 데 필요한 리더십 관점에서 강점과 개발 필요점을 파악해야 한다.

신속하고 급진적인 행동변화

리더십 개발을 통한 변화는 신속하고 급진적이어야 한다. 급변하는 환경에 효과적으로 대응하기 위해서는 카멜레온처럼 환경이 요구하는 리더의 모습을 보여야 한다.

리더의 역할을 성공적으로 수행하려면 무엇보다 리더의 역할과 개인의 성향을 명확하게 구분해야 한다. 성격이 차분하고 분석력과 논리성이 뛰어난 리더는 조직책임자가 되었을 때 의사결정을 주저할 수 있다. 성과에 대한 책임감이 커지면서 분석력과 논리성은 위험요인을 찾는 데 활용되고, 차분함은 안정추구로 나타날 수 있기 때문이다. 이전의 강점은 변화된 상황에서 새로운 역할을 수행하는 데 방해요인이 될 수 있다. 따라서 역할이 요구하는 핵심역량을 발휘할 수 있으려면, 필요한 행동변화가 신속하고 급진적으로 이루어져야 한다.

이와 같은 리더십 개발 원칙들을 근간으로 리더십 변화 과제, 조직 리더와 팀 리더 간의 역할 조정, 생산성과 긍정성을 촉진시키는 데 필요한 리더십, 성과 리더십 이슈 등을 명확히 해야 한다.

단계 3: 직원몰입을 끌어내는 조직환경 조성

조직 리더는 거시적인 시각에서 조직을 들여다보면서 조직 차원에서 직원몰입을 끌어낼 수 있는 조직환경을 조성한다. 직원몰입은 개인이 담당할 부분도 있지만, 조직 리더가 관리해야 할 영역도 있다. 효과성 코칭에서는 조직문화 만들기, 업무프로세스 관리, 인재육성 등을 중점적으로 다룬다.

구성원의 존재감을 키우는 조직문화 구축

성과 중심 조직관리에서 어려움은 성과평가 제도의 객관성과 공정성을 확보하고, 제도에 대한 구성원들의 수용을 끌어내는 데 있다. 성과평가에 따른 보상과 인사적 처우만으로는 직원몰입을 끌어내기에 충분하지 않다. 조직 구성원이 각자의 위치에서 일하면서 손중받고 있다는 의식과 느낌을 갖게 하는 것이 중요하다. 자기 존재에 대해 긍정적인 자기의식이 커질수록 주도적으로 삶을 구성하려는 동기와 의지가 커진다.

업무프로세스 개선에 대한 리더의 관심

조직 리더는 결과 중심의 사고를 갖고 일한다. 리더는 결과에 대한 책임을 지기 때문이다. 반면에 구성원들은 그 결과를 만드는 과정을 책임진다. 어떻게 하면 직원들이 결과를 만들어내는 과정에 몰입하도록 할 수 있을까? 리더는 미흡한 결과에 화를 내기보다 그 결과가 나오는 과정을 관리해야 한다.

한 대기업의 임원은 기획관리팀이 맡은 역할을 제대로 수행하지 못해 원하는 결과가 나오지 않는다고 말한다. 기획관리 팀장은 기획업무와 관리업무를 함께 추진하는 것이 현실적으로 쉽지 않다고 불평한다. 불평을 잘 경청하면 팀장의 주된 관심이 어디에 있는지 알 수 있다. 조직의 기능 관점에서 보면, 기획이 관리보다 더 중요하기 때문에 팀장은 관리업무를 소홀히 하게 된다. 팀의 기능이 원활하게 이루어지도록 환경을 조성하는 것은 조직장의 책임이다. 임원은 이 문제를 해결하기 위해 기획관리팀을 기획팀과 관리팀으로 분리시켰다.

조직 구성원의 역량을 키우고 경력개발 돕기

평생 직장보다 평생 직업의 개념이 보편화되면서 구성원의 일방적인 조직충성은 기대하기 어렵게 되었다. 인재들은 조직 내의 자기개발의 기회, 직무전문성을 키울 수 있는 기회, 경력개발 지원제도 등을 고려하여 이직이나 전직을 결정한다. 조직요구와 개인요구를 균형 있게 조율하고 연계시키는 것은 조직책임자의 중요한 책무이다.

연구개발을 담당하고 있는 한 임원은 주기적으로 연구원들을 만나고 있다. 그는 연구원들의 직무역량을 높이고 그들의 경력개발에 도움이 될 수 있는 주제들을 발굴하여 토론 주제로 활용해왔다. 업무 상황과 연구원의 개인 상황을 고려하여 여러 소집단을 구성한 다음 1시간 이내의 자유토론을 했다. 미팅 초기에는 출석률도 낮고 토론에 대한 열정도 부족하였으나 다른 동료들의 가치관, 일하는 방식, 경력비전과 관리방식, 미래설계 등에 대한 정보를 교환하면서 미팅 출석률이 크게 높아졌으며, 임원과 연구원들 간의 신뢰도 향상되었다.

단계 4: 고성과 창출을 위한 한 방향 정렬

앞의 단계에서 진행되는 활동들은 개별적으로 이루어지는 것이 아니라 서로 연계성을 가지면서 전사 차원의 비전과 목표와 정렬되어야 한다. 이 책의 1부에서 강조하였듯이 탁월한 성과를 내기 위해서는 사업과제 정렬, 리더십 정렬, 심리적 정렬을 확보해야 한다. 조직 리더를 대상으로 한 효과성 코칭에서는 이들 3가지 정렬을 집중적으로 점검한다.

사업과제 정렬

사업목표를 성공적으로 달성하기 위해서는 역할별로 사업과제에 대한 정렬이 중요하다. 사업과제를 바라보는 조직 리더와 팀장, 구성원의 관점을 확인한다. 조직 내에서 진행되고 있는 10개의 과제를 선정하고, 조직 관점과 개인 관점에서의 우선 순위를 각각 조사한다. 조직 리더의 생각과 팀 리더의 생각은 어느 정도 일치하는지 확인한다. 차이가 발견되면 개인면담이나 집단면담을 통해 의견 차이를 좁히도록 한다.

리더십 정렬

효과성 코칭에서는 "당신의 역할을 무엇입니까?"라는 질문을 통해 리더들이 자신의 역할을 돌아보게 한다. 리더로서 자신의 역할에 대한 인식, 비슷한 직급의 리더들 간 역할 인식의 차이점, 조직 상하 간 권한위임과 임파워먼트에 주목한다. 필요하다면 조직

상하 간의 리더십과 역할을 조정한다. 상하좌우로 역할 인식이 명확하고 합치될 때 의사소통의 효과성이 높아진다.

심리적 정렬

기업 가치를 전사 차원에서 확산시키고 가치를 내재화하는 것은 중요한 리더십 이슈이다. 조직과 팀뿐만 아니라 개인도 개인가치를 중심으로 한 정체성을 갖는다. 또한 리더 역할을 수행하다보면 역할 중심의 리더십 정체성을 갖게 된다. 이러한 정체성들이 서로 충돌하면 심리적 갈등이 일어나고 소통에 벽이 생긴다. 정체성을 한 방향으로 정렬시키는 것은 조직문화의 기본이다. 기업 가치를 억지로 주입하는 것이 아니라 구성원 개인의 가치체계와 상호작용하도록 하면서 개인별로 인식의 확대와 통찰의 경험을 통해 내재화하도록 하는 것이 중요하다.

단계 5: 결정적 행동의 실행과 평가

어떤 행동이 원하는 결과를 얻을 가능성을 높이는지 판단하고, 그 행동에 집중하도록 구성원들을 이끄는 것은 조직 리더의 과제이다. "어떤 행동을 하면 더 나은 결과를 얻을 것인가?" 성과 향상을 보일 수 있는 결정적 행동을 찾는 것이 중요하다.

효과성 코칭에서는 먼저 조직 리더로서 중역의 결정적 행동을 정의한다. 다음은 하위 조직의 리더와 구성원들이 실행하여야 할 행동을 정의한다. 역할별로 결정적 행동이 명확하게 정의될 때 원하는 결과를 얻기 쉽다. 조직책임자는 이러한 행동들을 일상적으로 관찰하고 주기적으로 평가함으로써 원하는 결과를 성취할 수 있는 가능성을 높여야 한다.

효과성 코칭에 참여한 한 대기업의 중역은 자신의 리더십을 되돌아보고, 리더십 영향력이 역량이나 스킬이 아니라 리더의 존재감으로부터 나온다는 것을 깨달았다. 그는 자신만의 능력으로 성과를 내려고 하기보다는 구성원의 역량을 끌어내어 성과를 내는 리더십을 발휘하기로 마음 먹었다. 기다리지 못하고 반사적으로 반응하고 지시하는 스타일을 바꿔 팀장과 실무담당자의 의견을 충분히 듣고나서 최대한 임파워먼트를 하려고 노력하였고, 불편한 기색을 그내로 느러내기보다는 자기관리를 통해 밝은 표정을 지어 보였다. 이러한 중역의 행동변화는 구성원들을 지시에 따르는 수동적인 사람에서 적극적이고 창의적으로 업무를 수행하는 사람으로 바꾸어놓았다.

조직 효과성
향상을 위한 코칭 스킬

조직의 경영자나 리더는 일하는 과정에서 알게 모르게 구성원의 사고와 행동에 영향을 미친다. 바람직한 부분은 인정하고 보상하지만, 그렇지 못한 부분에 대해서는 제재를 가하거나 통제하는 방식으로 말이다. 일관된 조직관리 방식은 구성원들이 특정한 사고

방식과 행동방식을 갖게 만든다. 그리고 학습되고 습관화된 사고와 행동은 구성원들에게 내재화되고 고착화된다.

조직 효과성을 높이기 위해서는 조직 구성원들이 공통적으로 가지고 있는 사고체계를 살펴보고 변화포인트를 찾아야 한다. 조직 구성원들이 보이는 방어적 관행이 대표적이다. 방어적 관행은 조직의 사고논리에 의해 통제되고 길들여진 것에 대한 심리적 대응 전략이다.

방어적 관행은 억눌려 있고 닫힌 마음의 표현이다. 이러한 속마음을 겉으로 드러내고 공유할 때 새로운 에너지원으로 전환될 수 있고, 조직이 달성하고자 하는 목표를 이루는 창의적 해법이 나올 수 있다. 조직 구성원이 존재감을 높이고 자긍심을 갖도록 하는 것은 조직 효과성을 높이는 데 필수요소이다.

코칭 스킬 1
방어적 관행 없애기

사람들은 타인과의 관계가 불편해지면 말수가 줄어들거나 공격적인 언행을 한다. 때로는 지금까지 대화한 내용을 마치 없던 일인 것처럼 덮어두거나 다른 주제를 꺼내는 우회선략을 쓴다. 이렇게든 자신의 속마음을 드러내지 않으려 한다. 속마음을 드러내며 말해봐야 자신만 상처 입을 가능성도 있고 달라지는 것은 없다고 생각한다. 서로 머리를 맞대고 토의해봐야 모두 비생산적이고 부질없다고 치부한다. 이러한 속마음은 대화 단절로 나타난다.

이 상황에 작동하는 기본적인 심리는 자신을 지키고 보호하는 것이다. 크리스 아지리스(Chris Argyris, 1990)가 지적한 방어적 관행(defensive routines)이다. 조직에서 흔히 관찰되고 조직 효과성을 떨어뜨리는 영향요인이지만, 구성원이 스스로 다루기 어려운 주제다. 그들이 방어적 관행의 주인공일 가능성이 높기 때문이다. 객관적인 입장에서 코치의 개입이 필요한 부분이다.

로버트 퍼트남(Robert Putnam, 1993)은 방어적 관행을 빨리 제거해야 하는 이유를 다음의 세 가지로 들었다. 첫째, 사업환경이 급속도로 변화하여 조직의 학습능력이 중요해졌는데, 방어적 관행은 조직의 학습을 방해한다. 둘째, 조직이 다양성 이슈를 통합적으로 관리하고 대응해야 하는데, 이를 위해서는 관점이나 맡은 직무기능이 달라도 서로를 이해할 수 있어야 한다. 방어적 관행은 다양성으로부터 취할 수 있는 이점을 방해한다. 셋째, 위계조직이 수평조직이 되려면 같은 계층 간, 역할 간 장벽이 없어야 한다. 방어적 관행은 이러한 장벽을 견고하게 하며, 상호 학습하고 영향을 미치는 활동을 방해한다.

잘못된 결과를 외부 탓으로 돌리는 심리

방어적 관행에 작용하는 기본 심리는 잘못된 결과의 원인을 상대방에게 돌리는 것이다. 상황이 악화되었을 때, 상대방이 원인을 제공했다고 생각한다. 이러한 외적 귀인은 사람들로 하여금 자신의 사고와 행동이 조직에 어떠한 영향을 미치는지 주의를 기울이지 못하게 한다. 오히려 자신의 생각과 행동이 합리적이라고 간주한다. 따라서 타인과 갈등이 생기면, 자신의 생각 속에 갇히고 속내를 드러내지 않는다. 말해봐야 소용이 없다고 생각한다. 결국 조직 내에서 개인 간, 단위조직 간에 소통이 사라지게 된다.

영업부 박 차장은 신규 고객을 확보하기 위해 고객에게 회사 건물을 장기 임대해 매장 개설을 지원하길 원한다. 재무부의 정 차장은 낮은 건물 임대비와 선투자 방식에 난색을 표한다.

"박 차장님, 새로운 영업전략이 필요합니다. 지금 부실채권이 어느 정도인지 잘 아시잖아요. 지금 회사 재무상황이 좋지 않아서 지원은 불가능합니다."

"정 차장님, 저희도 올해 부실채권을 해결하기 위해 노력하고 있습니다. 올 상반기에 가시적인 성과가 있을 것으로 예상하고 있습니다. 이번 신규고객은 기존 고객과 사업규모와 재무상황이 다르다는 것을 아시잖아요. 이럴 때는 치고 나가야지요."

서로 상대방에게서 잘못의 원인을 찾는다.

방어적 관행 형성

서로 이해가 상충하면서 각자의 주장만 되풀이될 뿐 해결책이 안 보인다. 시간이 가면서 언성은 높아져도 서로 자신의 속내를 드러내지 않는다. 속내를 말로 표현할 때 추가적인 갈등이나 논쟁이 예상된다면 침묵한다. 겉으로 보기에 회의가 진행되는 것 같지만, 회의는 비생산적이며 결국 회사에 손해를 끼치는 활동이다. 두 사람은 나중에 우회적으로 상대방이 속으로 어떤 생각을 하였는지를 듣게 된다.

"영업부는 골칫거리만 만든다니까. 지금 재무상황을 알고 있기

나 해? 우리 회사 직원이 맞나? 회사를 위해 일하는 거야, 아니면 자신의 영업실적 올리려는 거야?"

"재무부 사람들은 정말 깐깐하고 비협조적이야. 영업 일을 해보기나 했나? 영업은 선투자를 해야 하는데 위험은 감수하지 않고 관리만 하려고 하니, 일을 하라는 거야, 말라는 거야?"

이러한 속마음이 상대방에 대한 인식으로 고착화되고, 불신의 골은 깊어진다. 각자 방어적인 입장을 취할 수 있는 명분을 확보했다. 이들 두 부서 간의 대화 빈도는 갈수록 적어지면서 업무실적의 부진을 상대방 탓으로 돌릴 가능성이 높다.

예기치 않은 결과

방어적 관행은 종종 예기치 않게 조직문제로 발전하기도 한다. 박 차장과 정 차장은 문제를 해결하지 못하고 각자 상사에게 상황을 보고한다. 업무보고를 받은 임원들은 경영상황을 고려하여 심도 있게 논의하지만, 결론을 도출하지 못한다. 결국 그들의 상사인 최고경영자가 의사결정을 해야 하는 상황이 된다. 이 경우 어떠한 형태의 의사결정이 이루어지든 두 임원의 리더십은 상처를 입는다. 최고경영자가 두 임원 중에 어느 한쪽을 지지할 때, 상처는 더 깊어진다. 결국 그 상처는 담당 실무자에게 돌아갈 가능성이 높다.

방어적 관행은 부서 간 협력을 저해하고 담당 실무자의 내면에 상대방에 대한 특정 인식을 고착화시킨다. 또한 부서 간의 소통과 협력 부족이 조직문제로 확대되는 결과가 초래된다.

방어적 관행의 해결방법

방어적 관행을 해결하려고 할 때, 처음부터 구성원들이 실제 사용하는 사고체계, 즉 멘탈 모델(mental model)을 직접 다루는 것은 효과적인 방법이 아니다. 멘탈 모델을 다루려면, 먼저 조직 차원에서 당면한 문제의 중요성을 인식하고 책임을 명확히 정의해야 한다. 조직 차원의 가이드라인이 있을 때, 구성원은 속마음을 열고 문제해결의 방향성을 갖게 된다. 그 이후에 로버트 슈와츠(Robert Schwarz, 2002)가 제안하는 방법을 활용할 수 있다.

1. 먼저 방어적인 생각과 행동을 검토한다.
2. 그러한 생각과 행동의 근간인 가정을 드러나게 하고, 검증하도록 요청한다.
3. 방어적 관행으로 초래된 예기치 못했던 결과에 직면하게 한다.
4. 기존 가정을 변화시키고 새로운 행동을 하도록 돕는다.

코치가 방어적 관행을 해소하기 위해 위의 접근방법을 사용하면 효과적이다. 현장에서 상사와 직원이 방어적 관행에 대해 직접 대화하기는 쉽지 않다. 직원은 자신의 생각과 감정을 모두 노출시키기 때문에 상사와 견고한 신뢰관계가 형성되어 있지 않다면 다른 형태의 자기방어기제가 작동할 수 있다. 코치가 코칭 대상자와 신뢰관계를 형성하였다면 이 문제에 개입하여 도움을 줄 수 있다.

만일 코칭 대상자가 방어적 행동으로 고민한다면 다음의 내용을 코칭 과제로 부여한다.

1. 방어적 관행의 목록을 작성하고 작동하는 심리기제를 학습한다

자기 자신도 방어적 관행을 보이고 있다는 사실을 알고 있지만, 작동하는 심리기제를 모르는 경우가 있다. 속마음을 드러냈을 때 어떤 문제가 발생할지 불안한 마음에 습관적으로 행동하지만, 자기방어기제가 무의식적으로 작동하기 때문에 인식하지 못한다. 심리기제에 대한 학습을 통해 가능한 대응방안을 마련한다.

2. 객관적인 입장에서 상황을 보고, 해결방안을 찾는 질문 연습을 한다

방어적 관행을 보이는 상황에 개입되어 있더라도 한발 물러서서 의도적으로 자신에게 질문한다. "지금 어떤 일이 일어나고 있는가? 이 순간 가장 바람직한 결정은 무엇인가? 대화의 진정한 목적은 무엇인가? 방어적 관행에서 빠져나올 수 있는 효과적인 방법은 무엇인가?" 상대방이 방어적 관행을 보이면, 다음과 같이 자신에게 질문해본다. "지금 상대방이 회피하려고 하는 것은 무엇인가? 상대방이 스스로 위협받고 있다고 생각하는 것은 무엇인가? 그 내면에서 생각하고 느끼는 것은 무엇일까?"

3. 방어적 관행을 쉽게 작동시키는 민감한 주제를 찾는다

민감한 주제는 방어적 관행을 유발시키는 요인이다. 사람들은 어떤 상황, 주제, 대상인물에 민감한지를 찾아 조직 내에서 관찰되는 방어적 관행의 패턴과 인과관계를 파악한다. 방어적 관행의 모습과 심리를 알수록 해결책도 명확해진다.

4. 방어적 관행을 목격했다면 개입하여 해결한다

직접 개입하여 도움을 주기 위해서는 먼저 상대방과 열린 대화를 나눌 수 있는 관계이어야 하고, 방어적 관행에 대한 이해가 필요하다. 다음 질문을 통해 해결책을 찾아본다.

- 대화를 멈추는 까닭은 무엇인가? 민감한 주제는 무엇인가?
- 회피하려는 것은 무엇인가? 직면하지 않고 우회하게 하는 것은 무엇인가? 무엇을 덮어두려고 하는 것인가?
- 방어적 관행의 수면 아래에 있는 가정을 검증해보았는가?
- 예상되는 최악의 결과는 무엇인가? 최악의 결과가 발생하지 않도록 지금 할 수 있는 것은 무엇인가?"

코칭 스킬 2
속마음 공유하기

사람들이 겉으로 한 말과 속으로 생각한 말은 서로 다를 수 있다. 겉으로 드러내는 말을 지배하는 논리와 속마음을 지배하는 논리가 다르기 때문이다. 아지리스(Argyris, 1991)는 속마음을 지배하는 논리를 멘탈 모델이라고 명명하였다. 사람들은 성장하면서 부딪히는 문제들을 풀어가는 과정에서 자신만의 마스터 프로그램을 개발한다. 자신을 둘러싸고 있는 상황을 해석하고 어떻게 대응할 것인지를 계획하고 그에 따라 행동한다. 멘탈 모델은 가정과 이론의 구성체로서 행동 규칙을 제공한다. 따라서 한 개인의 멘탈 모델을 보면 앞으로 어떻게 행동할지를 예측할 수 있다. 그러나 외부 환경이나 상대방으로부터 위협을 받거나 당황스러움을 느낄 때, 멘탈 모델에 방어기제가 작동한다. 이때 자신이 생각하는 것과 실행하는 것이 다르게 나타난다. 멘탈 모델은 생각(속마음), 감정, 현재 행동, 미래 행동을 논리적으로 연계하는 인식의 틀이다.

앞에서 소개한 박 차장과 정 차장의 대화를 떠올려보자. 박 차장은 신규 고객을 확보하기 위해 정 차장에게 영업전략을 소개하며, 정 차장이 재무적인 측면에서 협조해줄 것을 부탁한다(현재 행동). 이 제안에 정 차장이 회사의 재무사정과 영업부의 채권부실 문제를 들어 반대한다(현재 행동). 박 차장은 그가 지나칠 정도로 깐깐하고 비협조적이라고 생각하지만(속마음), 겉으로 드러내지 않는다. 실제로 말했을 때 겪게 될 갈등이 염려되고 두려워서다(감정). 이로 인해 속내를 드러내진 않았지만, 박 차장은 자신의 생각이 사실이라고 간주한다. 겉으로 드러낸 말을 사실로 보지 않고, 자신의 속마음을 사실로 보는 것이다. 후에 정 차장의 부정적인 속내를 듣고, 상대방이 비협조적이라는 자신의 속마음이 옳았다고 확신한다. 속마음이 사실이라는 증거를 확보한 것이다. 이 속마음을 토대로 박 차장은 정 차장과 대화할 때는 조심하거나 대화를 피한다(미래 행동).

속마음을 파악하는 효과적인 방법

사업목표를 달성하기 위해서는 가치사슬에 연계된 부서들이 서로 협력하며 일해야 한다. 상하좌우 소통이 활발하지 않으면, 조직 효과성은 낮아진다. 신체에 피가 잘 돌아야 건강한 것과 같은 이치다. 조직도 하나의 생명체이다. 조직의 리더는 전체 조직을 조망하면서 대화가 막히는 곳을 찾아서 뚫어주어야 한다.

어떻게 사람들의 속마음을 파악하고 소통할 것인가? 소통되지 않는 속마음은 비용이지만, 소통되는 속마음은 이익이다. 아지리스와 그의 연구 동료들은 좌측 칼럼 기법(left-hand column)을 제안하였다. 좌측 칼럼에는 자신이 생각하였지만 드러내지 않은 속마음을, 우측 칼럼에는 겉으로 드러낸 생각을 적는다. 대화의 초입이나 방어기제가 작동할 때에는 좌측 칼럼에 있는 것을 잘 드러내지 않는다.

효과성 코칭에서는 좌측 칼럼 기법을 응용하여 다음 4가지 요소를 파악한다.

1. 상대방의 언행: 상대방으로 인해 불편함, 위협, 당황스러움을 느꼈던 상황과 상대방의 언행을 적는다. 언행은 구체적으로 적는다.

2. 겉으로 드러낸 나의 언행: 상대방의 언행에 대응하여 겉으로 드러낸 나의 대응을 적는다. 나의 감정 표현이나 언어 표현, 행동 등을 적는다.

3. 말하지 않은 나의 느낌과 생각: 직접 드러내놓고 말하시는 않았지만, 그 당시 가지고 있던 속마음을 적는다. 느낀 점과 생각한 것을 구체적으로 포함시킨다.

4. 시사점과 대응 방안: 속마음을 분석하고 드러내보면서 느끼고 학습한 점, 같은 상황이 반복된다면 어떻게 대응할 것인지에 대한 방안을 적는다.

말하지 않은 나의 느낌과 생각	불편함을 느끼게 한 상대방의 언행	겉으로 드러낸 나의 언행
시사점과 대응 방안		

| 표 3 | 속마음 파악과 소통을 위한 좌측 칼럼 기법

리더들과 심층 대화하기

국내 한 대기업은 경영의 신념과 철학을 담은 웨이(way)를 선포하였다. 최고경영층은 계열사 모든 임직원들이 웨이를 직무행동의 기초로 삼고 내재화하길 기대한다. 웨이를 선언하고 1년이 경과할 즈음, 긍정적인 변화의 모습도 있지만 불평의 소리도 들린다. 리더들은 불경기에 사업 실적을 올리기도 어려운데, 웨이를 확산시키고 그 성과도 보고해야 하는 부담에 힘들어했다. 직무성과와 직결되지 않는 새로운 일거리로 보았다. 또한 기존 리더십과 웨이에 따른 리더십 관계가 불명확했다. 신세대들은 웨이를 긍정적으로만 해석하여, 리더들의 질책과 쓴소리가 잘 통하지 않았다. 웨이 확산에 중심 역할을 하는 리더들의 고충을 어떻게 풀어줄 것인가? 이에 대한 해결 방안으로 수정된 좌측 칼럼 기법을 통해 속마음을 공유하는 대화 시간을 마련했다.

행동변화의 에너지원 형성: 힐링과 긍정적 사고

코치는 리더들에게 당시 말하지 않은 자신의 생각과 느낌을 코치에게 직접 표현하도록 요청하였다. "박 팀장님, 저를 그 신세대 직원이라 생각하고 왼쪽에 적힌 것을 그대로 말해보십시오. 감정을 사실적으로 표현하는 것이 중요합니다. 목소리 톤에 그 감정을 실어보십시오." 리더는 억눌렀던 속마음을 드러내면서 힐링을 체험한다. 억눌렀던 걱정과 두려움, 불편함을 편안하게 드러내기 때문이다. 이 과정에서 생기는 긍정적 정서는 자신이 생각하는 미래 행동을 실천하는 에너지원이 된다. 속마음이 공유되면서 행동변화가 이루어질 가능성이 높아진다.

공감은 속마음을 여는 열쇠다. 서로 공감할 때 속마음을 공유하게 되고, 속마음을 공유하면서 긍정적 정서와 사고가 형성된다. 이러한 현상이 조직 차원에서 나타날 때 웨이(way)가 내재화될 가능성이 높다. 반대로, 서로 공감하지 못할 때는 속마음을 드러내지 않으며, 서로간에 심리적 거리감을 느낀다. 조직에 영혼(soul)이 없고, 구성원들은 작은 외압과 긴장, 실패 경험에도 심리적 무력감을 느끼고 방어적이 된다. 또한 구성원들은 자신과 타인을 떼어놓으며, 타인에게 일어난 일은 자신과 무관한 것으로 해석한다.

코칭 스킬 3
존재감 강화를 통해 조직 정체성 만들기

조직 구성원들의 개인 정체성, 팀 정체성, 조직 정체성이 서로 연계될 때, 조직 효과성은 극대화된다. 조직 정체성은 "우리는 누구인가?"에 대한 답이며, 그 답을 하는 사람은 바로 조직 구성원이다. 조직 정체성은 조직 구성원들이 과거에서 현재까지 만든 이야기와 신화로 구성된다. 그것은 자신이 속한 조직에 대한 인지적 표상이다.

조직 정체성의 두드러진 특성은 방향성, 차별성, 가변성이다. "우리 조직은 어떤 조직인가?"에 대한 답은 조직의 방향성이다. 여기에는 지향하는 가치나 신념, 비전과 목표, 임무와 역할에 대한 인식이 포함된다. "우리 조직은 다른 조직과 무엇이 다른가?"에 대한 답은 조직의 차별성이다. 복장이나 휘장(badge), 심볼과 같은 외형적 이미지, 업의 특성 등이 포함된다. 하지만 이러한 특성들은 변화될 수 있다. 조직 정체성은 고착화된 개념이 아니라 지속적으로 생성되고 변화하기 때문에 리더십에 따라 다른 내용의 조직 정체성을 만들어낼 수 있다.

조직 정체성에 대한 경영자의 관심과 이해

조직이 탁월한 성과를 만들어내고 지속적으로 성장하길 원한다면, 조직 리더는 자신에게 다음과 같은 질문을 해야 한다.

- 우리 구성원들은 자신을 누구라고 생각할까?
- 우리 조직은 누구인가에 대해 구성원들은 어떤 답을 가지고 있을까?
- 성과평가 이외의 관점에서 직원을 본다면, 그들의 장점과 강점은 무엇인가?

- 조직 구성원들은 어느 정도 자발적으로 자신들의 잠재적 역량을 직무수행에 발휘하는가?
- 조직 내의 리더들은 직원의 잠재성을 어느 정도 끌어내고 있는가?

성과와 존재감을 균형 있게 관리할 때 직원 개인과 조직이 함께 성장할 수 있다. 조직 효과성을 높이기 위해서는 존재감과 성과를 전략적으로 연계시켜야 한다. 이를 위해 조직을 구성하는 주체들의 정체성이 서로 연계되도록 하는 것이 중요하다. 조직 리더들은 가능한 연계 방안에 대해 고민해야 한다.

임원 코칭에서 만난 한 대기업의 생산부문 총괄을 맡은 임원은 조직문화를 획기적으로 개선하고 싶은 바람과 열정을 갖고 있었다. 그는 자신의 리더십 진정성과 구성원들의 잠재성을 연계시킬 수 있는 방법에 대해 고민했다.

임원: 저는 이 회사에 마지막으로 봉사한다는 생각으로 일하고 있습니다. 사회인으로서 첫 출발을 그룹 관계사에서 했고, 가정을 꾸리고 지금까지의 삶을 함께해왔습니다. 저에겐 직장이라기보다 삶의 한 부분이지요. 지금까지 성장하면서 학습하고 경험한 모든 것을 후배들에게 돌려주고 싶습니다. 어떻게 그들을 도와줄 수 있을까요?

코치: 지금 저에게 하신 말씀에서 진정성이 느껴집니다. 후배들은 어떤 도움을 필요로 한다고 생각하십니까?

임원: 코치님도 아시겠지만, 우리 직원들에게는 에너지가 없습니다.

조직 분위기가 많이 다운되어 있어요. 각자 일은 하고 있지만, 일에 대한 주인의식이 부족하지요. 공장 직원들이 일하는 모습과 작업환경, 결과물을 보면 알 수 있습니다. 그들을 살아 움직이게 하고 싶습니다.

코치: 직원들의 성장 잠재성을 긍정적으로 보시는군요.

임원: 그렇습니다. 코치님. 저는 직원들의 잠재성을 깨우고 싶습니다.

그는 조직 리더에 의한 하향식 변화가 아니라, 구성원들이 주체가 되는 자발적 변화를 만들어내고 싶어한다. 효과성 코칭에서 긍정적인 자기인식은 주도성의 기본 요소이다. 따라서 코치는 구성원들이 일터에서 자기 존재감을 자각하고 긍정적인 자기 이미지를 갖도록 도와준다. 생산시설을 갖춘 작업장에서는 안전 문제, 안정적인 제품생산, 품질관리 등이 중요하기 때문에 일련의 표준화된 생산 절차에 따라 업무가 진행된다. "이 거대한 공장을 내가 돌리고 있습니다"라고 생각하기는 쉽지 않다. 단순 반복적인 일을 하는 경우, 주체성을 간과하기 쉽기 때문이다.

정체성 만들기 프로그램의 제안

"한 가지 아이디어가 있는데, 제안을 드릴까요? 작은 영웅들을 위한 축제 프로그램을 해보시겠습니까?" 코치는 이 프로그램의 기획 의도와 작은 영웅들의 개념을 소개하면서 전체 프로그램의 기본 구성을 설명하였다. 실제로 진행할 경우, 자체적으로 프로그램을 구체화하도록 요청하였다.

성과 중심의 조직에서는 높은 인사평가를 받는 직원이 주인공이다. 하지만 인사평가 점수는 높지 않아도 전체 업무의 어느 한 부분을 성공적으로 수행하는 일꾼이 있다. 그가 바로 작은 영웅이다. 그는 어떤 사람이며 조직에 대해 어떤 인식을 가지고 있을까? 경영자는 인사평가에서 소외될 수 있는 작은 영웅들의 존재를 인식하고 존중해줌으로써 그들의 자발적 성취동기를 극대화하는 환경을 조성할 수 있다.

작은 영웅의 정의와 선발

작은 영웅은 조직목표를 달성하는 데 기여하는 숨은 일꾼으로, 타인으로부터 성과평가가 아닌 다른 관점에서 존재 가치를 인정받고 있는 직원이다. 작은 영웅의 정의가 명확할수록 그 대상 인물을 선발하는 기준도 분명해진다. 예를 들면, 부서의 역할 모델로 인정받는 인물, 명확한 꿈을 추구하는 인물, 사회적 책임을 실천하는 인물로 정의할 수 있다. 이러한 인물을 공정하고 타당하게 선발하는 것이 중요하다. 이를 위해 각 부서의 핵심 기능별로 복수 추천된 인물에 대해 선발위원회가 심의하여 최종 선발한다.

축제의 사전 준비 및 구성

최종 선발된 작은 영웅들을 대상으로 1인당 5개 정도의 핵심적인 공통 질문을 활용하여 인터뷰를 실시하고, 인터뷰 내용을 동영상으로 촬영한다. 공통 질문은 개인의 정체성을 이해하는 데 도움이 되는 질문이다.

- 우리 회사는 당신에게 어떤 의미입니까?
- 당신의 생활신조, 삶의 철학은 무엇입니까?
- 5년 후 당신은 어떤 모습이기를 원합니까?
- 그것을 달성하기 위한 실천 계획은 무엇입니까?
- 당신에게 가장 소중한 것, 3가지는 무엇입니까?

축제 내용과 구성은 다음과 같다.

- 축제 내용: 개회, 연주회와 공연, 작은 영웅들 소개 및 포상, 동영상 시청, 영웅들의 가족 인터뷰, 부서장 인사말, 폐회
- 주요 참석자: 부서 선제 임직원, 주요 경영진, 작은 영웅들의 가족
- 개최 일시 및 빈도: 상반기 결산 시기 또는 연말(연 1회 개최)
- 개최 장소: 작은 행사를 진행하기에 적절한 장소(강당, 공원 등)

자기 존재감에 대한 인식 확대

개인의 존재감은 자기평가와 타인평가를 통해 얻게 되는 자기 이미지이다. 긍정적인 평가를 받으면 존재감은 더 높아진다. 또한 기존의 존재감이 자기평가에 따른 인식에 머무르지 않고 타인과의 관계, 팀과 조직, 외부 환경과의 관계로 확장된다. 조직 차원에서 '작은 영웅'에 대한 인정은 자기인식의 범위를 조직으로 확대시키는 효과가 있다. 이 과정에서 개인적 자아뿐만 아니라 타인과 조직에 비친 사회적 자아의 중요성을 인식하고, 조직 속에서 자신의 존재 가치와 의미를 정립하는 계기가 된다. 다른 구성원들은 작은

영웅을 한 인간으로서 이해하고, 자신도 그와 같은 영웅의 일원임을 자각하게 된다.

조직 동일시를 통한 조직 효과성 높이기

구성원들이 자신과 조직을 동일시할 때 조직 효과성은 높아진다. 조직 동일시는 조직과의 연대감, 조직에 대한 태도나 행동의 지지, 다른 조직 구성원들과 공유하는 특성에 대한 지각으로 구성된다. 이 3가지 핵심 요소들을 관찰하고 긍정적인 방향으로 이끌 때 자신이 속한 조직에 대한 동일시가 커지고, 직장생활에 만족하며, 그에 따른 조직 효과성도 커진다. 코치는 리더가 조직 동일시의 조건을 만들도록 코칭한다.

1. 개방적인 의사소통이 가능한 조직으로 만든다. 조직 내에서 수직적으로나 수평적으로 장벽 없이 대화할 수 있는 환경을 만든다. 개인, 팀, 부서 간의 수평적인 소통을 활성화한다. 코칭에 참여한 한 임원은 구성원과의 대화를 활성화하기 위해 현장 중심의 대화를 하고, 대화를 위한 별도 자료나 문서를 작성하지 않도록 했다. 또한 그룹웨어에 정보공유를 위한 나눔방을 개실하고, 현장문제를 해결하는데 도움이 되는 정보를 게재하여 누구나 추진되는 업무현황을 열람하고 파악할 수 있도록 했다.

2. 자아 정체성을 정립하는 기회를 제공한다. "나는 누구인가?" 이 질문에 대한 답을 찾는 것을 개인 과제로 하기보다, 조직 정체성과 연계시켜 반복 훈련이 필요한 활동으로 인식하고 지원한다. 구성원들

에게 질문기법을 학습시키고, 명상, 감수성 훈련, 성찰 훈련의 기회를 제공한다.

3. 조직의 공정성 수준을 파악하고 관리한다. 상사의 지시, 고객과의 거래, 인사평가, 각종 의사결정 등에서 공정성을 관찰하고 평가한다. 공정성은 개인이 조직에 대한 신뢰와 긍정적 이미지를 갖도록 하는 데 핵심적인 요소이다. 구성원들이 공정성에 대해 제기하는 청원을 존중하고 신중하게 처리한다.

4. 조직의 평판과 명성을 긍정적으로 만들고 유지한다. 사람들은 자신이 속한 조직의 평판과 명성을 자신의 또 다른 사회적 얼굴로 여긴다. 평판과 명성이 긍정적일 때, 구성원은 주도적으로 조직과 자신을 동일시하려고 노력한다. 반대로, 평판과 명성이 부정적일 때는 자신의 모습에서 조직의 이미지를 지운다. 자기방어기제가 작동한 결과이다. 사회적 책임을 중시하는 조직 활동은 동일시에 긍정적인 영향을 미친다.

5. 구성원이 자기존재감을 느낄 수 있게 한다. 보고자료를 만든 직원에게 보고결과를 곧바로 피드백하거나 업무 지시를 할 때, 그 배경을 설명해주는 것은 담당 직원으로 하여금 존재감을 느끼게 한다. 업무 지시에 대한 배경 설명과 팔로업은 직원에게 자기존재감과 주인의식을 갖게 하고, 조직과 자신을 동일시하게 한다.

6. 조직으로부터 지지와 지원을 받고 있다고 느끼게 한다. 조직이 구성원의 삶을 염려하고 관심을 갖고 있다는 인식은 조직과 자신을 동일시하게 한다. 개인의 불행을 극복하도록 도움을 주거나 경력개발을 도와주는 것 등이 대표적이다. 조직의 지지와 지원으로 생긴

동일시는 구성원으로 하여금 직무에 몰입하게 만든다.

코칭 스킬 4
새로운 변화를 끌어내는 긍정적 이탈 시도하기

리더가 조직을 안정적으로 운영하려면 구성원들이 조직의 규범이나 규칙, 가치에 준하는 사고와 행동을 해야 한다. 표준이 만들어지면 효율적인 조직 운영이 가능하다. 그러나 여기에 묶이면 변화를 만들어내기 어렵다. 이러한 관점에서 조직은 표준으로부터의 이탈(deviance)을 강력히 통제하지만, 긍정적인 측면에서 의도된 이탈은 허용한다. 효과성 코칭은 긍정적 이탈을 통해 가치를 창출할 수 있도록 리더를 자극하고 도와준다. 긍정적 이탈은 조직 효과성을 높이는 방법 중 하나이다.

이탈에는 부정적 이탈과 긍정적 이탈이 있다(Appelbaum 등, 2007). 이탈의 통념적인 의미는 부정적인 측면에서 조직의 규범을 의도적으로 벗어난 행동이다. 물건을 훔치거나 조직이나 구성원의 안녕을 위협하거나 해치는 행위는 모두 부정적 이탈이다. 사람들은 부정적인 의미로 이탈을 생각하고 있어, 긍정적인 측면에서 이탈을 사고하고 행동을 계획하기 어렵다. 긍정적 이탈은 준거집단의 규범을 벗어나지만, 집단 구성원의 찬사와 지지를 받을 수 있는 의도된 행동이다(Spreitzer & Sonenshein, 2003). 그 행동이 조직과 개인에게 이익을 줄 수도 있고, 탁월한 행동 자체만으로 평가받을 수도 있다.

긍정적 이탈의 특징과 사례

긍정적 이탈은 크게 세 가지 기준에 부합해야 한다. 즉 자발적이어야 하고, 올바르고 존중 받을 수 있는 방식으로 이루어져야 하며, 준거집단의 규범에서 크게 벗어나야 한다. 이 세 가지 기준을 충족시키는 의도된 행위가 바로 긍정적 이탈이다. 조직에서 긍정적 이탈은 기존의 규범을 위협하지 않으면서 새로운 변화를 만들어내고 조직을 끌어갈 수 있는 잠재력을 가지고 있다(Pascale 등, 2012).

긍정적 이탈은 불가능해 보이는 것에 도전함으로써 그 해답을 찾아낸다. '원래 그런 것이다'라는 명제에 의문을 던지고, 불가능하다고 생각하는 한계를 돌파하여 탁월한 결과를 만들어낸다. 대표적인 예는 다음과 같다.

- 1978년, 머크사(Merck & Co.)는 개발도상국들에 만연한 사상충증(강에 사는 파리의 기생충을 통해 감염되는 열대 피부병)을 퇴치하기 위해 무상으로 약을 보급하였다. 기업이 영리를 목적으로 하는 집단이라는 점에서 매우 예외적인 일이었다.

- 1983년 9월, 대학 교수인 무함마드 유느스(Muhammad Yunus)는 방글라데시에 그라민 은행(Grameen Bank)을 설립하고 빈곤층을 대상으로 한 무담보 소액융자 제도인 마이크로 크레디트(micro credit)를 실시했다. 그라민 은행은 기존의 은행과는 반대로 빈곤계층만을 대상으로 은행서비스를 제공하였다. 그는 다음 두 가지 가정을 하고 은행을 설립하였다. 1. 대출은 인간의 권리이다. 2. 빈

곤자들은 자신이 처한 상황을 개선시킬 방법을 가장 잘 알고 있다.

- 1989년, 핀란드 헬싱키 대학에 재학 중이던 리누스 토르발스(Linus Torvalds)는 유닉스를 기반으로 한 컴퓨터 운영체제(OS)인 리눅스(Linux)를 개발하였고, 1991년 11월, 버전 0.02를 일반에 완전 무료로 공개하였다. 표준 대신 진화를 선택한 것이다. 유닉스가 중대형 컴퓨터에서 주로 사용되는 것과 달리, 리눅스는 워크스테이션이나 개인용 컴퓨터에서 주로 활용된다. 리눅스는 각종 주변기기와 사용하는 시스템의 특성에 맞게 소스를 변경할 수 있으므로 다양한 변종이 출현하고 있다.

- 스티브 잡스(Steve Jobs)는 2000년 애플에 복귀한 후, 강점 기반 경영전략을 통해 아이팟, 아이폰, 맥북, 아이튠즈 서비스 등을 연달아 성공시켰다. 일반적인 경영전략은 문제점을 진단하고 이에 대응하는 전략계획을 수립한다. 잡스는 조직의 핵심능력, 시장 기회의 포착, 혁신지향의 조직문화라는 강점들을 기반으로 가치를 창출하는 경영전략을 펼쳤다. 이를 통해 사람들의 예상을 뛰어넘는 엄청난 성공을 거두었다.

유사 개념과의 차이점

긍정적 이탈과 유사한 개념으로는 조직 구성원의 시민의식, 내부고발, 기업의 사회적 책임, 창의와 혁신 활동 등이 있다. 하지만 이러한 행동들은 기존의 역할과 책임의 범주 내에서 이루어지고, 규범에서 크게 벗어나지 않는다. 내부고발의 경우, 타인을 모함하거나 위협하려는 의도를 가지고 있다면 부정적 이탈이다.

조직에서 긍정적 이탈자 찾기

조직 내 어딘가에 일반 직원들과는 다르게 당면한 복잡한 문제를 포기하지 않고 자기만의 방식으로 해결하는 사람들이 분명 있다. 그들을 찾아내어 그들의 문제 접근 방식과 해결 과정을 활용한다면, 조직의 생산성을 높일 수 있을 것이다.

구성원들의 독특한 능력을 활용하는 데 있어 다음의 두 가지 질문은 리더가 긍정적 이탈자를 찾아내는 출발점이 된다.

1. 문제를 해결하는 데 탁월한 능력을 발휘하는 사람이 있는가?
2. 만일 그가 문제의 해법에 대해 예외적인 의견을 제시한다면, 당신은 그 의견을 수용하겠는가?

첫 번째 질문의 경우, 대부분 해당 인물의 목록을 작성할 수 있을 것이다. 그러나 두 번째 질문에 대해서는 답하기가 쉽지 않다. 그들이 보여주는 문제해결 방법은 집단의 규범이나 행동규칙으로 볼 때 상당히 예외적이기 때문이다. 그렇다면 그 예외성을 어떤 눈으로 보고 판단할 것인가? 상사의 지시에 대해 합리적인 근거를 대며 자기 의견을 굽히지 않는 직원을 어떻게 볼 것인가? 자신의 관심 사항에 깊이 몰입하면서 자율적으로 업무를 추진할 수 있도록 허용해주기를 바라는 직원을 어떻게 할 것인가?

리더의 리더십 스타일이 도전 받는 상황이 발생한다. 우리 조직은 그와 같은 상황을 무시해버리는가? 아니면 관심을 갖고 예의 주시하며 생산적인 결과로 연계되도록 지원하는가? 조직이 긍정적 이탈자에 대해 관심을 가진다면, 그들의 문제해결 방식을 활용해 조직의 목표를 달성할 수 있다. 또한 긍정적 이탈자를 포용하고 그들의 문제해결 방식을 조직 내에 확산하는 과정에서 의사소통이 활발해지고 열린 대화가 가능한 조직문화를 만들 수 있다.

불가능에 도전하는 긍정적 이탈 접근법

리처드 파스칼(Richard Pascale)은 전 세계 지역문제에 긍정적 이탈의 개념을 적용한 프로젝트에 참여하였다. 그는 공동체에 존재하는 긍정적 이탈자를 찾아내고, 그들이 불가능하다고 인식되는 특정 사회문제를 탁월하게 해결해내는 과정에 주목하였다. 파스칼은 그의 저서 『긍정적 이탈』(2012)에서 불가능한 문제를 해결해가는 4단계 과정을 제시하였다.

- 단계 1(Define): 문제와 바람직한 결과를 정의한다. 공동체 구성원들이 문제의 중요성을 조사하거나 검토하도록 참여시키고, 명확한 목표를 설정한다. 문제가 해결되었을 때의 바람직한 미래 모습을 분명하게 표현한다. 문제를 해결하는 과정에서 예상되는 어려움들을 목록화하고 참여가 필요한 모든 이해관계자들을 파악한다.

- 단계 2(Determine): 일상적인 행위를 알아낸다. 공동체 내의 다양한 사람들과 대화하면서 문제에 대처하는 일상적인 행위나 규범적인 행위를 파악한다. 이 자료는 다음 단계에서 긍정적 이탈을 이해하고 평가하는 데 기초가 된다.

- 단계 3(Discover): 조사와 관찰을 거처 흔하지 않지만 성공적인 행위와 전략을 발견한다. 바람직한 결과를 만들어내는 집단이나 개인을 찾아내고, 긍정적 이탈자 집단을 구성한다. 이들을 대상으로 심층인터뷰를 하고, 현장에서 이루어지는 활동을 조직적으로 관찰하고 기록한다. 그들이 문제를 해석하는 방식, 문제를 해결하려는 동기, 문제를 해결하는 수단과 구체적인 행동을 분석한다. 이를 통해 이전에는 적용하지 않았던 독창적인 아이디어를 찾는다.

- 단계 4(Design): 발견 사항에 근거해 액션러닝 계획을 구성한다. 문제해결 방안이 도출되면, 많은 공동체 구성원들이 학습하고 실천할 수 있는 기회와 장을 제공한다. 추진체를 구성하고 책임과 역할을 부여한다. 계획에 따른 실천 사항과 결과를 주기적으로 수집하여 평가하고 피드백한다.

위의 4단계 접근 방법은 지역 문제뿐만 아니라 기업이 직면하는 문제에도 적용할 수 있다. 급변하는 시장환경에 대응하여 기업 내 조직들이 다양한 도전과제를 수행하는 과정에서 한계상황에 직면할 수 있다. 긍정적 이탈은 분명히 어딘가에 한계상황을 성공적으로 해결해 가는 사람이 있다고 가정한다. 조직 내 소수의 긍정적 이탈자들을 통해 불가능해 보이는 문제를 포기하지 않고 해결할 수 있다. 긍정적 이탈은 문제해결의 한 방식이며, 조직 내 리더십과 조직문화를 바꾸는 촉진제가 될 수 있다.

Effectiveness

Coaching

3부

효과성을 높이는
코칭 도구

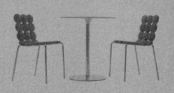

3부 개요

———

행동변화 노력은 코칭 대상자의 자기방어적 전략에 의해 실패하는 경우가 많다. 변화에 성공하기 위해서는 먼저 내면에서 작동하는 자기방어기제를 무력화시켜야 한다. 그 다음에 점진적으로 행동변화를 이끄는 코칭 기법을 적용해야 한다. 3부에서는 변화 포인트를 찾고, 변화에 저항하는 자기방어기제의 영향을 최소화하는 코칭 스킬, 마지막으로 행동변화를 완성하는 3단계 접근방법을 다룬다.

———

06

변화 포인트 찾기

> "사람들은 변화하기를 포기할 때, 자기 자신도 단념한다."
> 제임스 프로카스카James Prochaska, 행동변화 심리학자

일반적으로 변화 포인트를 찾기 위해 다면 인터뷰, 다면 리더십 진단, 핵심역량 진단, 인성검사, 행동 관찰과 분석 등과 같은 다양한 방법을 활용한다. 효과성 코칭에서는 진단을 통한 정량적 정보와 인터뷰와 피드백 등을 통한 정성적 정보를 폭넓게 수집하여 종합적으로 분석할 것을 강조한다. 진단을 통한 정량적 자료는 통계적인 정보이며, 직무 현장에서 그 정보가 의미하는 것이 무엇인지 알려주지 않는다. 먼저 진단을 마친 후에 보다 심층적으로 진단 결과를 해석하고 의미를 부여하기 위해 다면 인터뷰를 하거나 코칭 대상자와 면담을 하는 것이 좋다.

이 장에서는 진단을 마친 후 다면 인터뷰를 통해 변화 포인트를 찾는 방법과 관찰된 문제행동을 분석하여 근본 원인을 찾고 이를 코칭에서 다루는 행동분석 기법을 소개한다. 마지막으로 코칭 주

제와 변화 포인트를 찾고 코칭 대화를 전개하는 데 도움이 되는 여러 문제해결 과정을 다룬다. 여러분은 코칭 초반에 이러한 방법들을 사용할 수 있다. 특히 행동분석이나 문제해결 과정은 코칭 전 과정에서 유용한 코칭 툴이다.

다면 인터뷰

코칭 대상자에 대한 코칭 기대 사항과 변화 포인트를 파악하기 위해 흔히 그의 상사, 동료, 부하직원들을 대상으로 다면 인터뷰를 진행한다. 인터뷰는 사람들의 속마음과, 진단을 통해 파악할 수 없는 생각의 고리를 알아보는 데 효과적이다. 다면 인터뷰에 참가하는 사람은 코칭 대상자와 적어도 3개월 이상 업무관계를 통해 그의 리더십, 조직 운영, 사업적 감각 등에 대한 경험이 있어야 한다. 다면 인터뷰는 전화 또는 면대면으로 진행한다. 전화는 15분, 면대면은 30분에서 1시간으로 구성한다. 인터뷰 질문은 인터뷰 시간과 방법을 고려하여 구조화한다. 나는 주로 행동중심의 인터뷰(behavior-based interview)를 진행한다. 코칭 대상자의 리더십이 발휘된 상황, 구체적인 행동 및 결과에 대해 묻는다.

다면 인터뷰 참가자를 위한 공통 질문

다면 인터뷰의 기본 질문은 코칭 대상자의 역할에 초점을 둔다.

역할을 수행하면서 보인 강점과 개발 필요점, 리더십 행동변화에 대한 기대 사항을 묻는다. 주요 질문은 다음과 같다.

- 리더의 강점은 무엇입니까? 더 발휘해야 할 강점은 무엇입니까?
- 리더 역할을 성공적으로 수행하기 위해 발휘해야 할 점은 무엇입니까? 잘 발휘되고 있는 점은 무엇입니까? 더 보완할 점은 무엇입니까?
- 리더가 시급히 변화된 모습을 보여야 할 것은 무엇입니까? 변화된 모습이 중요한 이유는 무엇입니까?
- 리더는 타인의 잠재력을 끌어내기 위해 어떤 방법을 사용하고 있습니까? 그 방법은 어느 정도 효과적이라고 봅니까?
- 리더십을 발휘할 때, 리더가 흔히 놓치는 것은 무엇입니까?
- 리더가 성과를 내려면, 어떤 점을 바꿔야 한다고 생각합니까?
- 리더가 코칭을 통해 달라졌으면 하는 것은 무엇입니까?
- 코칭이 끝난 후 리더가 달라졌다는 것을 어떻게 알 수 있겠습니까?

코칭 대상자가 임원인 경우

다면 인터뷰 결과를 검토하기 전에 코칭 대상자가 자신의 꿈이나 바람직한 임원의 모습에 대해 생각해보도록 질문한다. 다음과 같이 질문한다.

- 이루고 싶은 꿈이 있다면, 무엇입니까?

- 그 꿈을 이루기 위해 지금까지 어떤 리더십을 발휘하셨습니까?
- 가장 만족할 만한 성공사례가 있다면, 어떤 내용입니까?
- 지금 말씀하신 리더십은 도전적인 꿈을 이루는 데 충분하다고 생각하십니까?
- 자신이 되고 싶은 임원의 모습은 무엇입니까?
- 어떤 변화가 절실히 필요합니까?

다면 인터뷰 결과를 공유하기 전에, 코치는 해당 임원에게 인터뷰 결과는 함께 일하는 임직원의 의견이지만, 그들에게 비춰진 자신의 모습임을 인지하도록 설명한다. 또한 인터뷰에 참여해 피드백을 제공한 익명의 대상자들에게 감사한 마음을 갖게 한다. 인터뷰 결과를 접하면, 결과에 동의하는 것과 동의하지 않는 것이 있을 수 있다. 평가적인 관점에서 다면 인터뷰 결과를 보기보다는 통합적인 관점에서 보도록 돕는다. 다면 인터뷰 결과를 검토한 이후에 다음과 같은 추가 질문을 한다.

- 다면 인터뷰 결과가 당신에게 어떤 메시지를 전한다고 봅니까?
- 상사가 당신에게 기대하는 역할은 무엇입니까? 어느 정도 그 기대에 부응하고 있다고 생각합니까? 구체적으로 부응하지 못하고 있는 점은 무엇입니까? 어떤 상황에서 특히 그렇습니까?
- 현재 역할을 성공적으로 수행하는 데 특별히 고려해야 할 점은 무엇입니까?
- 무엇을 달리하면, 원하는 결과를 만들어낼 수 있겠습니까? 구체적

인 실천행동으로 표현한다면, 무엇입니까?

- 가장 집중해야 할 리더십 주제가 있다면, 무엇입니까?

코칭 대상자가 중간 리더인 경우

다면 인터뷰 결과를 검토하기 전에 코칭 대상자에게 자신의 역할에 대한 인식을 묻는다. 다음과 같이 질문한다.

- 당신의 역할은 무엇입니까? 그 역할을 가장 이상적으로 수행하고 있는 모습을 생각해보십시오. 그 모습은 어떤 것입니까?
- 지금의 역할을 성공적으로 수행하기 위해 특히 고려할 점은 무엇입니까? 3가지로 요약해보십시오.
- 상사가 기대한 역할은 무엇입니까? 상사의 기대에 부응한 것과 미흡한 것은 각각 무엇입니까?
- 상사의 기대에 부응하려면 어떤 변화가 필요합니까?

코칭 대상자에게 다면 인터뷰 결과는 함께 일하는 임직원의 의견이기 때문에 학습할 내용이 많다고 설명한다. 리더로서 동의하는 것과 동의하지 않는 것이 있을 수 있다. 평가적인 관점보다 역할의 관점에서 다면 인터뷰 결과를 살펴보는 것이 중요하다. 다면 인터뷰 결과를 검토한 이후에 다음과 같은 추가 질문을 한다.

- 다면 인터뷰 결과의 핵심 메시지는 무엇입니까?

- 현재 역할을 성공적으로 수행하기 위해 집중할 곳은 어디입니까?
- 무엇을 달리하면, 원하는 결과(성과)를 만들어낼 수 있겠습니까?
- 지금까지 강점이었지만, 앞으로 역할을 수행하는 데 방해요인이 될 수 있는 것은 무엇입니까?
- 가장 시급히 집중해야 할 리더십 주제가 있다면, 무엇입니까?

인터뷰 결과 요약

이상과 같이 피드백 전의 질문, 다면 인터뷰 결과의 피드백, 그 이후의 질문을 통해 얻은 정보들을 종합하고 코칭 포인트를 정리한다. 다면 인터뷰 결과 보고서에는 다음의 내용을 요약한다.

- 리더십 강점(팀장 리더십, 성과 리더십, 경영 리더십 등)
- 리더십 보완점(개발 필요점)
- 변화 기대 사항(인식변화, 행동변화 등)
- 코칭 전과 후를 비교할 때, 성공적인 변화를 확인할 수 있는 단서 (코칭의 효과를 인정할 수 있는 변화 내용)

ABC 분석

코칭의 궁극적인 목적은 행동변화다. 성과 코칭의 경우 직무성과를 내지 못하는 행동을 찾아내 그 원인을 분석한다. 직원이 직무수행 능력을 갖고 있음에도 성과가 높지 않다면, 직원의 행동을 분석하고 문제점을 찾아 개선하게 한다. 직원의 문제행동을 체계적으로 분석하고 그 해결책을 제시할 때, 직원은 성과를 개선하게 되고 관리자는 부하 육성에 대한 자신감을 갖게 된다.

직원의 문제행동을 분석하는 대표적인 방법으로 ABC 분석기법이 있다. 분석 절차는 다음의 순서를 따른다.

- 단계 1: 문제행동(behavior)을 찾는다. 리더는 평소 직원의 직무행동을 관찰하고 개선이 필요한 문제행동을 기록한다. 면담에서 무엇이 문제행동인지를 명확히 파악한다.
- 단계 2: 문제행동의 결과(consequence)가 무엇인지를 객관적이며 구체적으로 서술한다. 리더와 직원은 문제행동의 결과에 대해 서로 의견이 일치해야 한다.
- 단계 3: 모든 행동에는 원인(antecedent)이 있다. 직원의 문제행동과 결과는 객관적으로 관찰할 수 있지만, 원인은 관찰한 내용을 단서로 추론해야 한다.
- 단계 4: 위의 분석을 모두 마쳤으면, 문제행동을 어떻게 바꿀 것인지 토의하고, 행동변화의 방향과 개발계획을 수립한다.

ABC 분석기법의 적용 사례

한 국내 대기업에 근무하는 김 팀장은 업무 추진력과 시장을 읽는 감각이 뛰어나다는 평가를 받고 있다. 그가 맡은 대부분의 사업은 성공적이었다. 특히 신사업 부문에서 두각을 나타냈고, 그의 성과에 대해서는 자타가 인정하고 있다. 그는 직장에서 일이 모든 것에 우선한다는 생각을 갖고 있고, 자신의 능력에 대한 자부심이 강하다. 그런 그에게 한 가지 고민이 있다. 개인적으로 일할 때는 열정이 솟지만, 상사나 부하직원과 대화를 하거나 타 부서의 협조를 구하려 할 때 여간 힘든 것이 아니다. 겉으로는 자신을 도와주지만, 진심으로 자신을 지지하고 도와주는 사람은 없는 것 같다.

먼저 김 팀장의 리더십 수준을 알아보기 위해 360도 진단기법으로 김 팀장의 리더십 역량을 진단하고, 주위 직원을 인터뷰하였다. 진단과 인터뷰, 인사평가 자료에서 공통적으로 나타난 리더십 문제점(문제 행동)은 다음 3가지이다.

- 욱하는 감정처리
- 팀원의 자존감에 상처주기
- 업무 지시 이후 팔로업 부재

이 결과를 토대로 리더십 행동에 대해 ABC 분석을 실시하였다. 김 팀장의 문제행동에 따른 결과로 관찰된 것은 팀원들이 내화를 기피하고, 지시 받은 일만 처리하며, 새로운 일을 도전적으로 하지 않는 것이었다. 또한 팀장에 대한 팀원들의 신뢰도 부족하였다(결과). 그 주요 원인은 김 팀장이 성과에 집착하고 팀원들의 능력을 불신하는 데 있었다(원인).

김 팀장에 대한 코칭은 ABC 분석 결과 도출된 개선 방안을 그가 실천하도록 돕는 것이다. 이를 위해 팀원의 역량과 성과 연계,

원인(A)	문제 행동(B)	결과(C)	개선 방안
• 성과에 대한 집착과 조급함 • 팀원의 능력에 대한 불신	• 팀원을 대할 때 욱하는 감정 표현 • 팀원의 자긍심을 상하게 말함 • 업무지시 중심의 대화를 하며, 지시 내용을 확인하지 않음	• 팀원들이 대화를 기피함 • 지시 받은 일만 처리함, 도전적인 일 추진 없음 • 팀장에 대한 팀원의 신뢰 상실	• 3분간 팀원 말을 먼저 듣고, 질문한 후 말한다. • 안 된 일보다 잘된 일을 먼저 보고, 피드백한다. • 일의 추진 과정에 관심을 갖고 개선 의견을 공유한다.

| 표 4 | 김 팀장의 리더십 행동분석

팀장의 역할과 입장 바꿔보기, 임파워먼트와 권한 위임, 효과적인 인정과 쓴소리하기 등을 코칭하였다. 약 6개월 간 진행된 코칭에서 김 팀장은 긍정적인 행동변화를 보였다. 코칭 종료 후 다면 진단과 인터뷰를 통해 코칭성과를 분석한 결과, 김 팀장의 감정관리와 대화 스킬이 향상되었고 팀원들은 존중 받는다는 느낌을 가졌다. 소통 기회와 빈도가 증가했고 팀장에 대한 신뢰도 높아졌다.

문제해결 프로세스

코칭 대상자가 흔히 직면하는 문제들은 스트레스 관리, 경력개발, 대인관계 관리, 갈등관리 등과 같이 그의 삶 전체에 걸쳐 있다. 코치는 코칭 주제가 코칭 대상자의 전반적인 삶과 어떤 관련이 있는지를 파악하도록 돕는다. 이를 통해 코칭 대상자는 당면한 코칭 주제에 국한해 사고하지 않고 자신의 삶 전체를 균형 있게 살피고 관리할 수 있다.

또한 코치는 문제해결 프로세스를 활용하여 코칭 대상자의 코칭 이슈에 접근하지만, 그가 근원적인 시각에서 답을 찾도록 돕는다. 예를 들면, 비만으로 고민한다면 체중을 얼마나 어떻게 줄일 것이냐를 다루기보다, 건강이라는 가치 관점에서 고민하고 답을 찾도록 한다.

기업 현장에서 코치는 다양한 역할을 수행한다. 코칭 이슈나 요구, 상황에 따라서 교수, 촉진자, 멘토, 컨설턴트, 그리고 본연의 코치 역할을 넘나든다. 그러나 코칭적인 접근을 통해 전 과정을 관리한다. 문제해결 프로세스는 코칭 대상자와 코치에게 대화의 틀을 제공한다는 측면에서 유용하다.

먼저 바바라 와식(Barbara Wasik, 1984)이 제안하는 7단계 과정을 기본으로 사용할 수 있다. 이 과정은 다음과 같다.

1. 문제 규명(problem identification): 관심 사항은 어떤 것입니까? 오늘 함께 나눌 코칭 이슈는 무엇입니까?
2. 목표 선정(goal selection): 원하는 것은 무엇입니까? 당신이 진정으로 원하는 것은 무엇입니까? 어떤 결과를 기대하십니까?
3. 대안 개발(generation of alternatives): 지금까지 시도했던 방법 이외에 가능한 방법은 무엇입니까? 또 어떤 것이 있을까요? 지금 택한 그 관점을 버린다면, 가능한 것은 무엇입니까?

4. 결과 예상(consideration of consequences): 어떤 일이 일어날까요? 예상되는 결과는 무엇입니까? 얻을 수 있는 것은 무엇입니까? 어떤 변화가 예상됩니까? 달라지는 것은 무엇입니까?

5. 의사결정(decision making): 어떻게 하시겠습니까? 당신의 결정은 무엇입니까?

6. 실행(implementation): 자, 이제 해보실까요? 언제 시작하겠습니까? 언제까지 하겠습니까? 가장 먼저 할 것은 무엇입니까?

7. 평가(evaluation): 결과는 어떻습니까? 어떻게 되었습니까? 목표는 달성하였습니까? 가장 만족스러운 것은 무엇입니까? 아직 더 노력해야겠다고 생각하는 것은 무엇입니까?

매듀 맥케이와 패트릭 패닝(Matthew McKay & Patrick Fanning, 2002)은 5단계 SOLVE 모델을 제안하였다.

1. 문제 진술(state your problem): 오늘 어떤 대화를 나누고 싶으십니까? 오늘의 코칭 이슈는 무엇입니까?

2. 목표 개요(outline your goals): 원하는 것은 무엇입니까?

3. 대안목록 작성(list your alternatives): 당신이 생각하였던 것 이외의 방안은 무엇입니까? 그 이외에 어떤 것이 있을까요?

4. 결과 예측(view your consequences): 어떤 결과를 기대하십니까? 원하는 결과는 무엇입니까?

5. 결과 평가(evaluate your results): 당신이 원하는 결과와 어떤 차이가 있습니까?

이상의 7단계와 5단계 프로세스를 충분히 경험하고 숙련되게 활용할 수 있다면, 단축형을 사용할 수 있다. 니난과 팔머(Neenan & Palmer, 2001)는 4단계와 3단계를 제안하였다. 단축형은 스팟 코칭(spot coaching)과 같이 짧은 시간에 현장 코칭을 할 때 유용하다. 그러나 단축형으로 사용하는 경우에는 상대적으로 만족할 만한 결과를 얻지 못할 수도 있다는 것에 유의한다.

4단계 STIR 모델

1. 문제 선정(select problem)
2. 해법 찾기(target a solution)
3. 해법 실행(implement a solution)
4. 결과 검토(review outcome)

3단계 PIE 모델

1. 문제 정의(problem definition)
2. 선택한 해법 실행(implementation of chosen solution)
3. 결과 평가(evaluation of outcome)

문제해결 프로세스를 코칭에서 활용하는 경우 코치는 '문제(problem)'라는 단어보다는 과제, 주제, 관심 사항 등의 중립적 표현을 사용하는 것이 바람직하다. 문제라는 용어는 통념적으로 부정적인 의미를 함축하고 있기 때문에 되도록 지양하는 것이 좋다.

07 | 　　　　　　　　　　　　　# 자기한계 극복하기

> "자신에게 주어진 모든 역할을 효과적으로 헤쳐나가기 위해서는
> 먼저 자신을 알고 이해해야 한다."
>
> 토니 험프리스Tony Humphreys, 심리상담사

　　행동변화를 끌어내는 것은 코치지만, 그 행동변화를 완성하는 것은 코칭 대상자이다. 마부가 말을 물가로 데려갈 수는 있지만, 물을 마실지 여부는 말에게 달렸다. 똑같은 이치가 코칭에도 적용된다. 마무리를 짓는 것은 전문가인 코치가 아니라 코칭 대상자이다. 행동변화의 답은 외부에 있지 않고, 코칭 대상자의 내부에 있기 때문이다. 행동변화의 시작은 자기 자신의 한계를 넘어서는 데 있다. 이 장에서는 자기한계를 극복하는 데 있어 4가지 핵심 방해 요인을 다룬다. 여러분은 이 장의 내용을 통해 코칭 대상자의 내면에서 작동하는 다양한 방어기제와 심리체계를 학습하고 자기한계를 극복하는 방법을 알게 된다.

　　흔히 "문제에 대한 답은 자기 자신에게 있다"고 말한다. 자기한계를 극복하는 답을 찾는 것을 두고 한 말이다. 코칭에서 만난 리

더들은 코칭을 통해 어떤 도움을 얻느냐고 묻는다. 나는 이렇게 대답한다. "리더가 원하는 성과를 내지 못하고 리더십의 영향력이 낮은 이유를 처음엔 밖에서 찾았으나, 코칭을 통해 자기 자신에게 있다는 사실을 알게 되는 것이 가장 큰 성과입니다." 그 자각으로 리더십의 영향력이 커지고 원하는 성과를 얻게 되는 경험을 한다. 일부 리더들은 시큰둥해한다. 그러나 나중에 그런 자각도 쉽지 않다는 것을 알고 놀란다.

자동적으로 떠오르는
부정적인 생각

심리적으로 불편하면 자동적으로 부정적인 생각이 떠오른다. 그러한 생각은 긴장과 스트레스를 유발하고, 사람을 무기력하게 만든다. 처음에 강한 의지를 갖고 시작하였더라도 부정적인 생각이 한 가지라도 떠오르면 이내 증폭되고 확산되어 의기소침한 상태가 된다. 부정적인 생각은 순식간에 사고를 지배한다.

일상에서 새로운 변화를 시도하려 할 때, 내면에서 "정말 할 수 있어? 지금은 아닌 것 같은 데, 괜히 속태우지 말고 그만둬"라는 소리가 들린다. 앞으로 나아가려고 하면 할수록 내면의 소리는 더욱 강하게 발목을 잡는다. 새로운 변화는 긴장과 걱정을 수반한다. 그때 내면의 방해꾼인 '자동적으로 떠오르는 부정적인 생각(automatic negative thoughts: ANTs)'이 활동한다.

코칭에서 리더의 리더십 행동을 변화시키기 위한 대화를 나눌 때, 코칭 대상자가 흔히 경험하는 내면의 방해꾼은 다음과 같은 부정적인 생각이다.

- 지금 너무 바쁘다.
- 이번이 처음이 아니야. 이전에도 해봤지만, 역시 효과가 없었어.
- 왜 꼭 해야 하는지 잘 모르겠다.
- 지금은 적절한 시기가 아닌 것 같다. 나중에 하는 게 더 좋겠어.

이러한 생각은 마치 내면에 또 다른 인식 주체가 있는 것처럼 느끼게 한다. 바로 내면의 방해꾼이다.

자동적으로 떠오르는 부정적인 생각이 갖는 강력한 힘은 논리적인 자기합리화이다. 자기합리화의 소리가 때론 너무 커서 실제 음성이 들리는 것 같은 착각을 일으킨다. 행동변화를 시도할 때는 항상 부정적인 생각이 함께 활동한다. 코칭을 통해 코칭 대상자를 변화시키려면, 그의 내면에서 작동하는 부정적인 생각을 효과적으로 관리할 수 있어야 한다. 코칭 대상자는 내면의 생각이 안내하는 곳이 아니라, 자신이 가고 싶은 곳으로 가야 한다. 코치는 코칭 대상자의 내면에서 작동하는 부정적인 생각이 힘을 쓰지 못하도록 억제시키거나, 최소한의 영향을 받도록 도와준다.

자동적으로 떠오르는 부정적인 생각은 다양한 모습으로 나타난다. 심리학자들이 찾아낸 대표적인 인지적 모습은 다음과 같다. 각 유형별로 코칭을 통해 극복할 수 있는 방법을 살펴본다.

양분법적인 사고(all or nothing thinking)

중간 지점에서 생각할 여지를 두지 않고 양 극단으로 사물이나 사건을 본다. "이번에도 성적이 안 좋군. 앞으로 도전을 해야 하나, 말아야 하나?"

|코칭 팁| 시험을 한번 잘못 보았다는 것이 포기하라는 것을 의미하지 않는다. 다음번에 더 나은 점수를 얻을 수 있는 성공전략을 짜는 데 집중한다. 부정에서 긍정으로 관점을 바꾼다.

과장된 일반화(overgeneralization)

작은 사건을 크게 일반화하여 생각한다. "제때 과제를 마치지 못했어. 나는 정말 제대로 하는 것이 없어. 왜 이렇게 무능하지?"

|코칭 팁| 처음 기대한 것은 무엇인지 찾아본다. 첫 기대의 긍정적 가치를 찾고, 가치가 실현되었을 때의 충만함을 느껴보도록 한다. 충만함을 느끼는 상태에서 사건을 다시 보도록 한다.

이름 붙이기(labeling)

자신에 대해 부정적인 이름을 붙인다(예, 무능력자). 부정적인 이름을 붙이는 것은 상황을 통제할 수 있는 능력을 포기하는 것이다.

|코칭 팁| 이름의 반대 모습에 대해 생각한다. 무능력하다면, 능력이 있는 것은 무엇인지 살펴본다. 그 능력을 활용하여 현재의 문제상황을 해결할 수 있는 가능성을 살핀다. 또는 이름과 연결된 부정적인 정서를 떼어놓고 생각하도록 이끈다. '지금 이 순간 어떤 사람이고 싶은가?'에 대해 탐색한다.

필터링(filtering)

긍정적인 정보는 무시하고 부정적인 정보를 선택적으로 취하여 생각한다. "내 보고서가 훌륭하다고 피드백을 했지만, 그래도 여기 저기 실수가 있다고 지적했어. 치밀하지 못하다고 생각했을 거야. 일을 하기는 하는데 뭔가 부족하다고 생각하겠지."

|코칭 팁| 필터링을 할 때, 스스로 어떤 가정을 하는지 묻는다. "지금 가정하는 것은 무엇입니까? 그 가정으로 인해 놓치는 것은 무엇입니까?" 놓치고 있는 것에 포함된 긍정적인 정보를 통해 긍정적 자기평가와 자기이미지를 회복하도록 도와준다.

자기화(personalizing)

자기 잘못이 아닌 것을 자신과 연계시켜 자책한다. '조금 전에 박 대리 표정이 안 좋아 보였어. 내가 좀더 신경을 썼어야 하는데 그러지 못했어. 내가 무심했군.'

|코칭 팁| 상대방에게 어떤 사람으로 지각되고, 어떤 역할을 맡고 싶은지를 묻는다. 자신을 희생시키기 않고, 상대방을 위해 할 수 있는 것을 실행에 옮기도록 한다. '~해야 한다'는 생각을 실행하는 데 적합한 상황을 구체적으로 말해보게 한다.

파국화(catastrophising)

불행한 일이 일어날 가능성을 지나치게 과장하여 생각한다. "이번 기회를 놓치면 사람들이 나에 대해 뭐라고 할까? 기회가 와도 잡지 못하는 무능한 사람으로 보겠지. 이번이 마지막 기회였을까?

아무래도 재기하기는 틀린 것 같아."

|코칭 팁| 지금 가장 염려하는 것은 무엇이고, 그 염려를 하지 않아도 되는 상황은 어떤 것인지 인식하도록 한다. 그 상황을 가능하도록 하기 위해 지금 할 수 있는 것을 찾는다. 구체적인 실행 방안을 도출하고 실행을 다짐한다.

상대방의 마음 읽기(mind reading)

다른 사람이 자신에 대해 어떻게 느끼고, 생각하고, 가정할지를 짐작하고 그것을 사실이라고 믿는다. "팀장이 박 대리하고만 식사하는 것을 보니, 나에겐 관심 없고 박 대리만 편애하는 것 같아."

|코칭 팁| 사실과 추측 간에 어떤 개념적 차이가 있는지 살펴본다. 팀장이 시선을 주지 않는 것은 자신을 싫어하기 때문이라는 판단이 사실에 근거한 것인지, 추측에 근거한 것인지를 따져본다.

타인 비난하기(blame others)

자신의 문제인데도 타인의 탓으로 돌리며 비난한다. "도대체 내의지대로 되는 것이 없잖아! 너 때문에 되는 일이 하나도 없어. 도대체 너는 나를 위해 하는 게 뭐냐?"

|코칭 팁| 상대방의 입장이 되어본다. 상대방에 비친 자신의 모습에서 미처 생각하지 못했던 점은 무엇인지 찾아본다. 상대방의 입장에서 자신에게 해줄 수 있는 피드백을 해본다. 피드백을 통해 느낀 점을 깊이 받아들이고 변화를 줄 수 있는 부분을 찾는다.

자동적으로 떠오르는 부정적인 생각의 영향력을 최소화하는 방법은 다음과 같다.

단계 1. 부정적인 생각이 하는 말을 기록한다
필요하다면, 일정 기간 정기적으로 일기를 쓴다.

단계 2. 부정적인 생각을 객관화한다
기록한 내용을 읽어보고, 부정적인 생각들에 이름을 붙여본다. 예를 들면, '나는 할 수 없어', '아직 준비가 안 되었다', '지금은 무리야' 라고 기록하였다면, '겁쟁이' 라고 이름을 붙여준다. 또는 겁쟁이 이미지를 그려보거나, 부정적인 생각을 문장으로 표현해볼 수 있다. 부정적인 생각의 말을 들리는 대로 적어보거나, 부정적인 생각을 상징하는 물건을 선정해볼 수도 있다. 부정적인 생각이 '걱정 생산자' 라면, 책상 앞에 걱정 생산자를 의인화한 인형을 놓아두고 "나의 걱정은 네가 다 가져가라"고 단호하게 명령한다.

단계 3. 변화 노력을 하는 동안 부정적인 생각을 격리시킨다
내면의 목소리가 들리는 몸의 부위를 찾아낸 후, 밖으로 나오지 못하도록 가두어둔다. 또는 은유법을 사용하여 변화 프로젝트를 완결하는 데 걸리는 시간만큼 멀리 세계여행을 보낸다. 'STOP' 이라는 글자를 벽에 걸어두었다가 부정적인 생각이 튀어나올 때, 'STOP' 이라고 외친다.

단계 4. 본래의 자기와 만난다

자신이 주인임을 선언한다. 이 순간 자신이 어떤 생각과 행동을 할지를 결정할 수 있다고 믿는다. 자신이 원하는 결과를 얻기 위한 실천행동들을 개발하고 실행을 다짐한다. 코치는 코칭 대상자가 원하는 것을 얻을 수 있는 능력과 자격이 있음을 지지한다.

자기제한적 신념

각종 매체를 통해 자신의 삶에서 탁월한 성취를 이룬 사례가 소개되었을 때, 사람들은 그 사례를 보고 어떤 생각을 할까? '대단한 사람이네. 그런데 난 저렇게 못할 것 같아', '멋지다. 이왕 하려면 저 정도는 해야지. 그렇지만 난 저렇게는 못할 거야' 이렇게 생각할 수 있다. 타인의 성공에 공감하면서도 자신은 할 수 없다고 생각한다. 이렇게 생각하고 행동하는 데는 마음속에 자기제한적 신념(self-limiting belief)이 있기 때문이다. 자기제한적 신념은 행동에 앞서 작동하면서 의지력과 실행력을 떨어뜨린다.

경쟁이 치열할수록 사람들은 자기제한적 신념을 갖게 된다. 사람들이 이루고 싶은 꿈이 있으면서도 주저하는 동안 자기제한적 신념은 영향력을 키운다. 자기제한적 신념을 극복하지 못하면, 꿈을 향한 도전은 결코 성공하지 못한다. 탁월한 성과를 만들어내는 리더라 하더라도 특정 주제나 영역에 대해서는 이러한 신념을 가지고 있다. 대표적인 자기제한적 신념은 다음과 같다.

의식이 깨어 있는 순간이면, 항상 작동하는 내면의 목소리가 있다. 전문코치와 심리학자들은 이러한 심리의 실체를 개념화하였다. 대표적인 것이 자동적으로 떠오르는 부정적인 생각(ANTs), 그렘린(gremlin), 사보투어(saboteur)이다. 사보투어는 그렘린의 또 다른 언어적 표현이다.

그렘린은 사람의 머릿속에 있는 해설자(narrator)이다. 방송이나 매체에서 해설자는 그 실체를 드러내지 않은 상태에서 전개되는 상황에 대해 설명하고 부연한다. 그렘린도 그와 같이 활동한다. 그렘린은 우리 내면에서 관찰자의 역할을 하며, 어떤 생각과 행동을 할지를 조정한다. 우리가 그것을 의식적으로 통제하려고 하면, 나름대로의 다른 전략과 전술을 사용하며 계속 영향을 미친다. 그렘린은 우리를 보호하는 것 같지만, 사실 우리가 변화를 시도하고 앞으로 나아가려는 것을 방해한다.

그렘린을 길들이는 효과적인 방법은 무장을 해제하듯 편안한 상태에서 그렘린의 출현을 단순히 알아차리고(simply noticing), 그렘린의 말을 있는 그대로 듣는 것이다. 그렘린을 길들이는 방법은 다음 단계를 따른다.

1. 단순히 알아차린다. 구체적으로 내용을 파악하려고 하지 않는다.
2. 그렘린이 드러나는 방법을 선택하고 함께 놀이를 한다. 예를 들면, 고른 숨을 쉬면서 그렘린의 내용을 충분히 경험하고, 그렘린의 모습을 바꿔보고, 그림이나 글로 표현해본다.
3. 그렘린과 함께하며 다양한 모습의 실체를 알아차린다. 이 과정을 통해 실제 자아와 그렘린을 변별한다.
4. 그렘린이 원하는 자기이미지가 아니라 현실 자아(real self)를 실현한다. 예를 들면, 지금 이 순간 자신의 생각을 알아차리고, 자신이 진정 원하는 것을 선택하고 실행한다.

- 나는 절대 성공하지 못한다.

- 나는 아무리 노력해도 큰일을 할 만한 사람이 아니다.

- 사람들은 나를 싫어한다.

- 내가 해보겠다고 해도, 아마 상대방이 거절할 것이다.

- 나는 도저히 이 문제를 해결할 수 없다.

- 새롭게 시작하기에는 너무 늦었다.

- 나는 정말 운이 없다.

이러한 자기제한적 신념을 가지고 있으면 무력해지고 용기를 잃기 쉽다. 꿈과 희망을 스스로 포기하게 된다. 조직의 리더나 구성원이 자신의 자기제한적 신념을 극복하지 못하면, 조직은 더 나은 성과를 만들어내기 어렵다. 다행히 이러한 자기제한적 신념을 극복하는 해법이 있다. 다음과 같은 단계를 따라가면 된다.

단계 1. 먼저 아래의 양식을 작성한다

자기제한적 신념을 떠올리게 한 사건이나 상황은 무엇입니까?	어떤 신념이 떠올랐습니까? 그때 어떻게 행동했습니까?	그때 느낀 감정이나 기분은 무엇입니까?

| 표 5 | **자기제한적 신념 파악하기**

단계 2. 자기제한적 신념을 반박한다

해당 신념에 대해 논쟁하는 대화를 갖는다. "그 신념이 논리적입니까? 그 신념을 지지하는 증거는 무엇입니까? 그 신념을 갖는 것이 당신에게 어떤 도움이 됩니까? 그 신념이 떠오르지 않았던 때는 언제입니까?" 이러한 질문을 통해 자기제한적 신념의 비논리성, 비현실성, 허구성을 깨닫는다.

단계 3. 자기제한적 신념을 대체하는 보다 효과적인 신념을 찾는다

"내가 이것도 못한다고 하면 주위 사람들은 뭐라고 할까? 어리석다고 할 것이다." 이런 신념을 가지고 있다면 다른 사람들 앞에 나서는 것을 주저하게 된다. 그것을 하지 못한다면 다른 사람들은 정말로 나를 어리석다고 평가할까? 기존의 신념을 대체하는 새로운 신념은 "내가 이것을 하지 못한다고 해서 내가 어리석다는 것을 의미하지는 않는다"와 같은 것이다. 새로운 신념을 찾기 위해서는 기존의 신념을 다른 관점에서 살펴볼 필요가 있다.

단계 4. 새로운 신념으로 갖게 된 새로운 감정과 느낌을 밝힌다

자기제한적 신념이 새로운 신념으로 대체되면, 그 신념에 의해 새롭게 체험하는 감정과 느낌이 지속적이고 안정적으로 유지되도록 한다. 주위 사람들과 새로운 감정과 느낌을 공유한다. 처음 자기제한적 신념에 의해 가졌던 느낌과 감정을 새로운 신념에 의해 경험하는 것과 비교해본다.

다짐과 경쟁다짐 간의 갈등

권한위임을 하겠다고 다짐한 김 팀장은 막상 새로운 프로젝트를 시작하면서 전혀 위임을 하지 않았다. 그는 프로젝트를 수행할 만큼 팀원들의 역량이 높지 않아 믿고 맡기기에 불안하였다. 이와 같이 사람들은 자신의 특정 행동을 반드시 바꿔보겠다고 다짐하지만, 흔히 실패한다.

변화에 실패하는 주된 원인은 무엇인가? 의도하는 것과 실제로 하는 것은 다르기 때문이다. 로버트 키겐(Robert Kegan)과 리사 레헤이(Lisa Lahey)는 행동변화를 다짐하는 마음(commitment)과 경쟁하는 다른 속마음의 영향력이 더 크기 때문이라고 주장한다. 바로 경쟁다짐(competing commitment)이다.

행동변화에 성공하고자 한다면, 이 경쟁다짐이 작동하는 심리적 원리를 이해하고 이를 극복하는 방법을 찾아야 한다. 경쟁다짐은 변화에 대한 면역체계이다. 변화에 대한 시도와 실패를 반복하면서 견고하게 조성된 습관이나 신념이다(Kegan & Lahey, 2001).

주위 사람들로부터 유능한 팀원으로 인정받는 박 과장은 팀워크숍에서 '개인 기여자에서 팀 기여자로 변화된 모습을 보이겠다'고 선언했다. 그러나 그는 각종 팀 회의나 팀 활동에서 눈에 띄게 협력하거나 다른 팀원들의 의견을 고려하는 모습을 보이지 않았다. 왜 그는 개인 기여자에서 팀 기여자로의 변화에 실패한 것일까? 그는 팀 기여자가 되기로 선언했지만, 한편으로 협력보다는 개인적인 기여를 확실하게 보여서 인정받고 싶은 속마음이 있다. 이와 같이 변화의 방향과 반대되는 속마음은 변화를 선언하기 전의 모습으로 되돌아가게 하는 강력한 힘이다.

경쟁다짐을 강화시키는 대표적인 느낌과 생각은 다음과 같다.

- 이전보다 더 완벽을 추구한다.
- 나밖에 없다고 생각한다.
- 타인이나 상황을 부정적으로 보고 해석한다.
- 자신의 생각과 행동에 더 집착한다.
- 변화 시도에서 느끼는 불편한 감정을 피하기 위해 엉뚱한 언행을 한다. (예, 불안감을 해소하기 위해 상황에 맞지 않는 유머를 한다.)
- 자기합리화를 빨리 한다.

이러한 경쟁다짐의 저변에는 기본 가정이 있다. 예를 들면, '만일 다른 팀원들이 내가 팀 성과에 기여한 바가 없다고 여긴다면 나를 존중하지 않을 것이다' 라는 가정이다. 팀 활동에서 이러한 가정이 사실로 입증된다면 팀 기여자가 되겠다는 다짐은 성공적인 변화로 진전되지 않는다. 박 과장이 팀 기여자로의 역할 변화에 성공하려면 자신의 기본 가정이 틀렸다는 경험을 해야 한다. 경쟁다짐은 약점이 아니다. 자신을 지키고 보호하려는 인간의 기본 심리일 뿐이다.

행동변화에 대한 면역체계를 분석할 때, 다음 단계에 따라 대화하면서 주요 내용을 순서대로 기록한다.

단계 1. 변화에 대한 다짐을 확인한다

"일터에서 어떤 변화를 보이고 싶습니까? 그 변화를 위해 구체적으로 실천할 행동은 무엇입니까?"

변화에 성공한다면 일의 성과가 커질 것이다. 앞의 사례에서 박 과장은 '개인 기여자에서 팀 기여자로 변화된 모습을 보이겠다'고 다짐했다. 이를 위해 그는 '개인적으로 능력을 발휘하기보다 협력하겠다', '도움을 요청 받기 전에 먼저 다가가 묻겠다' 등의 구체적인 실천행동을 약속했다.

단계 2. 지금까지 실제로 한 행동을 묻는다

"첫 다짐을 한 이후 지금까지 일터에서 실제로 한 행동은 무엇입니까?" 다짐한 대로 실천하는 것도 있지만, 대개는 계획한 대로 실천하지 못한다. 박 과장은 팀 기여자가 되기로 하였지만, 실제로는 일정한 거리를 두고 다른 팀원과 소통하며 협력했다고 인정했다. 이와 같이 행동한 이유는 무엇인가?

단계 3. 경쟁다짐을 찾는다

자신의 행동을 깊이 탐구하는 단계이다. 2단계에서 드러난 목표 달성을 저해하는 행동을 대상으로 다음과 같이 질문한다.

- 그 행동에 정반대되는 행동을 했을 때 어떤 느낌이 듭니까?
- 당신이 피하고 싶은 것은 무엇입니까?
- 일어나지 않도록 방지하고 싶은 결과는 무엇입니까?

이에 대한 응답을 통해 현재 몰두하는 행동과 속마음을 찾는다. 박 과장은 다른 팀원들에게 협력해도 원하는 수준의 성과를 만들어내지 못할 것을 염려하고, 그 순간 느끼게 될 좌절감을 피하고 싶었다. 협력이 절대적으로 필요할 때, 그는 적극적으로 참여하지 않았다. 자신의 기여를 얼마나 인정받을 수 있을지 불확실했기 때문이다. 이러한 감정과 생각에는 협력보다는 개인적인 기여를 확실하게 보여서 인정받고 싶은 속마음이 있다. 바로 경쟁다짐이다.

단계 4: 경쟁다짐의 근거가 되는 기본 가정을 규명한다.

경쟁다짐의 근저에는 기본 가정이 있다 기본 가정은 "만약 ~이면 ~이다"로 표현된다. 박 과장은 팀 성과에 대한 자신의 기여가 인정받지 못하는 것을 피하고 싶었다. 박 과장의 기본 가정은 '팀원들이 나의 기여를 알 수 없다면, 나를 인정하지 않을 것이다!' 이다.

자신의 기본 가정이 틀렸다는 것을 깨달을 때, 행동변화에 성공할 수 있다. 기본 가정을 검증하는 방법은 다음과 같다.

1. 기본 가정이 참이라고 생각하고 현재 행동을 관찰하고 기록한다.
2. 기본 가정의 타당성에 반대되는 증거들을 찾는다.
3. 자신의 성장과정을 돌아보고, 기본 가정의 뿌리를 찾는다.
4. 기본 가정을 검증한다.
5. 검증 결과를 평가한다.

AMP 기법을 통한 감정관리

업무성과는 탁월하지만 화를 다스리지 못해 승진에서 누락되거나 큰 직책을 맡지 못하는 경우가 있다. 지나치게 흥분하거나 매우 침울한 모습을 보여 주위 사람들을 당황스럽게 만들기도 한다. 감정을 관리하는 방법은 문제의 감정을 촉발시키는 근본 원인을 제거하거나 그 원인에 둔감해지는 것이다. 또 다른 방법은 감정을 인지적인 관점에서 분석하고 관리하는 것이다. 인지적인 관점에서 AMP 기법을 감정관리에 적용해 볼 수도 있다.

조직 리더들을 대상으로 한 워크숍에서 언제 부하직원에게 화를 내는지 조별로 의견교환을 해보도록 하였다. 수집된 사례를 종합해 보면, '타인의 일처리 방식이나 결과물이 기대에 못 미칠 때', '명확하게 지시를 하였음에도 불구하고 엉뚱한 결과를 보고할 때', '긴박한 상황임을 인지하지 못할 때', '열정을 보이지 않을 때', '지시하고 채찍을 가해야만 움직일 때' 등이 대표적이다. 사례를 놓고 보면, 부하직원과 맞닥뜨릴 수 있는 모든 상황이 포함되었다고 할 수 있다. 부하직원에게 화를 내는 것은 그만큼 흔한 일이다. 이러한 상황에서 리더는 어떤 생각을 할까? AMP 기법은 화가 치솟는 상황에서 리더의 생각을 분석한다.

1. 화가 날 때, 당신이 가정하고 있는 것은 무엇입니까?
2. 그 가정으로 인해 당신이 놓치고 있는 것은 무엇입니까?
3. 그것을 지금 실천해본다면, 가능한 것은 무엇입니까?

낸시 클라인(Nancy Kline)은 20여 년의 코칭 경험을 토대로 예리한 질문
(incisive questions)의 중요성을 강조한다.

사람들은 여러 가정을 토대로 생각하고 느끼고 의사결정을 하고 행동한다.
새로운 프로젝트를 추진하기 위해 창의적이며 혁신적인 아이디어를 필요로
하는 경우를 생각해보자. "그 분야에 대해 아는 것이 없고, 고민할 시간도
없다"라고 생각하는 사람은 적극적으로 프로젝트에 참여하지 않을 것이다.
낸시는 예리한 질문을 통해 생각과 행동을 억제하는 그릇된 가정을 참인 가
정으로 바꾸면, 새로운 사고와 행동을 하게 할 수 있다고 본다. '시간이 없
다'는 그릇된 가정을 '어떻게 시간을 사용할지 스스로 선택할 수 있다'로
대체할 수 있다. 다음 5가지 질문을 순차적으로 사용하여 사고와 행동을 묶
는 그릇된 가정을 바로잡아 새로운 가능성을 찾는다.

1. 내 생각을 제한하고 있는 가정들은 무엇인가?
2. 내 생각을 가장 제한하는 가정은 무엇인가?
3. 그 가정이 참인가? (일반적으로 생각을 제한하는 가정은 참이 아니다.)
4. 내 생각을 제한하는 가정에 대한 대안으로, 참인 가정은 무엇인가?
5. 참인 가정을 근거로 하여 내가 생각하고 느끼고 행동해야 하는 것은 무
   엇인가?

팀원이 일처리하는 모습이 기대에 미치지 못할 때 자주 화를 내
는 이 팀장에게 AMP 기법을 적용하여 코칭 대화를 나누었다.

코치: 팀원에게 화를 낼 때, 당신이 가정한 것은 무엇입니까?
팀장: 기획업무를 담당하고 있으면 다른 팀으로부터 자료가 오기를 기

대하지 말고 먼저 찾아가 필요한 자료를 받아와서라도 일을 해야 하는데, 그 팀원이 너무 소극적이라고 생각하였습니다.

코치: 그런 생각을 함으로써 팀장으로서 놓치는 것은 무엇입니까?

팀장: 좋은 질문입니다. 상대방 입장을 고려하지 못한 것입니다.

코치: 또 다른 것은 무엇입니까?

팀장: 겉으로 드러난 모습이나 결과가 아니라, 일이 추진되는 과정을 생각하지 못하였습니다.

코치: 상대방의 입장을 고려한다면, 무엇이 가능하다고 생각합니까?

팀장: (잠시 생각한 후) 그 질문을 받고 보니 많은 생각이 떠오릅니다. 저도 기다리지 말고 먼저 다가가 도움이 필요한 것이 있는지 물어볼 수 있겠네요. 경력직으로 회사에 들어왔지만, 아직 내부 인적네트워크가 부족해서 업무협조를 받기가 쉽지 않았겠지요.

코치: 또 가능한 것은 무엇입니까?

코치는 간단한 AMP 기법을 통해 코칭 대상자가 감정을 관리하고 효과적으로 의사소통을 하도록 돕는다. 리더가 관찰자가 아닌 능동적인 실행자 역할을 할 때, 자기변화의 필요성을 자각할 가능성이 높다. 자기자각이 있을 때 행동변화는 쉽게 일어난다. 이 팀장은 실행자의 입장에서 팀원을 배려할 수 있는 구체적인 실천행동들을 찾았다.

08 | 행동변화 끌어내기 |

"리더는 타인을 변화시키기 전에 먼저 자기 자신을 변화시켜야 한다.
위대한 리더는 모범을 보인다."
존 맥스웰John C. Maxwell, 리더십 전문가

코칭을 통해 변화시킬 수 있는 것은 과연 무엇일까? 코치 자신
도 코칭을 통해 변화시킬 수 있는 것은 없다고 생각하는 것은 아
닌가? 행동변화를 끌어내기 위해서는 코치가 먼저 높은 수준의 자
기확신을 가져야 한다. 변화가 어렵다고 여기는 사람을 보면, 변
화 대상으로 자신의 인성이나 성격, 사고 스타일, 고착화된 습관
과 버릇 등을 생각한다. 하지만 우리가 리더의 행동변화를 설계할
때, 변화의 대상은 리더 자신이 아니라 역할에 맞지 않는 그의 행
동이다. 리더를 변화시키는 것이 아니라, 맡은 역할을 성공적으로
수행하도록 행동을 변화시키는 것이다.

이 장에서 여러분은 행동에 영향을 미치는 선행요인, 행동 그
자체, 행동의 결과를 관리하는 방법을 통해 코칭 대상자의 행동변
화를 성공적으로 끌어내는 해법을 찾는다.

행동에 영향을
미치는 선행요인 관리하기

모델링(Modeling)

영화 속의 주인공이 폭력적이라면, 그 영화를 관람한 사람은 폭력적인 행동을 보일까? 자동차 운전을 하다 길에서 고장 난 차에 도움을 주는 다른 운전자를 보았다면, 한참 길을 가다 고장 난 다른 차를 만났을 때 차를 멈추고 도와줄 것인가? 앨버트 반듀라(Albert Bandura)는 사회학습 이론을 통해 유명인, 연예인, 좋아하고 존경하는 인물, 일반적인 타인 등의 언행을 관찰하고 모방하는 것이 학습의 기본이라고 주장하였다.

이 이론에 따르면 학습자가 직접 경험하지 않고 역할모델의 행동을 관찰하는 것만으로도 학습이 일어날 수 있다고 한다. 모방범죄, 타인의 선행을 따라 하는 심리기제는 대리학습이다(Bandura, 1962). 관찰을 통한 대리학습으로도 기존의 행동을 바람직한 방향으로 변화시킬 수 있다. 조직에서 리더십 역할 모델이 필요한 이유이다.

코칭 대상자의 행동을 변화시키려면, 가까이에서 역할모델을 찾아보도록 코칭 과제를 부여한다. 김 팀장의 리더십 행동이 보다 주도적이기를 바란다면, 다음과 같이 요청한다. "김 팀장님, 회사 내에 주도적으로 행동하는 대표적인 인물 5명을 찾아 인터뷰해보십시오. 그들이 주도적으로 행동하게 된 배경, 마음자세, 그 인물의 5가지 강점을 찾아보십시오."

행동의 원인 통제

김 상무는 사업부 직원들에게 불같이 화를 내는 것으로 유명하다. 그의 공격적인 언행을 어떻게 바꿀 것인가? 행동주의 이론에서, 행동은 특정 자극과의 반복된 연합에 의해 이루어진다. 하나의 자극이 있으면 그와 연합된 행동이 일어난다. 맛있는 음식을 보면 입안에 침이 고이는 것과 같다. 타인에게 쉽게 화를 낸다면 그 행동을 촉발시키는 자극은 무엇인가? "김 상무님, 불같이 화를 내는 원인을 생각해보십시오. 원인이라고 생각하는 목록을 작성합니다. 목록을 보고 가장 영향력이 큰 것부터 작은 것 순서대로 재배열해 보십시오."

가장 영향력이 작은 원인이 보고서의 오탈자라고 하자. 이것을 대상으로 다음과 같이 대화를 나눈다.

"김 상무님, 불같이 화를 내거나 내지 않는 것은 당신의 선택입니다. 어떤 선택을 원하십니까? 오탈자의 영향력을 약화시킬 수 있는 가능한 방법은 무엇입니까?"

"보고서에 대한 검토는 대개 집무실에서 하니까 집무실 화이트보드와 책상 위에 붉은색으로 STOP이라고 적어놓겠습니다. 욱하려는 징후가 느껴질 때, 먼저 STOP을 보면 감정을 쉽게 통제할 수 있겠는데요. 효과가 있을 것으로 기대됩니다."

이 방법을 적용하여 오탈자에 더 이상 화를 내지 않으면, 그 다음으로 약한 원인에 대한 대응책을 마련한다. 같은 요령으로 영향요인들을 무력화시킨다.

자기 진술(self-statement)

자기 자신을 진술한 내용은 사고와 행동, 성과에 영향을 미친다. 박 팀장은 타인과의 대화에서 이해관계가 첨예하게 대립하거나 격한 감정이 일어나면, 갑자기 대화를 포기하고 침묵으로 일관한다. 평소엔 부드럽고 매너 있는 리더로 정평이 나 있지만, 대화할 때면 쉽게 다른 사람의 모습으로 돌변한다. 그의 감정처리와 대화 스타일이 대인관계를 최악의 방향으로 이끈다. 상사는 이에 대한 행동변화가 없으면, 더 이상 리더 역할을 맡기기 어렵다고 피드백하였다.

이 절박한 상황에서 어떻게 할 것인가? 대화가 벽에 부딪히거나 부정적인 피드백을 들으면, 박 팀장은 "나는 대화 스킬도 부족하고 리더로서 역량이 부족하다"고 자기 자신을 부정적으로 진술한다. 코치는 박 팀장에게 긍정적인 진술을 하도록 요청하였다. "나는 내 생각을 상대방에게 명확하게 전달하고 싶다. 내 생각을 이해시키려 하지 말고, 먼저 상대방에게 내 생각을 정확하게 표현하는 데 집중하자. 나는 잘 준비되어 있고, 그렇게 할 수 있다." 이와 같이 부정적인 자기 진술을 긍정적인 자기 진술로 바꿀 수 있다.

상황 재구성(reframing situations)

주어진 상황을 어떻게 지각하고 해석하느냐는 대응 행동을 결정하는 데 중요한 영향을 미친다. 당면한 상황을 다른 관점에서 보고 재해석하도록 이끌면, 동일한 행동이 이전과는 다르게 보이게 된다. 상황을 재구성하는 것은 행동을 바꾸는 효과적인 코칭 기법

중 하나이다.

송 팀장은 성과 리더십을 잘 발휘하지만, 인재관리에 어려움을 겪는다. 특히 그는 팀원들의 업무 결과물에 대해 명확하게 피드백하지 않는다. 팀원들이 한 공간에 모여 일하다 보니 일부 팀원만을 대상으로 하는 대화는 가급적 피한다. 예를 들어, 특정인에 대해 인정하는 말을 한다면 그를 편애한다고 오해 받을 수도 있기 때문이다. 이런 이유로 송 팀장은 말하기 전에 먼저 속으로 할 말을 걸러낸다. 이런 팀장의 모습에 대해 팀원들은 성과만 챙기고 동기부여는 하지 않는 냉혹한 팀장이라고 부정적으로 평가한다.

팀원들은 팀장과의 대화 시간을 통해 그의 속마음을 이해하게 되었다. 팀장이 인정할 줄을 모르거나 동기부여 스킬이 부족해서가 아니라, 팀의 사기를 고려했음을 알게 된 것이다. 이와 같이 현재 상황에 대한 재구성은 팀장에 대한 팀원들의 불만을 해소시켜준다. 코치는 송 팀장에게 효과적으로 인정과 피드백을 하는 스킬을 학습하도록 도와주었다. 팀원들에게는 인정과 피드백을 팀장에게 요청하는 대화 스킬을 알려주었다.

행동 자체를 관리하기

긴장 이완

마음을 차분하게 하고 몸이 긴장하지 않도록 하는 것은 신체감각적 각성을 낮추는 효과가 있다. 명상과 요가, 가벼운 산책, 의자에서 가장 편안한 자세 취하기 등은 모두 긴장을 이완하는 데 도움을 준다.

호흡을 하면서 몸에 숨이 들어왔다 나가면서 일어나는 신체적 반응에 집중하는 방법도 있다. 숨을 쉬면서 숫자를 센다. 숨을 들이쉴 때 하나 둘 셋을 세고, 내쉴 때는 하나부터 다섯을 센다. 다음엔 다섯을 셀 때까지 들숨을 쉬고, 일곱을 셀 때까지 날숨을 쉰다. 같은 요령으로 열까지 숨을 들이쉬어 본다. 호흡을 하면서 공기가 신체의 중심에서 말단까지 골고루 전달된다고 생각한다. 눈을 감고 공기가 전달되는 느낌을 즐겨본다.

대안행동 개발

박 팀장은 인정과 격려보다 무시와 질책을 더 자주 사용하였다. 리더십 다면피드백에서 다수의 사람들이 그가 포용력이 부족하고 동기부여 스킬을 향상시켜야 한다고 지적했다. 코치는 박 팀장이 무시를 하거나 질책을 하는 구체적인 상황을 찾았다. 대표적인 상황은 박 팀장의 기대에 부응하지 못하는 팀원의 결과물을 접했을 때이다.

박 팀장의 대안행동은 결과물에 대해 평가하지 않고, 결과물이 나오는 과정에 대해 질문하는 것이다. 질문을 통해 팀원이 보인 바람직한 모습과 성취에 대해 인정하고 격려하는 말을 한다. "어제 밤늦게까지 일하면서 보고서를 작성하는 것을 보았습니다. 책임감이 대단합니다. 보고서를 작성하면서 가장 어려웠던 점은 무엇입니까?" 박 팀장은 긍정적인 피드백을 담은 말을 하면서 얼굴

변화가 필요한 상황	개선이 필요한 문제 행동	대안 행동
	구체적인 개선 사항	

| 표 6 | 대안행동 개발

을 찡그리기보다 미소를 짓고, 언성을 높이기보다는 평상시 대화 톤으로 말했다. 동일한 결과물에 대해 이전에 보인 부정적인 행동 (평가, 무시와 질책)을 긍정적인 행동(과정에 대한 질문)으로 대체하고 긍정적인 행동을 지원하는 행동(미소, 평상시 대화 톤, 격려)을 함께 보이면, 대안행동의 영향력이 커진다. 이 과정을 통해 대안 행동이 기존 행동을 대체하게 된다.

새로운 행동의 반복 실천

코칭을 통해 행동을 변화시키고자 할 때, 직무 현장에서 새로운 행동을 반복적으로 실천하고 그 과정을 코치와 공유하는 것이 중요하다. 특히 행동변화를 약속한 코칭 미팅에서 다음 미팅 사이에 그 행동을 실천하는 것은 코칭 대상자가 책임감을 갖고 주도해야 한다. 이 과정에서 코칭 대상자가 성찰하고 느낀 것, 학습한 것,

지속적으로 개선시켜야 할 것을 코치와 공유하면서 행동변화를 전개시키는 것이 중요하다.

　새로운 행동이 이전의 행동으로 되돌아가지 않도록 관리한다. 효과성 코칭은 행동을 실천하는 과정에서 4단계 FORM 과정을 따르고 3S(자기인식—자기대화—자기성찰)가 함께 이루어지도록 한다. 관찰되는 행동의 변화뿐만 아니라 내면적으로 그 행동의 변화를 가능하게 하는 심리적 틀도 갖추도록 돕는다.

행동 결과 관리하기

새로운 행동 실천에 대한 강화

　코칭 대상자가 새로운 행동을 지속적으로 실천하기 위해서는 스스로 그 행동의 결과가 바람직하다는 경험을 해야 한다. 긍정적인 경험은 결과에 대한 자기평가와 타인평가 및 미래 행동변화로 예상되는 결과에 의해 영향을 받는다. 자기평가는 스스로 실천한 행동에 자신의 판단기준을 적용했을 때 드러난 결과이다. 긍정적인 자기평가는 자기만족도를 높인다.

　타인평가는 다면피드백으로 확인할 수 있다. 기업에서는 정기적 또는 비정기적으로 리더십 다면 진단이나 조직역량 평가, 업적평가 등을 하는데, 이러한 평가 자료를 통해 실천 행동의 지속성 여부에 대한 주위 사람들의 피드백을 추론할 수 있다. 타인의 구두 피드백으로도 확인이 가능하다.

긍정적 자기 이미지 유지하기

자기 피드백을 포함한 모든 긍정적인 피드백 정보는 코칭 대상자가 긍정적인 자기 이미지를 갖는 데 유용하다. 긍정적인 자기 이미지를 갖게 되면 자존감과 자기 만족도가 높아지고, 현재 행동과 미래 행동에 대한 자기 확신이 높아진다. 이러한 정서적이고 인지적인 체험은 자기 효능감을 높여, 내외부 환경을 통제하여 원하는 결과를 만들 수 있다는 믿음을 키워준다. 이러한 믿음은 과감하게 미래 과제에 도전하게 하는 에너지원이 된다.

코치는 코칭 대상자의 변화된 행동을 보고 바람직한 방향으로 가고 있는지, 그 행동을 가능하게 하는 내적 특성이 무엇인지를 함께 알려주어야 한다.

"김 대리님, 약속시간을 철저하게 지키려고 애쓰더니 지난 한 달 동안 늦은 적이 없군요. 한번 약속한 것을 지키려는 책임감과 자기 통제력이 훌륭합니다."

인정의 표현에 코칭 대상자의 내적 특성을 포함시키면, 그 특성은 변화된 행동을 강화시키고 지속시키는 강력한 힘을 갖는다. 행동주의 이론에 따르면, 변화된 행동이 관찰되었을 때 매번 칭찬하고 인정하기보다 간헐적으로 하는 것이 더 효과가 있다.

자기 관찰과 관찰일기 쓰기

행동변화는 일회적으로 완성되지 않고 반복된 노력을 통해서 이루어진다. 이를 위해 자신의 변화 과정을 꾸준히 관찰하고 기록할 필요가 있다.

윤 상무는 감정관리에 어려움을 겪고 있다. 순간적으로 욱하는 감정을 통제하기 어려워 조직 구성원과 신뢰관계를 맺지 못했다. 코칭에 참여하는 동안, 그는 감정을 조절하고 통제하는 코칭 과제를 수행하였다. 윤 상무는 코치의 제안에 따라 한 주 단위로 감정이 폭발했던 빈도, 그때의 상황, 대상 인물, 감정의 촉발 원인, 자신의 대응 행동, 개선 방안 등을 기록하였다. 코치는 코칭 대상자와의 코칭 미팅에서 일기의 내용을 보고 감정 폭발이 발생하는 심리적 메커니즘, 개인 자신에게 미치는 영향과 타인에게 미치는 영향에 대해 분석하였다. 이러한 노력을 통해 윤 상무는 감정이 폭발하는 빈도와 표현의 강도를 단계적으로 줄일 수 있었다.

　나는 코칭을 공부하고 기업 현장에 적용하면서 "코칭은 어떤 도움을 줄 수 있을까?"를 반복적으로 자문했다. 기업의 리더를 대상으로 코칭을 하다 보니, 직장인의 삶에 관심을 갖게 되었다. 코칭에서 만난 많은 사람들은 자신의 미래보다는 현재에 관심을 둔다. 즉, 현재 당면한 문제를 어떻게 풀 것인가에 골몰한다. 주된 관심의 대상이 자기 자신이 아니라 풀어야 하는 문제인 것이다. 사람들이 직면하는 문제는 그야말로 변화무쌍하다. 어제의 문제와 오늘의 문제가 다르고, 그 결과 또한 상황에 따라 좋을 때도 있고 나쁠 때도 있다. 이렇다 보니 많은 문제를 해결해도 성취감과 평안함을 느끼기 어렵다. 그저 지친 몸이 잠시 휴식을 취할 수 있는 것에 위안을 얻고, 휴식을 취하면서 다음 문제를 걱정한다.

　직장인들은 변화무쌍한 상황에 휘둘리고 있다. 자신이 원하는 방향으로 삶을 이끌어가기보다는 오히려 이끌림을 당하고 있다. 나는 코칭을 통해 사람들이 자기 삶의 주인이 되도록 도울 수 있다고 믿는다. 쉬운 일은 아니지만, 가능하다고 생각한다. 구체적으로 어디서부터 시작할 것인가?

당신의 역할은 무엇입니까?

코칭은 개인의 사고와 행동변화를 다룬다. 코칭에 참여하는 리더들에게 소감을 물으면 한 목소리로 이렇게 대답한다. "지금 이 나이에 변화가 가능하겠습니까? 정말 달라질 수 있다고 생각하십니까? 저는 그렇게 생각하지 않습니다." 물론 그들의 말이 옳을 수 있다. 불혹의 나이인 40세 전후라면, 세상의 온갖 풍파를 헤쳐 나가면서 삶의 지혜를 터득했을 가능성이 높다.

그런데 그들의 말을 잘 살펴보면 틈새가 보인다. 그들은 코칭에 참여하면 본래의 자기가 변화되는 것으로 생각한다. 코치가 코칭 기법을 통해 자기를 변화시킬 것으로 가정한다. 그래서 대부분의 코칭 대상자는 자기 방어적인 입장을 취한다. 코치에 대해 적대감을 갖거나 코칭에 무관심한 태도를 보인다. 나도 처음에는 상대방을 근본적으로 변화시켜야 한다고 생각하였다. 그러나 코칭에 실패하면서 한 가지 사실을 깨달았다. 적극적으로 자기 삶을 만들어 가려는 의지를 가진 사람은 코칭하기가 쉽지만, 방어적인 입장에서 자신을 지키고 보호하려는 사고를 가진 사람을 코칭하기가 쉽지 않다는 것이다,

나는 상대방에게 어떤 도움을 줄 것인가는 코치가 정하는 것이 아니라 코칭 대상자가 정하는 것이라는 사실을 나중에 깨달았다. 코치는 도움 행위를 어떻게 제공할 것인가에 대한 전문가이다. 이는 전술적이고 전략적인 요소이다. 나는 단계적으로 도움 주기를 해야 한다고 결론을 내렸다. 그 시작은 바로 역할이다.

조직의 리더를 대상으로 코칭할 때, 나는 코칭 초반에 "당신의

역할은 무엇이라고 생각합니까?"라고 묻는다. 팀장인 경우 "팀장의 역할은 무엇입니까?", 임원인 경우 "사업부장의 역할은 무엇입니까?"라고 질문한다. 코치는 코칭 대상자가 맡은 역할을 성공적으로 수행하도록 돕는다는 점을 명확히 한다. 그가 맡은 역할을 성공적으로 수행할 때의 모습과 현재의 모습을 비교하고, 두 모습 간의 차이를 인식하도록 돕는다. "어떻게 하면 맡은 역할을 성공적으로 수행하는 리더가 될 수 있습니까? 그 리더가 되기 위해 지금 해야 할 일은 무엇입니까?"라고 묻는다. 코칭을 통한 변화 대상이 코칭 대상자가 아니라 그가 맡고 있는 역할에 있다는 것을 분명히 한다.

객관적인 정보를 통해 자기를 돌아보게 한다

코칭 대상자는 본래의 자기가 변화되는 것이 아니라, 자신이 맡은 역할을 성공적으로 수행하는 데 필요한 사고와 행동을 보여주어야 한다는 점에 안도한다. 그래서 일부는 자기 방어적인 보호막을 거둔다. 이때 코치는 코칭 대상자와 신뢰관계를 맺어야 한다. 코칭 대상자가 역할을 수행하는 데 필요한 역량이나 스킬을 객관적으로 진단하고, 그의 역할이 팀이나 조직에 어떤 영향을 미쳤는지를 객관적으로 파악한다. 수집된 자료를 구조화하여 코칭 대상자에게 피드백한다. 코칭 대상자는 자신의 역할 수행에 대한 피드백을 들으면서 자기 지각과 타인 지각을 비교하고, 인식의 차이가 있다면 그 원인을 분석하고 인과관계를 추론한다.

다면 진단이나 다면 인터뷰 등의 방법을 통해 자신의 역할을 돌아보는 기회를 갖는다. 코치로서 나는 이에 대한 객관적인 정보를 제공하기 위해 외국에서 개발된 역량 진단 도구를 사용해왔다. 코칭에 활용할 수 있는 역량 진단 도구가 제한적이기도 하지만, 그 도구들이 서로 다른 개념적 틀을 가지고 있어서 결과들을 연계시켜 종합적으로 활용하기가 쉽지 않았다. 나는 이러한 문제를 해결하기 위해 효과적 리더십 진단, 팀 효과성 진단, 조직 효과성 진단을 직접 개발하였다.

마치 건강진단을 통해 자신의 신체적 건강도를 확인하는 것처럼, 효과성 진단을 통해 리더의 역할을 어느 정도 효과적으로 수행하는지를 확인한다. 진단은 자신을 거울에 비춰보는 것과 같다. 진단 도구라는 거울을 통해 보이지 않는 역량과 그 영향을 객관화시켜본다. 진단 결과를 통해 코칭 대상자는 자신의 모습을 들여다보게 된다. 자기 지각을 통해 개인적 자아(personal self)와 만나고, 타인 지각과 피드백을 통해 타인의 눈에 비친 자신의 또 다른 모습인 사회적 자아(social self)를 만난다. 자신의 겉과 속을 한번에 조망하는 기회를 갖는 것이다.

자신에 대한 자기 지각과 타인 지각 간에 차이가 있을 때, 사람들은 그 원인에 대해 궁금해한다. 이때 코치는 코칭 대상자가 내적인 자신과 외적인 자신 모두에 궁금해하도록 돕는다. 자기 지각과 타인 지각의 차이가 어디에 있든, 코치는 코칭 대상자의 내면으로 들어가는 비밀의 문 앞에 서 있다. 이제 코치는 강력한 질문을 통해 그 비밀의 문을 열어야 한다.

당신은 어떤 리더이고 싶습니까?

코치는 초반에 역할(role)에 대해 질문하였다. 이제 그 역할을 수행하는 인물(person)에 대해 질문한다. 그러나 이때 인물은 여전히 역할을 수행하는 사람이다. 아직 그 사람의 본래 모습에 대한 것은 아니다. 그러나 "당신은 어떤 리더이고 싶습니까?"라는 질문을 통해 본래의 자기와 만날 수 있는 통로를 만들어둔다.

이 질문을 받게 되면, 코칭 대상자는 본래의 자기와 리더 역할을 맡고 있는 자기를 연결시킨다. 특히 사람들은 직책과 자기의 존재를 동일시하는 경향이 있다. 조직 내에서 어떤 역할과 직책을 맡고 있느냐가 곧 자신의 정체성을 구성한다. 보직 해임이 되는 경우, 심리적으로 크게 위축되고 사회적 체면과 위상을 손상당했다고 생각하는 까닭이다.

코치는 코칭 대상자가 다양한 관점에서 어떤 리더이고 싶은지 생각하도록 이끈다. 코칭 대상자는 리더라는 사회적 얼굴을 통해 자신의 사회적 정체성을 형상화한다. 이 과정에서 코칭 대상자는 개인적 자아와 사회적 자아가 자신을 구성하는 중요한 두 요소임을 인식한다. 자신에 대해 부정적인 내용을 담은 피드백을 타인으로부터 받을 때, 이전에는 자기 합리화와 같은 자기방어기제로 자기를 지키고자 애썼다. 그러나 자기 정체성과 사회적 정체성을 연결시키면서 자기방어기제의 보호막을 거두고, 통합된 자기(integrated self)를 만드는 데 관심을 갖는다.

코치는 코칭 대상자에게 통합된 자기가 어떤 모습일지 상상해보라고 요청한다. 더 나은 자기를 완성해가는 과정에서 개인적 자아

와 사회적 자아가 어떤 변화를 필요로 하는지 묻는다. 코칭 대상
자는 자발적으로 개인적 자아의 변화 필요성에 대해 스스로 자문
하는 단계에 이른다.

당신은 진정 어떤 사람이고 싶습니까?

코치는 코칭 대상자에게 진정 어떤 사람(being)이 되고 싶은지
를 질문한다. 어떤 역할을 맡은 사회인이 아니라 자연인인 본래의
자기와 만나도록 한다. "당신이 지금 힘들어하는 것은 무엇입니
까? 당신은 어디에 묶여 있습니까? 어디에 집착하고 있습니까?
그 집착을 내려놓는다면, 당신은 본래 어떤 사람입니까? 당신은
진정 어떤 사람이 되고 싶습니까?"

만일 코칭 초반에 코칭 대상자에게 "당신은 진정 어떤 사람이
되고 싶습니까?"라고 질문한다면, 그는 전혀 준비되지 않은 상태
여서 매우 어려운 질문으로 생각할 것이다. 기업 현장에서 이 질
문을 받은 리더는 코치가 현실적으로 도움이 되지 않는 추상적인
질문을 한다고 푸념한다. 치열한 현실세계에서 리더의 역할을 수
행하고 있는 입장에서 보면, 도를 닦는 것 같은 질문이라고 느낄
수 있다. 따라서 코치는 코칭 대상자에게 단계적으로 접근해야 한
다. 자기 성찰의 경험이 많은 리더에게는 코칭 초반에 그와 같은
질문을 할 수 있지만, 일반적으로 자기 이해가 깊어지는 과정에서
하는 것이 적절하다.

"진정 어떤 사람이고 싶은가?" 이 질문은 코칭 대상자에게 울림
을 준다. 어느 순간, 문득 자신에게 던져보았음지한 질문이지만,

코칭 대화를 통해 진지하게 생각해보기는 처음일 가능성이 높다. 특히 많은 직원들을 통솔하고 성장시키면서 지속적인 성과를 만들어내야 하는 상위 직급의 리더일수록 사고와 행동이 현실 자아(real self)에 묶여 있다. 이들에게 이상 자아(ideal self)에 대한 질문은 "나는 누구인가?"라는 철학적 질문 그 이상의 것이다.

이 단계에서 코칭 대상자의 자발적인 열정과 성취 동기, 변화의 필요성에 대한 자각과 실천의지가 가장 강렬하다. 이 단계에서 코칭 대상자들은 자신의 삶을 주도적으로 구성해가야겠다는 의지를 갖는다. 변혁적 변화는 이 단계에서부터 시작된다. 코치는 깊은 사유를 할 수 있는 성찰질문을 통해 코칭 대상자가 그 답을 찾도록 돕는다.

지금까지 달라진 점은 무엇입니까?

코치는 주도적으로 자기 변화를 실천하는 코칭 대상자가 어떤 변화를 실제로 경험하고 있는지 확인한다. "달라진 점은 무엇입니까?" 이 질문은 상태가 아니라 변화에 대한 질문이다. 자신이 진정되고 싶은 모습에 어느 정도 다가가고 있는지를 질문하는 것이다. 코칭은 목표지향적인 변화를 다루는 전문 활동이다. 나는 이 책을 통해 개인 효과성과 팀 효과성 및 조직 효과성을 극대화시키고, 이를 상호연계시키는 효과성 코칭을 소개하였다. 효과성 향상에는 개인의 근본적인 변화가 기본이다. 개인이 맡은 역할을 성공적으로 수행하기 위한 변화에서부터 타인과의 관계에서 인식되는 사회적 자아를 수용하고, 통합된 자아를 성장시키는 방향으로 변화가 진행된다.

'되고 싶은 자기 모습'을 기준으로 자신에게 어떤 변화가 일어나고 있는지를 관찰하고 자각하는 것은 개인의 성장에 중요하다. 나는 기업의 리더들을 코칭을 하면서, 그들이 직장인의 관점에 묶이지 말고 자신의 삶을 거시적으로 보고 주도적으로 원하는 삶을 만들어가는 건강한 생활인의 관점을 취하기를 제안한다.

헤르만 헤세의 걸작, 『데미안』의 주인공인 싱클레어는 온실 속의 화초와 같은 따뜻한 세계에서 살다가, 프란츠 크로머를 만나 악의 세계를 체험한다. 이후 데미안과의 만남을 통해 이전의 따뜻한 세계와는 다른 더 넓은 세계를 만난다. 데미안은 음과 양의 세계를 경험한 싱클레어에게 새로운 세계에 대해 이야기한다.

"새는 알에서 빠져나오려고 몸부림친다. 알은 새의 세계다. 태어나려고 하는 자는 하나의 세계를 깨뜨려야 한다."

데미안은 새로운 세계에 사는 아프락삭스를 통해 사람들이 현실에 안주하지 말고 지속적으로 성장하도록 자극한다. 아프락삭스는 규명되지 않은 내면 세계이다. 내면 세계를 탐구하는 것은 자신을 완성해 가는 과정에서 만나는 근원적인 과제이다.

코치는 코칭 대상자가 팀에 있든, 더 큰 조직에 속해 있든 한 개인의 변화를 다룬다. 그가 현실 자아로부터 이상 자아로 성장하도록 돕는다. 코치는 그 변화의 과정에 함께하면서 코칭 대상자가 변화되고 있는 모습을 자각하고 진정으로 원하는 모습을 이루도록 돕는다.

코칭 효과는 코치가 코칭 대상자의 내면과 만날수록 커진다. 그러나 코치는 성급하게 코칭 대상자의 내면으로 들어가려는 시도를 자제해야 한다. 개인변화의 가장 큰 장애요인은 그 대상자의 내면에 작동하는 자기방어기제이다. 코치는 사람의 심리를 이해해야 한다. 자기방어기제를 작동시키는 코칭 대화를 해서는 안 된다. 코칭 대상자 스스로 자기방어기제를 해제하도록 이끌어야 한다. 당면한 문제의 답은 코칭 대상자에게 있으며, 그 답을 찾기 위해서는 먼저 자기방어기제를 풀게 해야 한다.

향후 코칭 연구 주제는 코칭 심리학

심리학 박사과정을 공부할 때, 나는 사람들이 자신의 인상을 어떻게 관리하는지에 대해 연구하였다. 인상은 겉으로 드러나는 자기 이미지이자 사회적 얼굴이다. 나는 인상 관리에 두 가지 심리가 작동한다고 가정하였다. 하나는 자신의 인상을 적극적으로 만들어 가려는 동기로 구성적 자기 제시(constructive self-presentation)이고, 다른 하나는 자신의 인상이 위협받거나 손상당하는 것을 지키려는 방어적 자기 제시(defensive self-presentation)이다. 나는 이 가정을 검증하기 위해 1994년에 '자기 제시 책략 척도'를 개발하였다. 미국인을 대상으로 한 연구에서 두 기제가 기본적으로 작동하였다. 체면(social face)에 관한 국내 연구나 나의 진단 도구를 활용한 중국과 동남아시아의 연구 사례에서도 보편적으로 존재하는 기제로 밝혀졌다.

나는 인상 관리의 영역을 넘어 삶을 살아가는 기본 심리로 구성적 자기 제시와 방어적 자기 제시의 기제가 작동한다고 가정한다.

그것들은 자기 이미지 관리에 제한적으로 작동하는 것이 아니라, 자아 관리의 근저에서 작동하는 심리기제이다. 사람은 두 기제를 모두 가지고 있다. 각자 이루고 싶은 자아에 다가가는 과정에서 두 기제는 어떻게 작용할 것인가? 이는 개인과 팀, 조직의 효과성 향상에 초점을 둔 효과성 코칭을 소개한 이후 나의 핵심 연구과제이다.

코칭이 지속적으로 발전하기 위해서는 이론적인 기반을 가져야 한다. 나는 심리학이 코칭을 이론화하는 데 중요한 논리적 근거를 제공한다고 생각한다. 이러한 관점에서 앞으로 '코칭 심리학'은 코칭 영역뿐만 아니라 심리학의 영역에서도 중요한 연구 주제가 될 것이다. 이와 관련된 학술 연구와 현장 연구가 활발히 이루어지길 기대한다.

이석재(2006). 18가지 리더십 핵심역량을 개발하라. 서울: 김앤김북스.

Appelbaum, S. H., Iaconi, G. D., & Matousek, A. (2007). Positive and negative deviant workplace behaviors: Causes, impacts, and solutions. Corporate Governance, 7(5), 586-598.

Argyris, C. (1985). Strategy, change, and defensive routines. London: Pitman Publishing.

Argyris, C. (1990). Overcoming organizational defenses. MA: Allyn and Bacon.

Argyris, C. (1991). Teaching Smart People How to Learn. Harvard Business Review, 69(3), 99-109.

Argyris, C., & Schon, D. A. (1978). Organizational Learning: A Theory of Action Perspective. MA: Addison-Wesley.

Bandura, A. (1962) Social learning through imitation. NE: University of Nebraska Press.

Beecher, H. K. (1955). The powerful placebo. The Journal of the American Medical Association, 159(17), 1602-1606.

Bennis, W., & Nanus, B. (2003). Leaders. NY: Harper Collins Publishing. 김원석 역(2005). 리더와 리더십. 서울: 황금부엉이.

Bandura, A. (1997). Self-efficacy: The exercise of control. New York: Worth Publishers.

Baron, P.. And Hanna, J. (1990). Egocentrism and depressive symptomatology in young adults. Social Behavior and Personality, 18(2), 279-285.

Batson, C. D., Early, S., & Salvarani, G. (1997). Perspective taking: Imaging how another feels versus imaging how you feel. Personality and Social Psychology Bulletin. 23(7), 751-758.

Beck, A. (1977). The past and the future of cognitive therapy. Journal of Psychotherapy Practice and Research, 6, 276-284.

Berry, D., Charles, C., & Joe, F. (1995). Coaching for results. HRDP, Inc.

Bezuijen, X., van den Berg, P., van Dam, K., & Thierry, H. (2009). Pygmalion and employee learning: The role of leader behaviors. Journal of Management, 35(5), 1248-1267.

Carnevale, P., & Isen, A. (1986). The influence of positive affect and visual access on the discovery of integrative solutions in behavioral negotiation. Organizational Behaviour and Human Decision Process, 37(1), 1-13.

Carson, R. (2003). Taming your gremlin: A surprisingly simple method for getting out of your own way. NY: Quill.

Cooperrider, D., Whitney, D.(2005). Appreciative inquiry: A positive revolution in change. SF: Berrett-Kohler.

Crane, T. G. (2002), The Heart of Coaching: Using transformational coaching to create a high-performance coaching culture. CA: Picaza Place.

Dumaine (1994). The trouble with Teams, Fortune, 9, 86-92.

Finkelstein, S. (2003). Why smart executives fail. NY: Portfolio.

Frankenberger K. D. (2000). Adolescent egocentrism: A comparison among adolescents and adults. Journal of Adolescence, 23(3), 343-354.

Glasser, W. (1998). Choice theory. NY: Harper Perennial.

Goleman, D. (1995). Emotional intelligence. NY: Bantam Books.

Goleman, D. (1998). What makes a leader? MA: Harvard Business Review.

Greenberg, J. (1990). Employee theft as a reaction to underpayment inequity: The hidden cost of pay cuts. Journal of Applied Psychology, 75(5), 561-568.

Griffth, J. (2011). Ego and our egocentric lives. in The Book of Real Answers to Everything. NY: AMACOM.

Hargrove, R. (2003). Masterful coaching. CA: Jossey-Bass/Pfeiffer. 박재원 외 역(2010), 변혁적 리더를 위한 리더십 코칭. 서울: 김앤김북스,

Harrison, R. P. (1999). Transformational coaching: A new paradigm for executive development. NY: ASTD Press.

Humphyres, T. (2006). The mature manager. Bublin: Gill & MacMillan, Limitid. 윤영삼 역(2008). 심리학으로 경영하라. 서울: 다산라이프.

James, W. (1890). The principles of psychology. Dover Publications.

Jones, F. F., and Nisbett, R. E. (1972). The actor and the observer: Divergent perceptions of the cause of behavior. In E. E. Jones, D. E. Kanouse, H. H. Kelley, R. E. Nisbett, S. Valins, and B. Weiner (Eds.), Attribution: Perceiving the cause of behavior(pp. 79-94). Morristown, NJ: General Learning Press.

Jussim, L., & Harber, K. D. (2005). Teacher expectations and self-fulfilling prophecies: Knowns and unknowns, resolved and unresolved controversies. Personality and Social Psychology Review, 9(2), 131-155.

Kegan, R., & Lahey, L. L. (2001). The real reason: People won't change. Harvard Business Review, 11, 85-92.

Kegan, R., & Lahey, L. L. (2009). Immunity to change: How to overcome it and unlock the potential in yourself and your organization. MA: Harvard Business School Press.

Kimsey-House, H., Kimsey-House, K., Sandahl, P., & Whitworth, L. (2011). Co-active coaching: Changing business transforming lives(3rd ed.). Boston: Nicholas Brealey Publishing.

Kirkpatrick, D. L. (1992). How to improve performance through appraisal and coaching. NY: AMACOM. 이석재 정재창 이재영 역(2004). 인사평가와 코칭 기술. 서울: 심앤김북스.

Langton & Robbins(2007). Fundamentals of Organizational Behavior. Pearson Education Canada.

Lencioni(2002). The five dysfunctions of a team: A leadership fable. SF: Jossey-Bass.

Lombardo, M. M., & Eichinger, R. W. (2002). The leadership machine. MN: Lominger Limitied, Inc.

Macey, W. H., Schneider, B., Barbera, K. M, & Young, S. A. (2009). Employee engagement: Tools for analysis, practice, and competitive advantage. MA: Wiely-Blackwell.

Marcus, B., and Donald, O. C. (2001). Now, discover your strengths. NY: The Free Press. 박정숙 역(2002). 위대한 나의 발견 강점혁명. 서울: 청림출판.

Markus, H., & Nurius, P. (1986). Possible selves. American Psychologist, 41(9), 954-497.

Mayer, R. C., Davis, J. H., & Schoorman, F. D. (1995). An integrative model of organizational trust. Academy of Management Review, 20(3), 709-734.

McClelland, D. C. (1973). Testing for competence rather than for "intelligence." American Psychologist, 28, 1-14.

McKay, M., & Patrick F.(2002). Successful problem solving: A workbook to overcome the four core beliefs that keep you stuck. NY:ㅣNew Harbinger

Publications.

Neenan, M., & Palmer, S. (2001). Cognitive Behavioral Coaching. Stress News, 13(3), 15-18.

Nicklaus, J.(1974). Golf my way. NY: Simon & Schuster.

Niedenthal, P. M., Setterlund, M. B., & Wherry, M. B. (1992). Possible self-complexity and affective reactions to goal-relevant evaluation, Journal of Personality and Social Psychology, 63, 5-16.

Niemiec, R. M. (2013). What is your best possible self? Psychology Today, 3, www.psychologytoday.com.

O' Neill, M. B. (2007). Executive coaching with backbone and heart: A system approach to engaging leaders with their challenges (2nd ed.). CA: John Wiley & Sons Inc.

Ostrander, S. (1979). Superlearning. NY: Delacorte.

Pascale, R., Sternin, J., & Sternin, M. (2010). The power of positive deviance: How unlikely innovators solve the world' s toughest problems. 박흥경 역 (2012). 긍정적 이탈. 서울: RHK.

Pink, D. H. (2011). Drive: The surprising truth about what motivates us. NY: Riverhead Book. 김주환 역(2012). 드라이브. 서울: 청림출판.

Putnam, R. (1993). Unlocking organizational routines that prevent learning. The Systems Thinker, 4(6), 1-4.

Rogers, C. (1951). Client-centered therapy: Its current practice, implications and theory. London: Constable.

Rosenthal, R., & Jacobson, L. (1968). Pygmalion in the classroom. NY: Holt, Rinehart & Winston.

Schwarn, R. M. (2002). The skilled facilitator. SF: Jossey-Bass.

Seligman, M. E. P. (2000). Positive psychology: An introduction. American Psychologist, 1, 5~14.

Senge, P. M. (1990). The Fifth Discipline: The art and practice of the learning organization. NY: Currency Doubleday.

Sharp, T. J. (2002). Examples of automatic negative thoughts (ANTs). www.thehappinessinstitute.com.

Sharp, T. J. (2011). The primacy of positivity: Applications in a coaching context. Coaching: An International Journal of Theory, Research and

Practice, 4(1), 42-49.

Spreitzer, G. M., & Sonenshein, S. (2003). Positive deviance and extraordinary organizing(pp. 207-224). In Carmeron, K., Dutton, J., & Quinn, R. (eds.). Positive Organizational Scholarship. CA: Berrett-Koehler.

Wasik, B. H.(1984). Teaching parents effective problem-solving: A Handbook for professionals. Unpublished manuscript. Chapel Hill: University of North Carolina.

Winbush, J. C., & Dalton, D. R. (1997). Base rate for employee theft: Convergence of multiple methods. Journal of Applied Psychology, 82, 756-763.

Witworth, L., House, H., Sandahl, P., & Kimsey-House, H. (2007). Co-active coaching: New skills for coaching people toward success in work and life(2nd ed.). CA: Davis-Black Publishing.

Worth, L. T., & Mackie, D. M. (1987) Cognitive Mediation of Positive Affect in Persuasion. Social Cognition, 5(1), 76-94.

Yukl, G. A., & Lepsinger, R. (2004). Flexible leadership. NJ: John Wiley & Sons, Inc.